中华人民共和国未成年人保护法释义

ZHONG HUA REN MIN GONG HE GUO
WEI CHENG NIAN REN BAO HU FA SHI YI

宋英辉　苑宁宁　著

中国法制出版社
CHINA LEGAL PUBLISHING HOUSE

导言　引领中国特色未成年人法律体系的不断完善

我国于1991年制定了未成年人保护法，后于2006年和2012年进行了两次修改。实践证明，这部法律对于保护未成年人合法权益、促进未成年人身心健康发挥了重大作用。随着社会经济的发展，这部法律在适用过程中也出现了一些与社会发展不适应、不能满足现实需要的问题。党的十八大以来，我国经济社会发展取得了新的更大成就，各个领域正在开展全面深化改革，全面依法治国不断推进，对未成年人工作提出了新的更多、更高的要求。党的十九大以后，中国特色社会主义进入了新时代，社会主要矛盾发生了变化，未成年人保护工作方面的矛盾表现也很突出。2020年对未成年人保护法新一次的全面系统修订和完善，立足新时代，适逢其势、恰逢其时、意义重大，将对中国特色未成年人法律制度的发展产生重大影响。

一、修订未成年人保护法的背景

习近平总书记曾多次强调，培养好少年儿童是一项战略任务，事关长远。[1]中国梦是历史的、现实的，也是未来的。实现中华民族伟大复兴，需要一茬接着一茬干，一棒接着一棒跑，必须培养出符合党、国家、人民和时代要求的高素质建设者，必须培养出政治可靠、理想信念坚定的接班人。

人口普查数据显示，2000 年至 2010 年，我国未成年人（不满 18 周岁）人口数量从 3.45 亿下降至 2.79 亿，占人口比重减少近 8%[2]。2016 年《中国统计年鉴》显示，我国 0～14 岁少儿的人口数量从 2000 年的 2.9 亿下降至 2.27 亿，占比从 22.9% 下降至 16.5%，减少 6.4%，大大低于世界 27% 的平均水平，处于严重少子化水平[3]。受此影响，我国从 2010 年至 2020 年劳动年龄人口减少了 2900 多万人，到 2050 年预计减少 2.25 亿人左右[4]。人力资源和

---

① 《习近平六一寄语全国各族少年儿童》，载新华网，http：//www.xinhuanet.com//politics/2015－06/01/c_ 1115476644.htm，最后访问时间：2020 年 12 月 5 日。

② 《中国 2000 年人口普查资料》，载国家统计局网站，http：//www.stats.gov.cn/tjsj/pcsj/rkpc/5rp/index.htm，最后访问时间：2020 年 12 月 5 日；《中国 2010 年人口普查资料》，载国家统计局网站，http：//www.stats.gov.cn/tjsj/pcsj/rkpc/6rp/indexch.htm，最后访问时间：2020 年 12 月 5 日。

③ 少子化是指生育率下降造成幼年人口逐渐减少。少子化意味着未来人口逐渐变少，对于社会结构、经济发展等各方面都会产生重大影响。如果新一代人口增加的速度远低于上一代人口自然死亡的速度，将会造成人口不足。少子化是许多国家（特别是发达国家）非常关心的问题。

④ 《中国人口红利拐点已现 10 年内劳动人口减 2900 万》，载环球网，https：//finance.huanqiu.com/article/9CaKrnJz3uo，最后访问时间：2020 年 12 月 5 日。

社会保障部举行2016年第二季度新闻发布会公布的信息显示：我国15~59岁劳动年龄人口在2011年的时候达到峰值9.25亿人，2012年第一次出现了绝对下降，比上年减少345万人，2013年减少244万人，2014年减少371万人，2015年减少487万人，2016年至少减少487万人。到2030年以后将会出现大幅下降的过程，平均以每年760万人的速度减少。到2050年，预测劳动年龄人口会降到7亿人左右①。这与国外专家的研究结论基本吻合，《环球时报》2016年12月7日文章《中国人口的未来有大问题》指出，中国2015年到2025年劳动人口减幅将达2900万人，到2050年劳动人口将减少2.12亿人。尽管已经施行放开二孩的政策，但新生人口数量并没有上升。国家统计局公布的数据显示，2017年全国出生人口为1723万人，比上年减少63万人，而且远低于有关部门预期的放开二孩后的出生人口数量。2018年全年出生人口1523万人，人口出生率为10.94‰。②

---

① 《人力资源和社会保障部举行2016年第二季度新闻发布会》，载国务院新闻办公室网站，http://www.scio.gov.cn/xwfbh/gbwxwfbh/xwfbh/rlzyhshbzb/Document/1484989/1484989_1.htm，最后访问时间：2020年12月5日。

② 《"全面二孩"放开第二年：出生人口比上年减少63万人》，载央广网，http://china.cnr.cn/xwwgf/20180119/t20180119_524105829.shtml，最后访问时间2020年12月5日；《统计局：去年全年出生人口1523万人，出生率10.94‰》，载澎湃网，https://www.thepaper.cn/newsDetail_forward_2881277，最后访问时间：2020年12月5日。

这说明，在逐渐步入老龄化社会的背景下，我国未来的建设者正在减少，人口红利将趋于消失，未成年人成为未来一个时期经济社会发展的宝贵资源。这是此次修订未成年人保护法的第一个背景。

第二个背景是未成年人的身心健康成长面临不少问题和挑战，相当数量的未成年人的身心状况不容乐观。归纳起来，面临的问题和挑战，主要包括农村留守儿童、进城务工人员子女等得不到适当监护和照管，失学失管后其教育、身心健康、权利维护问题日益突出；黑恶势力拉拢、利用未成年人违法犯罪的现象值得警惕；未成年人犯罪低龄化、暴力化趋势愈加明显，若干预处理不当，有相当一部分未来将走上犯罪道路；性侵、校园欺凌、网络不良信息等严重威胁未成年人身心健康，相关事件频发，成为社会舆情热点；等等。

民政部、教育部、公安部2016年公布的数据显示，我国16岁以下农村留守儿童由（外）祖父母监护的达805万人，占89.3%；无人监护的有36万人；一方外出务工且另一方无监护能力的有31万人。另外，近32万人由（外）祖父母或亲朋监护的农村留守儿童监护情况较差。[①]

---

① 《民政部公布排查结果902万留守儿童近九成无父母监护》，载新华网，http：//www.xinhuanet.com/politics/2016－11/10/c_1119883271.htm，最后访问时间：2020年12月5日。

研究表明，农村留守儿童的消极情绪显著偏高①，情绪忧郁、精力下降、感到绝望等一系列症状的检出率合并值为30%左右②。一项针对农村幼儿认知水平的调研发现，陕西省18~24个月大的幼儿中，认知发展滞后的比例高达41%，而在25~30个月大的孩子中，这一比例更高达55%③。针对河北省、云南省等地区的调研得出了相似的结果。如果在黄金期得不到及时有效干预，这种认知滞后的状态可能会伴随他们一生，给他们未来的教育、就业、生活带来巨大障碍。

可见，在未成年人人口数量减少且短期内无法实现增

---

① 中国青少年研究中心与中国青年政治学院及全国省级团委、团校和相关研究机构于2013~2014年联合开展了“全国六类重点青少年群体研究”。调查发现，2014年49.2%的留守儿童遭遇过意外伤害；留守儿童消极情绪显著偏高，经常感到烦躁（46.0%）、孤独（39.8%）、闷闷不乐（37.7%），以及经常无缘无故发脾气（19.7%），参见《关于农村留守儿童群体存在问题及对策的调研报告》，载人民网，http://theory.people.com.cn/n/2015/0619/c40531-27180206.html，最后访问时间：2020年12月10日。

② 国内多项研究通过检索多个数据库，收集有关中国留守儿童心理问题检出率的文献，对纳入的文献进行资料提取和Meta分析，得出了留守儿童情绪忧郁、精力下降、感到绝望等一系列症状的检出率合并值。比如，《国内留守儿童抑郁症状检出率的Meta分析》（载《中国儿童保健杂志》2014年第12期）的研究显示合并值为30.9%，《留守儿童抑郁症状的检出率——2000-2015年发表论文的Meta分析》（载《中国心理卫生杂志》2016年第12期）的研究显示合并值为28.9%。

③ 王羚：《人口隐形危机：逾50%农村幼儿认知滞后》，载中国青年网，http://news.youth.cn/sh/201706/t20170619_10117609_1.htm，最后访问时间：2020年11月10日。

长的大趋势下，他们的身心健康、素质提升以及全面发展依然面临着一些不容忽视的威胁。因此，保障未成年人健康成长和全面发展、提高人口素质已经成为当务之急、重中之重。这是一项收益率极高的工作，应加以重视，一旦未成年人身心发展滞后或出现问题，国家和社会将付出沉重的代价。比如，研究表明，为弱势儿童提供早教服务可以带来7%～10%的人力资本回报，包括儿童学习成绩的提高、成年后劳动能力的提升，同时可以减少补偿教育、卫生以及社会犯罪控制的成本。[①] 只有重视未成年人这一战略资源，保障他们的身心健康成长和全面发展，国家和社会发展才有高质量、可持续的人力资源保障。

二、修订未成年人保护法的四个基本考虑

综览修订后未成年人保护法的有关内容，可以发现此次修订有四个基本考虑贯穿始终。

1. 坚持以人民为中心的发展思想

以人民为中心的发展思想内涵十分丰富，其中发展为了人民，更好地推动人的全面发展、社会全面进步，是对发展目的问题的回答。习近平总书记曾多次强调，我们的人民热爱生活，期盼孩子们能成长得更好、工作得更好、

---

① 《人口隐形危机：逾50%农村幼儿认知滞后》，载第一财经网，https：//www.yicai.com/news/5301770.html，最后访问时间：2020年12月5日。

生活得更好。① 党的十九大报告再次强调了这一点，提出要在幼有所育、学有所教、弱有所扶上取得新进展。可以说，不断满足人民群众日益增长的美好生活需要，其中当然包括最大限度地保障未成年人的健康成长、促进每个家庭的幸福与和谐。此次修订未成年人保护法，充分坚持以人民为中心的发展思想，从党为人民谋幸福、为民族谋复兴的高度，在全社会树立和形成共同保护未成年人的理念与氛围。

2. 以解决实践中的突出问题为导向

不平衡不充分的发展在未成年人保护工作实践中的具体体现是：部分孩子的监护、教育、医疗、成长环境等存在不少短板，面临着不少难题。观察近些年的实践，可以看出未成年人保护工作中较为突出的问题有六个：一是未成年人保护工作机构统分不尽合理，存在政府各部门职能交叉重叠和空白、权责脱节、缺乏高效有力的统筹协调等问题；二是国家监护缺失，当家庭的监护责任无法履行或履行严重不当时，国家如何干预、如何支持以及如何替代履行责任等问题，法律层面缺乏制度性安排；三是父母或其他监护人的监护观念和法律责任有待加强，一些父母不履行监护责任，法律层面目前尚没有更为有效的应对措

① 《习近平：人民对美好生活的向往就是我们的奋斗目标》，载人民网，http：//cpc. people. com. cn/18/n/2012/1116/c350821 - 19596022. html，最后访问时间：2020 年 12 月 5 日。

施，出现了一些违法却难以究责的现象；四是性侵未成年人、校园欺凌等现象缺乏针对性的防治法律措施；五是司法活动中对未成年人特别是被害人的保护比较欠缺；六是未成年人成长的社会环境和网络环境有待进一步净化。此次修订未成年人保护法，从解决这些突出的问题出发，一一给出了科学合理的方案，为推动未成年人保护工作法治化走向更高的水平奠定了坚实的良法基础。

3. 以未成年人保护工作的规律为指引

未成年人保护工作有两条根本性的规律：一是综合性和系统性。未成年人保护工作需要统分结合、协同合作。一方面，未成年人保护工作具有分散性，涉及经济发展、教育、医疗卫生、社会保障等多个领域；另一方面，这些工作不能彼此割裂，需要密切协调配合，形成统一的系统。一旦处理不好这种统分关系，就容易导致“木桶效应”。二是长期性和非显性。未成年人保护工作在根本上是培养人的工作，这本身就需要长期地持续进行。十年树木，百年树人。只有绵绵用力、久久为功，才能培养出一代代合格的社会主义建设者和接班人。但是，培养人不会像经济发展那样直接产生立竿见影的效果，而这项工作如果开展不好，对社会长久稳定、国家安全、民族复兴都将埋下一种根源性的隐患，即使未来付出更大的成本与代价，在短时间内也难以补救。此次修订未成年人保护法以上述未成年人保护工作的规律为指导，在法律规定和制度设计上突出全面性、综合性、系统性和长期性，放眼长远，避免了走弯路、走错路。

4. 以域内外实践经验和有益做法为借鉴

二十多年来，各地为贯彻实施未成年人保护法做了大量工作，全国多地制定和出台了实施办法、条例或者其他规范性文件，针对实践中亟须解决的问题探索和建立了一系列制度，如强制报告制度、学校校车管理制度、密切接触未成年人行业从业查询和禁止制度、学生欺凌防控制度、预防网络沉迷制度，等等。同时，国务院及其组成部门、最高人民法院、最高人民检察院等针对具体问题陆续出台了一系列文件，如《国务院关于加强农村留守儿童关爱保护工作的意见》《国务院加强困境儿童保障工作的意见》《国务院办公厅关于加强中小学幼儿园安全风险防控体系建设的意见》，等等。这些规范既在很大程度上保障了未成年人保护法的落实，又在一定程度上进一步推进了未成年人保护工作。这些被实践证明符合我国国情且有效的措施，理所当然应被立法吸收。另外从国际上看，未成年人保护工作的许多理念、原则、制度已成为各国的共识，发达国家也对许多有益做法以及某些问题达成了共识。此次修订既进一步落实了《儿童权利公约》的有关规定，又结合我国实际创新性地发展了未成年人权利体系。

三、修订未成年人保护法的总体思路

分析修订后未成年人保护法的有关内容，可以发现此次修订的总体思路包括两个方面。

第一，从内容上看，未成年人保护法是一部未成年人权利的保障法，核心内容就是各方如何保障未成年人应当享有的权利。未成年人保护法在促进未成年人保护工作一体化、推动未成年人事务治理能力和治理体系现代化方面发挥着统领性、基础性的作用。

第二，从体系上看，未成年人保护法在未成年人法律体系中居于核心位置。我国已经形成以宪法为核心的中国特色社会主义法律体系，当前正在不断完善之中。客观来说，在这一法律体系中，与未成年人相关的立法相对滞后，是相对薄弱的环节，主要表现为：法律规定的宣示性强、可操作性弱；现有有关未成年人的法律法规形成了一个初步框架，但某些条文相互冲突，很多法律有待继续完善或出台。建设和完善未成年人法律子体系，需要科学规划和合理布局，是一个逐步推进的过程，不可能一蹴而就、一劳永逸或一次性解决所有问题，也不能脱离实际、"推倒重来"。因此，应当遵循总体设计、分步实施的路径，即在总体设计的引领下，结合经济社会发展的需要，稳步推进与过渡，最终形成在结构上以宪法为根本依据，以未成年人保护法为核心，以家庭教育法、义务教育法、预防未成年人犯罪法等多部未成年人专门立法或单行法为支柱，以部门法中未成年人的特殊章节或条款为重要来源，以行政法规、部门规章、司法解释、地方性法规等规范为细化配套规定的法律体系。为此，需要正确处理以下几种关系：在涉及未成年人的相关事务上，未成年人保护法优先于以成人为主要适用对象的部门法的适用；其他未成年人专门立法、单行立法在不与未成年人保护法相抵触的情形下优先适用；其他未成年人专门立法、单行立法彼此出现不一致或者冲突时，适用符合未成年人保护法规定的法律；制定和修改其他未成年人专门立法、单行立法以及部门规章、地方立法等不得与未成年人保护法相抵触。在厘清上述关系、找准未成年人保护法在法律体系中的定位后，此次修订未成年人保护法符合及时性、系统性、针对性、有效性的要求：及时回应现实需求、系统全面作出规定、有针对性地设计条文、有效解决实际问题。

四、修订后未成年人保护法的四大特点

此次对未成年人保护法的全面系统修订，几乎等于一次重塑，从立法理念、基本原则、框架逻辑、条文表述等多方面进行了充分打磨、更新换代。修订后的未成年人保护法呈现出以下鲜明的特点。

1. 严密的体系性

未成年人保护从原“四大保护”拓展为“六大保护”，

增加了网络保护和政府保护，不仅代表着未成年人保护网编织得越来越严密，更是对“六大保护”背后的逻辑和理念进行了科学改造。以前的“四大保护”更多是基于保护主体的视角，以未成年人为客体，构建一种多主体参与的平面保护体系。而“六大保护”构造了两层的立体保护体系。第一层面围绕未成年人生存发展的四大场域展开：如何在家庭、学校和社会这三个现实场域中保障未成年人合法权益，如何在网络这一虚拟场域中保障未成年人合法权益；第二层面围绕未成年人保护的国家责任展开：政府应当如何促进未成年人福利，司法机关应当如何对未成年人进行全面综合的司法保护。“六大保护”这一立体的保护体系，背后彰显了未成年人从被保护对象向权利主体的转变，无疑体现了以未成年人为本的立法理念。

2. 明确的引领性

一部法律不可能解决未成年人保护的所有问题。为此，修订后的未成年人保护法必须发挥引领搭建和完善中国未成年人法律体系的重要作用。未成年人保护法是我国未成年人法律体系的核心，围绕这一核心，需要修订、制定一系列配套的法律法规和司法解释，进一步夯实“六大保护”体系。比如，为进一步解决家庭监护中的家庭教育问题，立法部门正在研究制订“家庭教育法”；为落实校园安全和网络保护专章的有关规定，应当抓紧制定“校园安全条例”和“未成年人网络保护条例”；为进一步夯实政府保护，应当及时出台“未成年人福利条例”；为强化司法机关对未成年人违法犯罪的预防，立法部门同步修订预防未成年人犯罪法，不断厘清二者之间统领与配套的关系。此外，修订后未成年人保护法中的很多规定也引领着执法和司法部门制定相应的规范性法律文件，如建立和完善强制报告制度、密切接触未成年人行业从业查询和限制制度、国家未成年人状况统计调查分析制度，等等。

未成年人保护法的修订仅仅是一个开始，它必将引领未来一个时期未成年人法律体系的不断健全。

3. 鲜明的本土性

近些年来，未成年人保护工作暴露出一系列问题，我国做了大量探索，积累了诸多行之有效的经验。此次修订未成年人保护法有着非常明确的本土问题意识，立法部门既没有盲目地照抄域外的法律规定和做法，也没有生搬硬套一些从域外译来的理论和话语，而是紧密结合我国实际，从构建中国特色法治理论体系和话语体系的高度，有针对性地设计本土制度和法律条文。比如，针对未成年人保护的统筹性不够、理念相对滞后、国家责任缺位、家庭监护职责不明确、校园安全保障不完整、司法保护不饱满、网络权益保障不到位等问题，修订后的未成年人保护法充分吸收本土经验，都一一给出了适合我国实际的方案，要求建立未成年人保护工作协调机制、明确最有利于未成年人原则的内涵、规定国家监护、细化监护职责、加强校园安全责任、突出全面综合的司法保护、系统规定网络保护，等等。在对这些现实问题的应对中，不仅初步形成了我国未成年人法律的话语体系，而且突出体现了我国未来未成年人保护的方向。

4. 良好的可操作性

一直以来，未成年人保护法的很多规定具有宣示性，缺乏可操作性。此次修订大大增强了法律的可操作性。

从立法技术来看，条文的设计避免过于原则，同时也避免过于具体，而是粗细结合。比如，网络保护专章为了防治网络沉迷现象，既有对网络服务提供者针对未成年人实施时间管理、权限管理、消费管理的宏观要求，也有设立网络游戏电子身份认证系统、不得在每日22时至次日8时向未成年人提供网络游戏服务等具体要求。

从立法可行性来看，条文设计既要考虑到我国各地实际情况的差异，又要对核心问题、基本制度和关键要求作出明确统一的规定。比如，政府保护中要求县级以上人民政府开通全国统一的未成年人保护热线，如此规定既赋予地方一定的灵活度，可以结合实际采取多种形式，也明确了最为基本的要求即必须是全国统一的热线，其功能是受理、转介侵犯未成年人合法权益的投诉、举报。

可以说，修订后的未成年人保护法为推进在我国法律修订中增强可操作性提供了一个成功的范例。

五、修订后未成年人保护法的主体框架

未成年人的健康成长需要各方协同发力，未成年人的权益保障需要系统设计。未成年人保护法此次全面系统修订，搭建了未来一个时期未成年人保护工作的“四梁八柱”。

所谓“四梁”，是指未成年人保护体系的顶层设计，它们从宏观上明确了由谁负责以及如何做好未成年人保护工作。具体来说，统分结合是未成年人保护工作的根本要求，最有利于未成年人原则是未成年人保护工作的基本遵循，统计调查分析现实情况和加强研究是未成年人保护工作的重要基础。

“四梁”之一是加强统筹，即建立未成年人保护工作协调机制。之前我国行政机构中没有明确日常主责未成年人工作的部门，未成年人保护缺乏强有力的统筹。为了做好这项工作，修订后的未成年人保护法规定县级以上人民政府应当建立未成年人保护工作协调机制，核心职责是统筹、协调、督促、指导有关部门在各自职责范围内做好未成年人保护工作。未成年人保护工作包含大量的日常事务性工作，协调机制往往无法及时作出部署和安排，这就需要有一个具体的部门来承担协调机制的具体工作，修订后的未成年人保护法规定原则上由县级以上人民政府民政部门来承担。

“四梁”之二是分工负责，即明确未成年人保护各方的共同责任和分别责任。所谓共同责任，是指各方均有保护未成年人的责任。一方面，未成年人保护要求各方密切配合和形成合力，离不开教育、医疗、民政等多方面的协调合作；另一方面，共同责任不等于职责没有分工、没有区别。分工负责要求各方都在各自职责范围内承担相关工作，这就意味着各方职责的具体内容、承担方式是有差别的。

“四梁”之三是坚持正确的理念，即细化最有利于未成年人原则，实际上是要求各方应当采取最有利于促进和实现未成年人利益的措施。未成年人保护法作为落实联合国《儿童权利公约》有关规定的国内法，一方面为了最大限度地契合了公约的精神，另一方面考虑到我国法律文本的严谨性和法律用语习惯，在转换为国内法时将公约中“best interests of the child”，使用了“最有利于未成年人”的表述。同时，为了保障这一原则的精准适用，修订后的未成年人保护法对该原则进行具体化，提出了六项具体要求。

“四梁”之四是提高未成年人保护工作的科学性，即建立未成年人状况统计调查分析制度，加强相关研究。每个国家和地区经济社会发展阶段不同，导致未成年人保护的状况以及面临的问题虽然有共性，但也有大量特殊性。即使在同一个国家和地区，不同时期未成年人的状况也有差别。因此在制定政策、执行法律规定以及建构制度时，要实现科学性、合理性、可行性以及有效性，必须全面把握未成年人群体的状况并开展深入研究。为此，修订后的未成年人保护法一方面提出要建立健全未成年人统计调查制度，开展未成年人健康、受教育等状况的统计、调查和分析，摸清现实情况，查找现实问题，做到有的放矢；另一方面规定国家鼓励和支持未成年人保护方面的科学研究，建设相关学科、设置相关专业，加强人才培养。

所谓“八柱”，是指未成年人保护体系的基础性制度，它们从总体上全面构筑了未成年人保护制度的框架，也是未来落实未成年人保护法的关键和重点。

“八柱”之一是未成年人监护制度。家庭是最有利于未成年人身心健康成长的环境，国家有义务采取措施为未成年人生活在家庭中提供保障，而在不得已时由国家负责监护。修订后的未成年人保护法秉承这一理念，构建了完整的未成年人监护制度：夯实家庭监护，具体列举监护人的应为行为、禁为行为和抚养注意事项，确立委托照护制度；明确国家监督和支持家庭监护的职责，采取措施监督家庭监护状况，对于家庭监护能力不足、意识淡薄、方式不当的予以指导、支持和帮助，最大限度修复家庭监护功能；明确国家替代家庭监护的情形，当出现法定情形时由政府代表国家负责临时监护和长期监护。

“八柱”之二是未成年人人身安全保障制度。人身安全直接关系着未成年人的生命安全与身体健康。为了最大限度防御可能造成人身伤害的风险，修订后的未成年人保护法各章都规定了相关保障措施。在家庭保护中，监护人应当及时排除引发触电、烫伤、跌落等伤害的安全隐患，配备儿童安全座椅，提高户外安全保护意识。在学校保护中，学校、幼儿园应当建立安全管理制度，完善安保设施，配备安保人员，建立健全校车安全管理制度，建立学生欺凌防控工作制度，建立预防性侵害、性骚扰未成年人工作制度。在社会保护中，生产、销售用于未成年人的食品、药品、玩具、用具和游戏游艺设备、游乐设施等应当符合国家或者行业标准，未成年人集中活动的公共场所应当符合国家或者行业安全标准，并采取相应安全保护措施，大型的商场、超市等场所运营单位应当设置搜寻走失未成年人的安全警报系统。在政府保护中，地方人民政府及其有关部门应当保障校园安全，依法维护校园周边的治安和交通秩序，设置监控设备和交通安全设施。

“八柱”之三是未成年人受教育权保障制度。受教育权是促进未成年人健康成长的重要权益。针对近年来受教育权保障方面的一些突出问题，修订后的未成年人保护法作出了以下规定：明确控辍保学、登记劝返复学制度；确立重点学生关爱帮助制度，对家庭困难、身心有障碍的学生，应当提供关爱，对行为异常、学习有困难的学生，应当耐心帮助，不能因家庭、身体、心理、学习能力等情况歧视学生；不得加重学习负担，学校不得占用国家法定节假日、休息日及寒暑假期，组织义务教育阶段的未成年学生集体补课，幼儿园、校外培训机构不得对学龄前未成年人进行小学课程教育；发展职业教育，保障未成年人接受职业教育或者职业技能培训；保障不具有接受普通教育能力的残疾未成年人在特殊教育学校、幼儿园接受学前教育、义务教育和职业教育。

“八柱”之四是未成年人友好型社会环境建设制度。一方面，增加有利于未成年人健康成长的社会因素。比如，居民委员会、村民委员会设置专人专岗负责未成年人保护工作，特定的公共场馆对未成年人免费或者优惠开放，公共交通等对未成年人实施免费或者优惠票价，鼓励大型公共场所等设置母婴室、婴儿护理台以及方便幼儿使用的坐便器、洗手台等卫生设施，鼓励创作、出版、制作和传播有利于未成年人健康成长的影视信息。另一方面，最大限度消除或避免不利于未成年人健康成长的风险因素。比如，禁止制作、复制、出版、发布、传播含有淫秽、色情等危害未成年人身心健康内容的图书、报刊、影视节目等，设立可能影响未成年人身心健康内容的提示制度，学校、幼儿园周边禁止设置不适宜未成年人活动的场所和烟、酒、彩票销售网点，密切接触未成年人的单位禁止招聘具有性侵害、虐待、拐卖、暴力伤害等违法犯罪记录的人员。

“八柱”之五是未成年人网络权益保障制度。网络已经成为未成年人成长的重要空间。为此修订后的未成年人保护法增设网络保护专章，从保障未成年人发展权的高度明确了未成年人安全合理使用网络的权益，规定了国家机关、学校、家庭以及网络服务平台和企业等各方面的责任，同时对网络信息管理、个人网络信息保护、网络沉迷防治、网络欺凌及侵害的预防和应对等作出全面规范，力图实现对未成年人的线上线下全方位保护。

“八柱”之六是未成年人福利制度。促进未成年人福利是各级人民政府及相关部门的职责，修订后的未成年人保护法就此作出了明确规定，包括促进家庭教育、保障义务教育、发展职业教育、促进未成年人卫生保健、实施困境未成年人分类保障、建立政府临时监护和长期监护制度、开通全国统一的未成年人保护热线、建立密切接触未成年人从业人员信息查询系统、培育引导规范有关社会组织和社会工作者参与未成年人保护工作等。

“八柱”之七是全面综合的未成年人司法保护制度。司法是保护未成年人合法权益的最后一道防线，也是作为底线的防护措施。修订后的未成年人保护法根据未成年人司法综合保护的发展趋势，分别规定了司法活动中未成年人保护的共性要求、特定类型民事案件中对未成年人的保护、刑事案件中对未成年被害人的保护、对违法犯罪未成年人的保护等，以实现司法环节未成年人保护的全领域、全阶段覆盖。

“八柱”之八是未成年人权利保护报告制度。如何及时有效发现未成年人权益遭受侵害的线索，一直是实践中困扰未成年人保护工作的难题。修订后的未成年人保护法规定了全覆盖式的报告制度。(1) 自愿报告制度。任何组织和个人发现不利于未成年人身心健康或者侵犯未成年人合法权益的情形，都有权劝阻、制止或者向有关部门提出检举、控告。这是法律赋予任何组织和个人的一项权利，旨在提升社会公众保护未成年人的意识，鼓励他们积极参与未成年人保护工作。(2) 强制报告制度。国家机关、居民委员会、村民委员会以及密切接触未成年人行业的单位及其工作人员，在工作中发现未成年人身心健康受到侵害、疑似受到侵害或者面临其他危险情形，应当立即报告。

六、助推未成年人保护法贯彻落实的双引擎

加强未成年人保护是一个国际共识，但具体如何做好这项工作，世界上并没有放之四海而皆准的模式。近几十年来，域外未成年人保护的具体做法和理论研究对我国未成年人保护有一定的启示意义。同时也应看到，我国未成年人保护的体系框架、具体制度也越来越具有本土特色。为改变未成年人保护的不平衡和不充分，我国从政府层面

在民政系统设立了儿童福利部门，从司法层面在检察系统设立了未成年人检察部门。自上而下的机构变革为我国未成年人保护注入了新动能，中国特色未成年人保护形成双引擎共同带动的局面。经过短短两年左右的时间，诸多长期困扰我国未成年人保护工作的短板、薄弱环节得到明显加强，一系列符合实际的具体措施纷纷出台。比如，为将事实无人抚养儿童纳入保障范围，破解儿童帮扶诉求发现难、报告难、干预难、联动难、监督难等问题，出台了《民政部、最高人民法院、最高人民检察院等关于进一步加强事实无人抚养儿童保障工作的意见》，试点设置了12349儿童救助保护统一热线；为解决未成年人司法保护不全面、不综合、不精准等问题，颁布了《最高人民检察院关于加强新时代未成年人检察工作的意见》，在推进办案专业化规范化社会化、设立侵害未成年人案件强制报告制度、建设未成年人司法精准帮教和社会支持体系、推动设立密切接触未成年人行业从业查询和禁止制度、监督落实“一号检察建议”以促进校园安全建设等多方面持续发力，并取得实效。实践证明，民政和检察这种“双引擎”的未成年人保护机制有着巨大优势，不仅有利于提升未成年人保护工作质效，而且有利于真正形成全社会保护合力、建设未成年人国家保护的大格局。

对此，应当摒弃机械套用域外体系和理论的思维，从我国的体制机制、法律体系出发，总结和解释本土发展背后的规律性。按照这一思路，此次修订未成年人保护法提炼和遵循了未成年人保护的国家责任理论，并予以法律化。宪法是根本大法，规定了儿童受国家的保护，国家培养青年、少年、儿童在品德、智力、体质等方面全面发展。基于宪法的规定，修订后的未成年人保护法不仅旗帜鲜明地规定国家保障未成年人的生存权、发展权、受保护权和参与权，而且将这种国家责任直接落实为政府保护和司法保护。根据政府保护、司法保护两个专章的规定，政府及其部门、司法机关都应当在各自职责范围内代表国家开展未成年人保护工作。为了让这些分散的职责形成合力，修订后的未成年人保护法将民政、检察“双引擎”的有效做法确立为法定机制，赋予民政系统和检察系统重要的特殊责任和地位。其中第九条规定，原则上由民政部门承担政府未成年人保护工作统筹协调机制的具体工作，这意味着由民政部门牵头实施政府保护，发挥督促和指导的作用；第一百零五条规定，检察院对涉及未成年人的诉讼活动等依法进行监督，这意味着由检察机关引领司法保护的纵深发展，在促进未成年人司法保护现代化中发挥主导作用。

贯彻落实好这部法律，将成为提升我国未成年人保护水平的关键。一方面，各方应当依法全面履职、共同尽责，提升守法、执法、司法的自觉性；另一方面，民政与检察的双引擎机制在保障修订后未成年人保护法的实施上应当发挥更加基础性的作用。对于民政系统这一政府引擎来说，重点在于统筹协调。近几年来，民政部承担着国务院农村留守儿童关爱保护和困境儿童保障工作部际联席会议的日常工作，已经积累了一些成功经验。下一步对于如何搭建未成年人保护工作的协调机制，统筹、协调、督促和指导有关部门在各自职责范围内落实好未成年人保护法的规定，需要以促进未成年人保护工作的优化、协同、高效为目标开展研究。对于检察系统这一司法引擎来说，重点在于法律监督。检察系统在这方面已经做了一系列探索，并建立了相应的机制。比如，根据《最高人民检察院关于加强新时代未成年人检察工作的意见》，检察机关涉未成年人刑事、民事、行政、公益诉讼案件由未成年人检察部门统一集中办理即将在全国铺开，未成年人检察工作实现了从强调未成年人犯罪预防向促进未成年人保护社会治理现代化转变，从强调诉讼监督向注重沟通配合和凝聚各方力量的法律监督转变。下一步对于如何充分发挥检察权的功能，拓展未成年人保护法实施监督的机制和形式，做到督导而不替代，助推职能部门充分履职，需要开展更多的制度创新、实践创新。修订后的未成年人保护法颁布是一个新的开始，由民政和检察双引擎带动的实施机制，必将保障未成年人保护工作行稳致远。

目　录

① 简要条文主旨为编者所加，下同。

附　录

第一章　总　　则

※ 本章导读 ※

本章是未成年人保护法的总则，精神贯穿于这部法律的始终，具有统领和指导其他各章的作用。本章就未成年人保护的基础问题作出了系统规定，结合我国实际回答了三个根本问题：为什么要开展未成年人保护工作、什么是未成年人保护工作、如何做好未成年人保护工作。为什么要开展未成年人保护工作的问题，主要涉及立法目的。什么是未成年人保护工作的问题，一方面针对未成年人的范围，另一方面针对未成年人保护工作的实质，即平等保障未成年人的生存权、发展权、受保护权和参与权等权利。而对于如何做好未成年人保护工作的问题，其答案具体包括以下要点：一是坚持最有利于未成年人的原则。二是明确共同责任，需要各方共同参与。三是明确监护人的监护主责和国家予以指导、支持、帮助、监督的责任。四是政府的保障措施和统筹协调督促机制。五是明确群团组织的协助和社会力量的参与。六是切实可行的未成年人保护报告制度。七是未成年人统计调查制度，及时掌握我国未成年人的实际情况。八是加强未成年人保护方面的科学研究和学科建设、人才培养。

第一条 【立法目的与立法依据】[①] **为了保护未成年人身心健康，保障未成年人合法权益，促进未成年人德智体美劳全面发展，培养有理想、有道德、有文化、有纪律的社会主义建设者和接班人，培养担当民族复兴大任的时代新人，根据宪法，制定本法。**

条文主旨

本条是关于立法目的与立法依据的规定。

条文释义

所谓立法目的，又称立法宗旨，是指制定一部法律所要达到的任务目标。立法目的决定着一部法律的具体内容，统领着一部法律的价值取向。立法目的通常被列为一部法律的第一条，明确宣示制定这部法律的目的，以开宗明义、总揽全法。本法第一条概括地规定了本法的立法目

---

① 简要条文主旨为编者所加，下同。

的，包括两个层面：

一是保护未成年人身心健康，保障未成年人合法权益。未成年人不同于成年人，身心尚未成熟、处在不断发展之中。他们在生理、心理上具有自身突出的特点：生理方面，童年期的未成年人身体的各种器官发育尚不完备，青春期的未成年人身体发育速度加快，并渐趋成熟。这种生理变化使他们在适应社会方面常遇到困惑与不安，若不能及时地加以保护与引导，很容易导致人格、心灵的扭曲。心理方面，童年期的未成年人对成年人的依恋感、依赖性较强，角色意识、自我中心意识较强。青春期的未成年人心理上渐趋成熟，独立意识产生，对成年人的依赖性减弱，情感色彩强烈，易冲动，此时的心理矛盾性明显，心理处于较复杂的状态。可见，未成年人的身心发育正处于一个由不成熟向成熟的过渡时期，他们的自我保护能力、自我保护意识都相对偏弱，他们的人生观、价值观、世界观等思想体系也正处在形成之中。这个时期非常需要家庭、学校、社会、政府等方面给予特别的关心、爱护、引导与帮助。正因如此，联合国《儿童权利公约》序言中指出，儿童有权享受特别照料和协助。儿童因身心尚未成熟，在其出生以前和以后均需要特殊的保护和照料，包括法律上的适当保护。可见，本法的立法目的首先是保护未成年人的身心健康，维护他们应当享有的合法权益，促进和帮助他们成长为一名健康的公民。

二是促进未成年人德智体美劳全面发展，培养有理想、有道德、有文化、有纪律的社会主义建设者和接班人，培养担当民族复兴大任的时代新人。未成年人是祖国的未来，他们的成长关系到民族的兴衰。少年强则国家强，少年兴则国家兴。因而，社会各界十分关注未成年人的成长及成才。当前，世界处于百年未有之大变局，我国正处于实现“两个一百年”奋斗目标的历史交汇期，实现民族伟大复兴需要靠一代又一代人的奋斗。在我国人口结构老龄化日趋加重、新出生人口下降的大背景下，培养好未成年人，使其成为高素质的人才，对于未来一个时期经济社会的可持续发展有着重大战略意义。可见，坚持和发展好中国特色社会主义事业，建成富强民主文明和谐美丽的社会主义现代化强国，必须要促进未成年人德智体美劳全面发展，使其成为有理想、有道德、有文化、有纪律的社会主义建设者和接班人。这是本法重要的立法目的。

本法的立法依据是宪法。宪法是国家的根本大法，具有最高的法律效力，制定法律、行政法规等都必须以宪法为依据。《中华人民共和国宪法》规定，国家尊重和保障人权，儿童受国家的保护，禁止虐待儿童，国家培养青年、少年、儿童在品德、智力、体质等方面全面发展。这些规定是我国制定未成年人保护法的根本依据，主要包括两层意思：一是作为公民，未成年人享有宪法和法律规定的权利，即未成年人权利；二是作为特殊群体，未成年人应当受到特殊保护，这是国家责任。

第二条 【适用对象】本法所称未成年人是指未满十八周岁的公民。

条文主旨

本条是关于适用对象的规定。

条文释义

我国相关法律中，一直存在“儿童”“少年”“未成年人”等表述。

宪法第四十六条规定，国家培养青年、少年、儿童在品德、智力、体质等方面全面发展。由此分析，少年和儿童应当是并列的且不同的群体，儿童、少年的概念与未成年人的概念是有区别的。至于少年、儿童的界限，法律并没有进一步的规定。根据刑法的有关规定，通常将儿童理解为不满十四周岁的未成年人。《现代汉语词典》认为儿童是较幼小的未成年人，医学界通常也是将不满十四周岁的人理解为儿童，作为儿科的研究对象。根据不同学科的理解，少年的范围也没有统一认识，《现代汉语分类大词典》认为是指十岁左右到十五六岁的人，《新编实用医学词典》《人类学辞典》《中国百科大辞典》认为是十二三岁到十五六岁的人。

民法典规定，不满十八周岁的自然人为未成年人。可见，未成年人这一法律概念是清晰的。另外，最高人民法院、最高人民检察院、公安部等部门出台的文件都是使用“未成年人”一语，比如“未成年人审判工作”“未成年人检察工作”等，许多机构的名称受此影响，使用的也是“未成年人”，比如“未成年人案件综合审判庭”“未成年人检察工作办公室”。

联合国《儿童权利公约》的中译本虽然使用的是“儿童”，但对应英文是“children”，指的是十八岁以下的人，即公约的保护对象“children”对应的是我国法律中的“未成年人”。

基于以上理由，本法与联合国《儿童权利公约》的精神及民法典的规定一致，将适用对象界定为未满十八周岁的公民。

第三条　【未成年人的权利】国家保障未成年人的生存权、发展权、受保护权、参与权等权利。

未成年人依法平等地享有各项权利，不因本人及其父母或者其他监护人的民族、种族、性别、户籍、

职业、宗教信仰、教育程度、家庭状况、身心健康状况等受到歧视。

条文主旨

本条是关于未成年人权利的规定。

条文释义

第一款规定了国家保障未成年人的权利。

保护未成年人的实质就是保障未成年人的各项权利。从历史发展来看，未成年人逐渐被认识到是一个需要特殊保护的群体，享有独立的权利。从逻辑理解来看，未成年人权利是从以未成年人为权利主体的角度提出的，必须将未成年人当“人”看，承认其具有与成年人一样的独立人权，而不是成年人的附庸；必须将未成年人当“未成年人”看，承认并尊重未成年时期生活的独立价值，而不仅仅将其看作是成年人的预备；应当为未成年人提供与之身心发展相适应的生活，未成年人的个人权利、尊严应受到保护。从世界范围来看，未成年人权利保护的第一份文件是 1924 年诞生的《日内瓦儿童权利宣言》，宣言规定“所有国家的男女都应该承认人类负有提供儿童最好东西的义务”；1959 年联合国通过的《儿童权利宣言》提出儿童应享有的基本权利，并为儿童权利的实现确立了十条原则，注意把儿童向人权主体提升；1989 年联合国通过了《儿童权利公约》，其所包含的权利项目基本涵盖了原来成年人权利的内容，突破了此前两个宣言的内容。

联合国《儿童权利公约》树立了儿童权利保护的国际共识，也成为缔约国进行相关立法的普遍标准。根据公约的规定，儿童享有的权利既几乎包罗了大部分成年人的权利，又享有许多与其身份相符的特殊权利，以保障其受到特殊照顾。虽然该公约列举规定了儿童享有生命权、获得姓名和国籍权、受父母照料权等几十项权利，但国际社会通常把儿童的这些权利高度概括为四大类：生存权、发展权、受保护权和参与权。1991 年，全国人民代表大会常务委员会批准我国加入联合国《儿童权利公约》。为落实公约规定，履行公约义务，制定了本法，并开宗明义地规定了未成年人这四类权利。

生存权，是指未成年人享有其固有的生命权、健康权和获得基本生活保障的权利。具体包括未成年人享有生命权、医疗保健权、国籍权、姓名权，获得足够食物、拥有一定住所以及获得其他生活保障的权利。

发展权，是指未成年人享有充分发展其全部体能和智能的权利。包括未成年人有权接受正规和非正规的教育，有权享有促进身体、心理、精神、道德等全面发展的生活条件。未成年人的发展包括身体、智力、道德、情感、社会性等多方面的发展。

受保护权，是指未成年人享有不受歧视、虐待和忽视的权利。包括保护未成年人免受歧视、剥削、酷刑、暴力或疏忽照料，以及对失去家庭和处于特殊困境中的未成年人的特别保护。受保护权旨在减少未成年人生存和发展过程中的不利因素。

参与权，是指未成年人有权参与家庭和社会生活、就影响他们生活的事项发表意见的权利。成年人应尊重未成年人的看法。参与权旨在使未成年人了解自身的处境，并发展其表达和处事能力。

未成年人权利作为人权的一部分，既具有人权所具有的一般属性，即未成年人权利是个体性权利、普遍性权利、整体性权利，又具有其特殊属性，即未成年人权利的发展性、依赖性、易受伤害性和不可克减性。因此，联合国《儿童权利公约》规定，缔约国应遵守本公约所载列的权利，并确保其管辖范围内的每一儿童均享受此种权利，缔约国应采取一切适当措施确保儿童得到保护。《中华人民共和国宪法》也规定，国家尊重和保障人权，儿童受国家的保护，国家培养青年、少年、儿童在品德、智力、体质等方面全面发展。这些规定都强调了未成年人权利的国家保障责任，可简称为“国家责任”，可以看成是我国法律体系下“国家亲权”理论的法律表达。

第二款规定了未成年人依法平等享有各项权利。

非歧视是保障未成年人权利的一项基本原则。该原则最初是作为联合国缔结的一项宗旨出现的，《联合国宪章》(1945 年) 规定联合国宗旨时已有所涉及。在其后的《世界人权宣言》(1948 年) 中，该项原则才被明确为人权保护的基本原则之一。联合国 1959 年的《儿童权利宣言》在未成年人权利保护领域明确确立非歧视原则。鉴于人类有责任给儿童以必须给予的最好待遇，该宣言规定了儿童权利保护的十项原则，并把“非歧视”原则列为第一项原则，奠定了该原则在儿童权利保护领域中的首要和基础性位置。联合国《儿童权利公约》重申、明确和强化了该原则在儿童权利保护原则中的基础性地位。其第二条规定：“1. 缔约国应遵守本公约所载列的权利，并确保其管辖范围内的每一儿童均享受此种权利，不因儿童或其父母或法定监护人的种族、肤色、性别、语言、宗教、政治或其他见解、民族、族裔或社会出身、财产、伤残、出生或其他身份而有任何差别。2. 缔约国应采取一切适当措施确保儿童得到保护，不受基于儿童父母、法定监护人或家庭成员的身份、活动、所表达的观点或信仰而加诸的一切形式的歧视或惩罚。”根据该规定，可以将其理解为以下几层含义：一是权利的平等，比如女童应享有与男童同等的机会，难民儿童、残疾儿童、土著或少数群体儿童应与所有其他儿童一样享有同样的权利。二是国家必须采取适当的措施以确保所有儿童得到保护，避免无法享有其权利。儿童权利的实现需要国家以及成年人的积极作为。三是所有儿童不应当受到任何形式的歧视，而不因种族、肤色、性别、语言、宗教、政治或其他见解、民族、族裔或社会出身、财产、伤残、出生或其他身份、父母或法定监护人等多个方面受到歧视，这些范围基本涵盖了儿童生存和发展的重要方面。

我国经济发展的不平衡不充分导致未成年人权利存在不均衡现象。地区差异、城乡差异体现在未成年人死亡率、义务教育普及率、医疗资源分布、社会福利、财政投入等多个方面。不同年龄阶段未成年人的权利保障需求的满足程度存在差异。对不同未成年人重点群体权利的保障仍存在短板。比如，对各类处于困境的未成年人的关照体系还不健全。残疾未成年人康复，留守未成年人监护和受教育，流动未成年人受教育和犯罪预防，艾滋病孤儿的医疗救助及监护，女童受教育以及避免遭受性侵害，等等，所有这些问题的解决都需要从权利平等保障和实现的角度来加以认识、重视和解决。

结合以上国际公约的精神和我国未成年人权利保障的现实，第二款明确了未成年人依法平等享有各项权利，既不能因本人也不能因其父母或者其他监护人的以下因素而受到歧视：民族、种族、性别、户籍、职业、宗教信仰、教育程度、家庭状况、身心状况等。为了避免歧视，国家有责任采取一切必要的措施。

第四条 【最有利于未成年人原则及其要求】 保护未成年人，应当坚持最有利于未成年人的原则。处理涉及未成年人事项，应当符合下列要求：

（一）给予未成年人特殊、优先保护；

（二）尊重未成年人人格尊严；

（三）保护未成年人隐私权和个人信息；

（四）适应未成年人身心健康发展的规律和特点；

（五）听取未成年人的意见；

（六）保护与教育相结合。

条文主旨

本条是关于最有利于未成年人保护原则及其要求的规定。

条文释义

根据联合国《儿童权利公约》第三条的规定，关于儿童的一切行动，不论是由公私社会福利机构、法院、行政当局或立法机构执行，均应以儿童的最大利益为一种首要考虑。学界将其概括为儿童最大利益原则或者儿童最佳利益原则。但是，最大利益或者最佳利益的表述是对英文的直译，这种中文表述容易导致误解和误区。“best interests of the child”实际上是要求各方应当采取最有利于促进和实现未成年人利益的措施。本法作为落实公约有关规定的国内法，一方面最大限度地符合公约的精神，另一方面考虑到我国法律文本的严谨性和法律用语习惯，将公约中的“best interests of the child”在转换为国内法时，采取了“最有利于未成年人”的表述。

原则具有统领性、抽象性。一直以来，域内外关于最有利于未成年人原则（best interests of the child）的理解都存在空洞、泛化、难以把握和操作的问题。为了保障这一原则得以精准适用，本条对该原则以具体要求的方式进行了具体化。具体来说，处理涉及未成年人事项，为了实现最有利于未成年人原则，应当符合六项要求：

一是给予未成年人特殊、优先保护。与成年人相比，未成年人身心不成熟且脆弱，容易受到各种不良因素的负面影响和伤害，因此需要对其进行特殊保护。未成年人是民族的未来和希望，是一个国家最宝贵的资源，因此值得优先投入更多的人、财、物，把他们保护好，让他们成长好。

二是尊重未成年人人格尊严。我国宪法有明文规定，公民的人格尊严不受侵犯。人格尊严是宪法赋予每个公民的权利，无论年龄大小，人格尊严都一律受到法律的保护。未成年人同样是公民，有自己的人格尊严，平等享有人格权，各方都应当尊重。实践中，一方面由于未成年人偏小，成年人特别是父母或者监护人容易忽视他们的人格尊严；另一方面由于未成年人心理具有脆弱性，人格尊严更容易受到伤害，不利于其身心发展。因此，需要特别强调尊重未成年人人格尊严。

三是保护未成年人隐私权和个人信息。未成年人社会生活比较简单，处于监护人的监护和学校的教育管理之下，加之未成年人的自我保护能力弱，对风险认知不足，隐私权很容易受到侵犯。互联网技术近年来飞速发展，由此带来的不良后果是自然人的个人信息被非法收集、使用的风险增加。未成年人因其年龄、智力发展尚未成熟，在个人信息受到侵害之后，难以举证证明信息控制者实施了侵权行为以及行为与损害之间的因果关系，且维权成本很高。未成年人的个人信息具有高度敏感性与私密性，泄露之后的损害是长期的、难以挽回的，有的可能会受到违法犯罪的侵害，且基于主体的脆弱性，其个人信息被不法利用的可能性也比较大。因此，基于未成年人主体的有限理性与权利救济障碍，需要对其隐私权和个人信息加以特殊保护。

四是适应未成年人身心发展的规律和特点。不同年龄段未成年人在身体、心理、学习、品德等方面都有着差异，而且具有固有的规律性。了解、尊重和适应未成年人身心发展的规律和特点，是有效保护未成年人的前提。在处理未成年人事项时，应充分考虑未成年人身心的承受能力，不能进行对未成年人身心发展有害的活动，避免以成年人的视角和特点来处理涉及未成年人的事务。

五是听取未成年人的意见。联合国《儿童权利公约》第十二条规定，缔约国应确保有主见能力的儿童有权对影响到其本人的一切事项自由发表自己的意见，对儿童的意见应按照其年龄和成熟程度给以适当的对待。虽然未成年人尚未成人，身体和智力都不够成熟，但也是有自我意志的“人”，不是“物”，也不是“低级的人”。现代发展心理学的研究成果显示，未成年人不是完全被动地按照外界的指令作出行动，而是从小就具有影响和控制外在世界的冲动，比如出生不久的婴幼儿就能从抓握物品上感到快乐，三岁的孩子就已经表现出对于外界要求的抵抗。因此，应该充分听取未成年人的真实意愿，尊重其合理的意见，赋予未成年人决定自己的事务的权利，不能唯成年人的喜好、理想、利益是从。

六是保护与教育相结合。未成年人由于身心发展不成熟，并且缺乏社会生活经验，缺乏知识，在处理事情时，容易出现过错。但是，未成年人的可塑性比较大，容易认识到自己的错误，并努力纠正。对未成年人应采取教育与保护相结合的原则。一方面，要教育未成年人认识到自己过错的危害；另一方面，又要注意保护未成年人的名誉，保护未成年人免受各种不良因素的影响，以有利于他们实现正常的社会化。

第五条　【未成年人思想道德建设】 **国家、社会、学校和家庭应当对未成年人进行理想教育、道德教育、科学教育、文化教育、法治教育、国家安全教育、健康教育、劳动教育，加强爱国主义、集体主义和中国特色社会主义的教育，培养爱祖国、爱人民、爱劳动、爱科学、爱社会主义的公德，抵制资本主义、封建主义和其他腐朽思想的侵蚀，引导未成年人树立和践行社会主义核心价值观。**

条文主旨

本条是关于未成年人思想道德建设的概括性规定。

条文释义

未成年人处在学习文化知识的黄金时期，处在人生观、价值观和世界观形成和确定的关键时期，要保护他们健康成长，需要引导帮助未成年人“扣好人生的第一粒扣子”，开展全面发展教育。本条的重点是突出未成年人思想道德教育。

联合国《儿童权利公约》第二十九条规定，缔约国一致认为教育儿童的目的其中两项是：最充分地发展儿童的个性、才智和身心能力；培养对儿童的父母、儿童自身的文化认同、语言和价值观、儿童所居住国家的民族价值观、其原籍国以及不同于其本国的文明的尊重。

发达国家比较重视培养未成年人的道德认知判断、道德推理能力的发展，帮助他们掌握认识的方法，提高处理问题和矛盾的能力，引导他们形成正确的道德立场和价值观点，从而固定其思维模式，使其能够独立自主地判断和解决问题。

我国未成年人是社会主义现代化强国的未来建设者，是中国特色社会主义事业的接班人。他们的思想道德状况如何，直接关系到中华民族的整体素质，关系到国家前途和民族命运。在各种消极因素影响下，少数未成年人精神空虚、行为失范，有的甚至走上违法犯罪的歧途。这些新情况新问题的出现，要求必须重视对未成年人的思想道德建设。对此，本条从三个方面予以明确：

一是未成年人思想道德建设的责任主体。加强和改进未成年人思想道德建设，是各方面的共同任务，需要形成党委统一领导、党政群齐抓共管、文明委组织协调、有关部门各负其责、全社会积极参与的领导体制和工作机制，建立健全学校、家庭、社会相结合的未成年人思想道德教育体系，使学校教育、家庭教育和社会教育相互配合，相互促进。[①] 国家应当将加强和改进未成年人思想道德建设作为一项事关全局的战略任务，纳入经济社会发展总体规划。社会各方面应当积极营造有利于未成年人思想道德建设的社会氛围。学校是对未成年人进行思想道德教育的主渠道。家庭在未成年人思想道德建设中具有特殊重要的作用。

二是未成年人思想道德建设的内容。热爱祖国、积极向上、团结友爱、文明礼貌是当代我国未成年人精神世界的主流。需要从以下四个方面促进未成年人思想道德建设：（1）从确立远大志向做起，树立和培育正确的理想信念。进行中国革命、建设和改革开放的历史教育与国情教育，引导广大未成年人正确认识社会发展规律，正确认识国家的前途和命运，把个人的成长进步同中国特色社会主义伟大事业、同祖国的繁荣富强紧密联系在一起，为担负起建设祖国、振兴中华的光荣使命做好准备。（2）从规范行为习惯做起，培养良好道德品质和文明行为。大力普及

---

① 《关于进一步加强和改进未成年人思想道德建设的若干意见》，载中华人民共和国中央人民政府网站，http：//www. gov. cn/gongbao/content/2004/content_ 62719. htm，最后访问时间：2020 年 12 月 5 日。

道德规范和法治精神，积极倡导集体主义精神和社会主义人道主义精神，引导广大未成年人牢固树立心中有祖国、心中有集体、心中有他人的意识，懂得为人做事的基本道理，具备文明生活的基本素养，学会处理人与人、人与社会、人与自然等基本关系。(3）从增强爱国情感做起，弘扬和培育以爱国主义为核心的伟大民族精神。深入进行中华民族优良传统教育和中国革命传统教育、中国历史特别是近现代史教育，引导广大未成年人认识中华民族的历史和传统，从小树立民族自尊心、自信心和自豪感。(4）从提高基本素质做起，促进未成年人的全面发展。努力培育未成年人的劳动意识、创造意识、效率意识、环境意识和进取精神、科学精神以及民主法治观念，增强他们的动手能力、自主能力和自我保护能力，引导未成年人保持蓬勃朝气、旺盛活力和昂扬向上的精神状态，激励他们勤奋学习、大胆实践、勇于创造，使他们的思想道德素质、科学文化素质和健康素质得到全面提高。

三是未成年人思想道德建设的目标。一是抵制资本主义、封建主义和其他腐朽思想的侵蚀。我国对外开放的进一步推进，为广大未成年人了解世界、增长知识、开阔视野提供了更加有利的条件。与此同时，与国外敌对势力的斗争也日趋尖锐、复杂，他们利用各种途径加紧对我国未成年人进行思想文化渗透，某些腐朽堕落的生活方式对未成年人的影响不能低估。我国社会主义市场经济的深入发展，社会经济成分、组织形式、就业方式、利益关系的日益多样化，为未成年人的全面发展创造了更加广阔的空间，与社会进步相适应的新思想新观念正在丰富着未成年人的精神世界。与此同时，一些领域道德失范，诚信缺失、假冒伪劣、欺骗欺诈活动有所蔓延；一些地方封建迷信、“黄赌毒”等社会丑恶现象沉渣泛起，成为社会公害；一些成年人价值观发生扭曲，拜金主义、享乐主义、极端个人主义滋长，以权谋私等腐败现象时有发生等，也给未成年人的成长带来不可忽视的负面影响。互联网等新兴媒体的快速发展，给未成年人学习和娱乐开辟了新的渠道。与此同时，腐朽落后文化和有害信息也通过网络传播，腐蚀未成年人的心灵。只有进一步改进和加强未成年人思想道德建设，才能增强未成年人的抵御能力。二是引导未成年人树立和践行社会主义核心价值观。一个民族的文明进步，一个国家的发展壮大，需要一代又一代人努力。中华民族要继续前进，就必须根据时代条件，继承和弘扬我们的民族精神和民族优秀文化，特别是包含其中的传统美德。社会主义核心价值观反映了仁人志士的夙愿，体现了革命先烈的理想，也寄托着各族人民对美好生活的向往，要在全国人民中培育和弘扬，特别要注重从未成年人抓起。通过思想道德建设，引导未成年人培育和践行社会主义核心价值观，做到记住要求、心有榜样、从小做起、接受帮助，把社会主义核心价值观的基本内容熟记熟背，融化在心灵里，铭刻在脑子中，结合学习和生活等实践不断加深理解。

第六条　【共同责任】保护未成年人，是国家机关、武装力量、政党、人民团体、企业事业单位、社会组织、城乡基层群众性自治组织、未成年人的监护人以及其他成年人的共同责任。

国家、社会、学校和家庭应当教育和帮助未成年人维护自身合法权益，增强自我保护的意识和能力。

条文主旨

本条是关于共同责任的概括性规定。

条文释义

所谓共同责任，是指各方面均有责任，在各自的职责范围内负有三方面的责任：保护未成年人、教育和帮助未成年人维护自身合法权益、增强自我保护的意识和能力的责任。

本条关于共同责任的宣示性规定，是后面各章中规定各方具体职责的依据。之所以强调共同责任，主要理由有三：

一是未成年人的成长规律要求各方密切配合和形成合力。未成年人工作具有综合性、系统性、长期性。未成年人健康成长，离不开教育、医疗、就业等多方面的长期保障，离不开家庭、学校、政府、社会等多个主体的密切配合。这是未成年人工作最根本的规律。违反这一规律，会出现“木桶效应”。比如，由于家庭监护干预跟不上，某个未成年人出现了违法犯罪行为，教育、医疗、卫生等其他保障工作做得再好，这个未成年人的健康成长也无从谈起。

二是各方需要提升意识和理念。一个时期以来，一直存在一种误解，认为未成年人保护主要是家庭或者学校的事情。这种意识和理念的偏差，导致未成年人保护在多个环节出现了漏洞。比如，信息时代的来临对未成年人成长而言是“双刃剑”。其积极作用和影响显而易见，其负面影响也需得到高度重视和积极预防。“信息爆炸”、文化多元容易给成长中的未成年人造成价值观混乱、心理失衡等影响，而一些“负能量”、暴力淫秽信息等也在一些网络中悄然传播，直接危害他们的精神健康。如何有效治理网络信息乱象，净化文化环境，让未成年人在洁净的文化氛围内成长，是各方共同面临的难题，特别是网络平台和企业、政府相关部门应当充分意识到履行未成年人网络保护的职责。

三是共同责任不等于职责没有分工、没有区别。共同责任是各方都要在职责范围内承担相关工作，这就意味着各方职责的具体内容、承担方式是有差别的。比如，家庭、学校、国家机关、企事业单位在保护未成年人方面的责任是有区别的，家庭的责任是围绕监护展开的，学校的职责是围绕教育展开的，国家机关中政府职能部门是围绕各自的法定职责展开的，司法机关是围绕案件办理展开的，等等。职责有分工，就需要高效的统筹协调，能够让各方的工作成效形成合力。近些年来，由于我国缺乏足够的统筹协调，没有明确主责部门，导致出现了“九龙治水”的局面，造成所谓的“责任稀释困境”，但这不应当归咎于共同责任的规定。当前的突出问题其实不是所谓的责任稀释，而是各方面的职责不够明确、具体。可见，本条关于共同责任的规定为压实各方面的责任提供了明确的指向和基本的遵循，是有积极意义的。只是在强调共同责任的同时，需要在压实、指导、督促和统筹各方履职尽责方面出台相应的措施和机制。

第七条　【监护人与国家在未成年人监护方面的关系】未成年人的父母或者其他监护人依法对未成年人承担监护职责。

国家采取措施指导、支持、帮助和监督未成年人的父母或者其他监护人履行监护职责。

条文主旨

本条是关于在监护方面未成年人父母或者其他监护人与国家关系的规定。

条文释义

联合国《儿童权利公约》明确了签署批准国在未成年人保护领域的职责，对于政府、监护人和未成年人的关系有明确的规定：父母或者其他监护人对于未成年人的教育成长承担首要责任，监护人应当履行监护职责；政府应当对父母或者其他监护人履行监护职责予以协助，创造有利的条件帮助监护人有效履行监护职责，例如发展与未成年人有关的公共服务设施，提供适合其成长的社会环境，对贫困家庭给予经济支持，等等；在父母或者其他监护人不当履行监护职责或者侵犯未成年人合法权益时，政府能够采取有效措施避免未成年人在家庭中继续受到伤害；对于家庭的不当监护，政府应当及时干预。近些年来，大量案例表明一些父母或者其他监护人缺乏监护意识，生而不养、养而不教的现象依然存在，甚至出现了将未成年人监护责任恶意“甩”给政府的个别行为。同时，在父母或者其他监护人出现监护不当或者不能时，政府如何发挥作用，在法律上也缺乏明确的规定。可以说，在未成年人监护方面，监护人和国家之间的关系存在失序问题，亟须法律予以回应。基于以上公约的精神和我国的实际问题，本条规定了两款，第一款明确父母或者其他监护人的监护主责，第二款明确国家在未成年人监护问题上担任的角色，蕴含着国家监护理念。

父母及其他监护人对未成年人监护负有第一责任。生存能力欠缺的未成年人拥有与成年人同等的生存发展机会，但未成年人具有异于成年人的特质：生理、心理未臻成熟，认知水平、行为能力欠缺，存在有限性、可塑性，需要照料、保护以维持基本生存，且需经过漫长复杂的渐进成长过程。他们无法同成年人一样自足适应社会，其人身、财产等均需他人保护，这就是未成年人监护制度的功用。参考民法典第二十七条和第三十二条的规定，根据监护人的不同，未成年人监护制度可以分为五类：父母监护、特定亲属法定监护、亲友意定监护、特定组织监护、政府监护。其中，家庭场域是从出生伊始覆盖成长全程的生存之地，也是最合乎天性的自然成长环境，和谐的家庭生态环境对未成年人身心才智全面成长无可替代，父母监护成为人类社会抚养未成年人、履行监护职责的普遍形态，父母监护通常最有利于未成年人健康成长，因此父母（包括生父母、养父母和继父母）是未成年人第一顺序的监护人，除非其死亡、丧失监护能力或被剥夺监护资格。

可见，父母及其他监护人对未成年人监护负有第一责任。

国家则是未成年人的最高和最终监护人。未成年人不仅是家庭的，也是国家的，国家是未成年人最高的，也是最终的保护主体，这种理念已经为世界各国公认。一些国家设置了未成年人监护岗位，成立了专门监护机构，并在法律进行确认，这便使得未成年人监护具有了公法和私法的两重色彩。我国改革开放带来了社会经济的巨大发展，也改变了人们的生活方式和思想观念，并引发了诸多监护问题，比如离婚率上升、留守流动儿童失学失管问题、非原生家庭子女监护问题、“困境儿童”得不到应有的保障，等等。破解这些家庭监护主体缺失和监护不当难题，需要国家承担监护人职责。国家监护要求政府积极履行相应的职责，在保护未成年人成长方面发挥积极的作用。一方面体现在政府是父母或者其他监护人履行监护职责的后盾，另一方面在父母或者其他监护人的监护出现问题时，政府可以通过一系列措施和程序对监护进行干预，避免使未成年人处于无人监护或者其他危险的环境中，必要时直接承担监护责任，保障未成年人的安全。根据本条的规定，国家监护的层次可以区分为三个层面：第一层是监护指导、支持和帮助义务。当未成年人的家庭监护难以完成对未成年人的监护任务（包括不能监护和监护不利两种情况）时，就应当采取措施，弥补家庭个体监护的不足，在国家的指导和帮助下完成家庭监护的任务。第二层是一般的监护监督义务。即国家对未成年人的家庭监护给予必要的监督，以确保未成年人监护的质量，使家庭监护达到监护制度设立的目的。第三层是法定情况下实施国家替代监护，当未成年人因各种原因暂时或永久脱离家庭监护，出现“监护空白”时，由国家代位监护。

第八条　【未成年人保护工作保障措施】县级以上人民政府应当将未成年人保护工作纳入国民经济和社会发展规划，相关经费纳入本级政府预算。

条文主旨

本条是关于政府未成年人工作保障措施的规定。

条文释义

国民经济和社会发展规划是全国或者某一地区经济、社会发展的总体纲要，统筹安排和指导全国或某一地区的社会、经济、文化建设工作，是具有战略意义的指导性文件。我国已连续编制实施了十三个五年计划或规划，对推动国家发展发挥了重要作用。未成年人保护工作具有长期性、系统性和非显性，需要持续推动，方能见到成效。五年规划在凝聚未成年人保护工作共识、引领未成年人保护工作方向、配置公共资源、实现目标等方面发挥着不可替代的作用，有利于保持未成年人保护政策措施的连续性、稳定性，进而促进我国未成年人保护持续健康发展、推动未成年人保护事业进步。

本级政府预算简称本级预算，是经法定程序批准的一级政府的年度财政收支计划，具体由本级政府各部门（含直属单位）的预算组成，并包括下级政府向本级政府上解的收入数额和本级政府对下级政府的返还或补助数额。未成年人保护工作既需要直接投入资金，比如发放补贴、建设场所和设施等，又需要购买服务，为未成年人提供各类专业服务。这些工作经费应当纳入本级政府预算，并保障充足的数额。

第九条　【未成年人保护工作协调机制】 县级以上人民政府应当建立未成年人保护工作协调机制，统筹、协调、督促和指导有关部门在各自职责范围内做好未成年人保护工作。协调机制具体工作由县级以上人民政府民政部门承担，省级人民政府也可以根据本地实际情况确定由其他有关部门承担。

条文主旨

本条是关于未成年人保护工作协调机制的规定。

条文释义

党和政府历来重视未成年人工作，并为此投入大量人力物力等资源。但原有的未成年人工作体制及衔接机制仍存在一些疏漏和不足，相关机构、机制建设和社会支持体系难以完全适应现实需求。其中，最突出的一个问题是，我国行政机构中长期没有专门日常主责未成年人工作的部门，缺乏强有力的统筹。在中央层面，国务院所属三十多个部委局均负有部分未成年人工作的职责，条线、条块分割，碎片化现象比较严重。虽然设立了国务院妇女儿童工作委员会，但办公室设在全国妇联，难以进行日常管理和及时处理有关未成年人的事项，也无法进行高效统筹。受此影响，地方政府的机构设置也存在类似问题。另外，各地普遍设立的未成年人保护委员会，办公室一般设在共青团，开展相关行政管理工作难度较大。总体来讲，因责权配置不尽合理，出现了一些问题，影响了法律政策的贯彻落实效果：政出多门，资源重复投入，缺乏联动和协调配合；职能交叉重叠、涵盖不全，一些职责处于空白；责任边界不清，导致扯皮推诿，责任稀释，出现问题时谁都不负责任；工作缺乏长远统一规划，更多是“救急救火式”的被动应对；等等。为破解这些问题，本条针对性地规定了未成年人保护工作协调机制。

未成年人保护涉及教育、医疗、社会救助等一系列工作，具有很强的综合性。为了做好这项工作，本条规定县级以上人民政府应当建立未成年人保护工作协调机制，核心职责是统筹、协调、督促、指导有关部门在各自职责范围内做好未成年人保护工作。首先，未成年人保护工作协调机制是人民政府组织建立的，包括从国务院到县级人民政府的各级政府。其次，根据实践的需要，笔者认为，建立未成年人保护工作协调机制的最佳选择是委员会的模式，比如建立未成年人保护工作委员会，有关部门作为成员单位，建立相应的联席机制和联络制度，明确成员单位各自的职责。再次，未成年人保护工作协调机制的职责主要是统筹、协调、督促、指导有关部门做好未成年人保护工作，其方式包括制定和实施五年发展规划、年度计划，召开联席会议，制定和颁布规范性文件，开展未成年人保护工作年度考核，等等。最后，近些年来多地在未成年人保护工作协调机制方面做了诸多探索，其中就包括未成年人保护工作委员会，已经有一套相对完善的做法，可以对其进行完善和健全。

未成年人保护工作会涉及大量的日常事务性工作，协调机制往往无法及时作出部署和安排，这就需要有一个具体的部门来承担协调机制的具体工作。本条规定协调机制具体工作由县级以上人民政府民政部门承担，省级人民政府也可以根据本地实际情况确定由其他有关部门承担。对此，可以从以下四个方面理解。

其一，协调机制的具体工作包括草拟协调机制工作的相关规范性文件、组织召集议事协调会议、组织实施相关规划和落实相关政策措施、协调解决未成年人保护工作中的重大问题，等等。之后对于如何搭建未成年人保护工作的协调机制，统筹、协调、督促和指导有关部门在各自职责范围内落实好未成年人保护法的规定，还需要围绕优化、协同、高效的要求进行研究。

其二，承担协调机制具体工作的首选部门是民政部门，主要理由包括：民政部门设有儿童福利专门机构，民政部门承担着留守儿童和困境儿童、孤残儿童等兜底性保障工作，民政部门具有可以延伸至群众基层自治组织、发动社会组织等社会力量的优势。另外，民政部近些年来承担着国务院统筹协调留守儿童和困境儿童相关工作的日常事务，积攒了一定的工作经验，有着一定的组织基础。2018 年 8 月，为加强对农村留守儿童关爱保护和困境儿童保障工作的组织领导和统筹协调，强化部门间协作配合，及时研究解决工作中面临的重大问题，经国务院同意，调整了农村留守儿童关爱保护工作部际联席会议制度，建立了农村留守儿童关爱保护和困境儿童保障工作部际联席会议制度。主要职责是：在国务院领导下，统筹协调全国农村留守儿童关爱保护和困境儿童保障工作。研究拟订农村留守儿童关爱保护和困境儿童保障工作政策措施和年度工作计划，向国务院提出建议；组织协调和指导农村留守儿童关爱保护和困境儿童保障工作，推动部门沟通与协作，细化职责任务分工，加强政策衔接和工作对接，完善关爱服务体系，健全救助保护机制；督促、检查农村留守儿童关爱保护和困境儿童保障工作的落实，及时通报工作进展情况；完成国务院交办的其他事项。联席会议由民政部、中央政法委、中央网信办、发展改革委、教育部、公安部、司法部、财政部、人力资源社会保障部、住房城乡建设部、农业农村部、卫生健康委、税务总局、广电总局、统计局、医保局、妇儿工委办公室、扶贫办、全国人大常委会法工委、高法院、高检院、全国总工会、共青团中央、全国妇联、中国残联、关工委等26个部门和单位组成，民政部为牵头单位。联席会议办公室设在民政部，承担联席会议日常工作。联席会议设联络员，由各成员单位有关司局负责同志担任。①

其三，鉴于目前有极个别省级行政区域的协调机制具体工作由教育行政等部门承担，也取得了不错的效果。考

① 《国务院办公厅关于同意建立农村留守儿童关爱保护和困境儿童保障工作部际联席会议制度的函》，载中华人民共和国中央人民政府网站，http：//www.gov.cn/zhengce/content/2018－08/21/content_5315377.htm，最后访问时间：2020年12月5日。

虑到现有的实际情况，本条特给省级人民政府留出了一定保留目前实际做法的空间，即省级人民政府也可以根据本地实际情况确定由民政部门以外的其他有关部门承担。

其四，未成年人保护协调机制的发展有一个过程，民政部门承担具体工作也需要一定时间的探索和完善，但未来的趋势是以国家治理体系和治理能力现代化为导向，坚持一类事项原则上由一个部门统筹、一件事情原则上由一个部门负责，从中央到地方保持一致，逐渐过渡为由民政部门承担协调机制的具体工作。

第十条　【群团组织与社会组织未成年人保护的职责】 **共产主义青年团、妇女联合会、工会、残疾人联合会、关心下一代工作委员会、青年联合会、学生联合会、少年先锋队以及其他人民团体、有关社会组织，应当协助各级人民政府及其有关部门、人民检察院、人民法院做好未成年人保护工作，维护未成年人合法权益。**

条文主旨

本条是关于群团组织与社会组织在未成年人保护方面职责和定位的规定。

条文释义

群众性团体组织（简称为群团组织）是我国社会团体的一种。中央机构编制委员会办公室管理机构编制的群众团体机关有中华全国总工会机关、中国共产主义青年团中央委员会机关、中华全国妇女联合会机关、中国文学艺术界联合会机关、中国作家协会机关、中国科学技术协会机关、中华全国归国华侨联合会机关、中国法学会机关、中国人民对外友好协会机关、中华全国新闻工作者协会机关、中华全国台湾同胞联谊会机关、中国国际贸易促进委员会（中国国际商会）机关、中国残疾人联合会机关、中国红十字总会机关、中国人民外交学会机关、中国宋庆龄基金会机关、黄埔军校同学会机关、欧美同学会（中国留学人员联谊会）机关、中国思想政治工作研究会机关、中华职业教育社机关、中华全国工商业联合会机关、中国计划生育协会机关，共22家。[①]《中共中央关于加强和改进党的群团工作的意见》指出，群团组织服务群众要盯牢群众所急、党政所需、群团所能的领域，重点帮助群众解决日常工作生活中最关心、最直接、最现实的利益问题和最困难、最操心、最忧虑的

---

① 《中央编办管理机构编制的群众团体机关》，载中国机构编制网，http：//www.scopsr.gov.cn/zlzx/jggk/201901/t20190118_359599.html，最后访问时间：2020年12月5日。

实际问题。群团组织是党和政府联系人民群众的桥梁和纽带。各级党委和政府要支持群团组织在党组织领导下发挥作用，加强对有关社会组织的政治引领、示范带动、联系服务。群团组织要通过服务来引导和促进社会组织健康有序发展。

根据以上精神，共产主义青年团、妇女联合会、工会、残疾人联合会、关心下一代工作委员会、青年联合会、学生联合会、少年先锋队等群团组织的主要职能为团结服务联系群众，在群众所急、党政所需、群团所能的范围内开展工作。在未成年人工作方面，群团组织的作用是协助各级人民政府及其有关部门、人民检察院、人民法院做好未成年人保护工作，维护未成年人合法权益。比如，宣传我国在未成年人保护和犯罪预防方面的政策法规，支持、参与和配合各机关各部门开展的保护和犯罪预防工作；培育孵化、服务管理社会组织和专业力量，引导社会力量面向未成年人及其家庭提供相关服务；反映群众愿望和要求，研究相关事项，发现问题与总结经验，向国家提出建议；接受对未成年人权益侵害案件的检举控告，交由相关部门查处，并跟进反馈；维护未成年人的合法权益，教育挽救失足青少年，参与救助关爱未成年受害人、留守流动未成年人、困境未成年人等弱势群体。

社会组织是未成年人保护的重要力量和重要主体之一。通常来说，社会组织包括社会团体、基金会、社会服务机构。社会团体，一般是指中国公民自愿组成，为实现会员共同意愿，按照其章程开展活动的非营利性社会组织。基金会，一般是指利用自然人、法人或者其他组织捐赠的财产，以提供扶贫、济困、扶老、救孤、恤病、助残、救灾、助医、助学、优抚服务，促进教育、科学、文化、卫生、体育事业发展，防治污染等公害和保护、改善生态环境，推动社会公共设施建设等公益慈善事业为目的，按照其章程开展活动的非营利法人。社会服务机构，一般是指自然人、法人或者其他组织为了公益目的，利用非国有资产捐助举办，按照其章程提供社会服务的非营利法人。社会组织的非政府性、非营利性、公益性与独立性等特征，决定了社会组织在未成年人保护体系必然占据着重要地位。有关的社会组织具有为未成年人提供专业服务、维护未成年人合法权益等作用；有利于未成年人保护的国家资源和社会资源优化配置和有效整合，有利于迅速、灵活回应未成年人保护的需求，有利于实现未成年人保护的理性化、专业化。《中共中央关于制定国民经济和社会发展第十四个五年规划和二〇三五年远景目标的建议》强调，“发挥群团组织和社会组织在社会治理中的作用”。因此，随着政府职能转变工作的推进，事业单位改革的不断深化，需要推进由专业社会组织承接部分工作并提供服务，协助国家机关共同做好未成年人保护工作。

第十一条 【未成年人保护报告制度】 任何组织或者个人发现不利于未成年人身心健康或者侵犯未成年人合法权益的情形，都有权劝阻、制止或者向公安、民政、教育等有关部门提出检举、控告。

国家机关、居民委员会、村民委员会、密切接触未成年人的单位及其工作人员，在工作中发现未成年人身心健康受到侵害、疑似受到侵害或者面临其他危险情形的，应当立即向公安、民政、教育等有关部门报告。

有关部门接到涉及未成年人的检举、控告或者报告，应当依法及时受理、处置，并以适当方式将处理结果告知相关单位和人员。

条文主旨

本条是关于未成年人保护报告制度的规定。

条文释义

联合国《儿童权利公约》第十九条规定，缔约国应采取保护性措施避免儿童遭受虐待，这类保护性措施应酌情包括采取有效程序以建立社会方案，向儿童和负责照管儿童的人提供必要的支助，采取其他预防形式以查明、报告、查询、调查、处理和追究前述的虐待儿童事件，以及在适当时进行司法干预。我国作为公约的缔约国，应当借鉴国外先进的未成年人保护经验，履行公约义务，完善我国未成年人保护报告制度。未成年人权利具有权利主体地位的弱势性、权利实现的不自主性和权利易受侵害性等特征。虐待未成年人等侵害未成年人的行为会对未成年人以及社会造成伤害，及时有效地发现才能更好地应对。近年来，我国实践中逐渐暴露出了未成年人遭受性侵害、虐待、伤害发现不及时、救济不及时的问题。这要求尽快建立未成年人保护报告制度。

从国际经验来看，未成年人保护工作需要配备一套高效可行的发现报告制度。其中，由于未成年人自我保护意识相对不足，很多时候倚赖第三方报告。第三方报告即第三方举报，其本意是指侵害者和受害者之外的第三方为了公共利益和特定群体的利益，揭露不法行为或危害现象、制止正在发生的损害或者防止损害继续发生，从而达到保护社会利益目的的行为。这种报告制度通常运用于医疗卫生、教育、文化、体育、环境等涉及公共利益的事项，要求特定或不特定的主体就知悉的不法行为向指定机关报告，减少违法犯罪行为以保证公共安全，从而取得良好社会效果。根据报告者的主动性进行区分，第三方报告制度通常分为自愿报告和强制报告。

未成年人保护的自愿报告通常是在特定的激励或约束

机制下，由第三方主体自愿地向指定的机构报告，从而发现未成年人被侵害事件，以达到保护未成年人健康和安全的目的。自愿报告制度由于缺乏相应责任机制，发现的效率往往降低，但可以提高社会公众保护未成年人的意识和社会责任感。

强制报告制度能够真正调动教师、警察等职业人士以及其他相关力量，通过为其设定法律责任督促其履行报告义务。强制报告制度可以最大限度降低未成年人遭受侵害的风险，将伤害降至最低限度。相对而言，强制报告制度能够实现既预防又治理、既发现又调查、既惩戒又服务的目的，因而能够切实保护未成年人的安全和利益。因而，有效保护未成年人免受侵害更多地需要依赖强制报告制度。

基于此，在借鉴国际经验的基础上，立足我国实际，本条规定了未成年人保护报告制度，分为权利型报告与义务型报告。

本条第一款是关于权利型报告的规定。任何组织或者个人发现不利于未成年人身心健康或者侵犯未成年人合法权益的情形，都有权劝阻、制止或者向有关部门提出检举、控告。这里使用的“有权”这一表述，意味着劝止和报告等是公民的权利，国家鼓励公民积极行使这些权利，以促进全社会保护未成年人。当未成年人及其监护人受到侵害或者发生不利于身心健康的情形时，他们有权利拿起法律的武器维护自己的合法权益，向有关部门检举揭发违法、犯罪行为，或者提出控告，披露违法、犯罪事实或犯罪嫌疑人，要求追究相关人员责任。当其他公民或者组织发现不利于或侵害未成年人的情形时，可以主动予以劝止或者向有关部门检举。

本条第二款是关于义务型报告的规定。这是许多国家已经相对成熟的制度和做法，也被称为强制报告。

报告的主体是国家机关、居民委员会、村民委员会、密切接触未成年人的单位及其工作人员。其中，密切接触未成年人的单位包括：中小学校、幼儿园等教育机构；校外培训机构；未成年人救助保护机构、儿童福利机构等未成年人安置、救助机构；婴幼儿照护和未成年人早期教育服务机构；校外托管、临时看护机构；家政服务机构；为未成年人提供医疗服务的医疗机构；其他对未成年人负有教育、培训、监护、救助、看护、医疗等职责的企业事业单位、社会组织等。

报告的情形是在工作中发现未成年人身心健康受到侵害、疑似受到侵害或者面临其他危险情形。关于情形的规定是相对比较原则的，这有待于进一步出台下位法。根据相关法律和政策性文件，这些情形包括但不限于：（1）未成年人遭受或者疑似遭受家庭暴力，即以殴打、捆绑、残害、限制人身自由以及经常性谩骂、恐吓等方式实施的身体、精神等侵害行为。(2) 未成年人因家庭监护缺失或监护不当遭受虐待、遗弃、意外伤害、不法侵害等导致人身安全受到威胁或侵害。(3) 未成年人脱离监护单独居住生活或失踪、监护人丧失监护能力或不履行监护责任。(4) 未成年人因家庭贫困导致生活、就医、就学等困难，因自身残疾导致康复、照料、护理和社会融入等困难。

无论是本条第一款规定的权利型报告，还是第二款规定的义务型报告，报告对象是公安、民政和教育等部门。可见，报告的部门包括多个，至于向哪个部门报告、如何报告等具体问题并没有做出进一步规定。通常来说，涉及未成年人学生受教育权相关的权益维护事项，向教育部门报告；涉及未成年人救助等事项，向民政部门报告；涉及侵害未成年人的违法犯罪行为的，向公安机关报告。当然，报告人原则上可以向以上三个部门中的任何一个部门报告，这三个部门接到相关报告后必须接受，不能以不属于业务主管范围而拒绝、推诿。因此，落实报告制度，需要三个部门建立信息互通机制，能够及时移转相关线索。

本条第三款是报告的受理与后续处置。有关部门接到报告之后，应当及时作出处理并告知相关单位、人员，这可以称为未成年人保护的响应机制。通常来说，响应机制包括调查与评估、服务与安置、处置与惩戒等具体的工作内容。有关部门收到报告后，应当确认信息的真实性，根据侵害类型、紧迫程度、信息可信程度等进行分类，分别采取调查措施，并采取相应的干预措施、提供必要的后续服务。为了保障报告人的知情权，有效监督处置部门的调查和后续处置，特要求相关部门以适当方式将处理结果告知相关单位和人员。

第十二条　【加强未成年人保护研究】国家鼓励和支持未成年人保护方面的科学研究，建设相关学科、设置相关专业，加强人才培养。

条文主旨

本条是关于加强未成年人保护研究的规定。

条文释义

科学制定和准确执行涉及未成年人的法律法规及政策，离不开坚实的研究和专业的人才队伍。近些年来，我国未成年人保护工作在理论支撑、队伍专业化建设方面的不足比较明显，已满足不了现实的需要。为改变这一现状和掣肘，本条从三个方面要求加强相关工作：一是开展未成年人方面的科学研究。由于未成年人保护涉及的问题较为复杂，亟须采取多学科应用交叉型研究方式，进一步加强对未成年人身心发展规律、特点以及未成年人保护工作规律等基础性问题的认识。二是建设相关学科和设置相关专业。目前，心理学、法学、人类学、社会学等学科都有涉及对未成年人的研究，但是相关研究并没有形成整体性，彼此处于相对隔绝的状态。为提升未成年人保护研究的水平，需要建设新兴学科或者交叉学科，专门设置未成年人法学、未成年人心理学等专业。三是加强人才培养。未成年人保护工作具有很强的专业性，需要掌握一系列专业理念和方式。只有培养更多的专业化人才，才能保障未成年人保护工作沿着专业化方面快速发展。

第十三条　【未成年人统计调查制度】国家建立健全未成年人统计调查制度，开展未成年人健康、受教育等状况的统计、调查和分析，发布未成年人保护的有关信息。

条文主旨

本条是关于未成年人统计调查制度的规定。

条文释义

由于涉及未成年人保护的工作分散在不同的条块和领域，相关数据和反映的问题并不互通，对当前未成年人群体的状况缺乏总揽性、全貌性的认识，这在一定程度上影响了顶层制度设计。不掌握现状，就无法发现问题，也就更谈不上有的放矢。为了改善这一情况，本条规定国家建立健全的、整体性的未成年人统计调查制度。其一，这项制度是由国家牵头建立健全的，应当保障其统一性、规范性。其二，统计调查的内容应当以未成年人群体的状况为重心，包括生命权、健康权、受教育权等多项权利的保障情况。其三，在统计、调查和分析未成年人保护状况的基础上，国家应当及时发布这些信息，保障公众的知情权，也能起到监督各方履职的作用。

第十四条 【表彰和奖励】国家对保护未成年人有显著成绩的组织和个人给予表彰和奖励。

条文主旨

本条是关于表彰和奖励未成年人保护相关组织和个人的规定。

条文释义

为及时充分展示加强和改进未成年人保护工作的丰硕成果，鼓励各方积极、主动开展未成年人保护工作，形成全社会重视支持未成年人保护工作、关心关爱未成年人健康成长的浓厚氛围，树立工作扎实、成绩突出、社会评价高、引领作用强的先进典型，发挥先进典型的示范带动作用，国家应当建立相关表彰和奖励制度。比如，可以设置全国未成年人保护工作先进城市（区）称号、全国未成年人保护工作先进单位称号、全国未成年人保护先进工作者称号等。

第二章　家庭保护

※ 本章导读 ※

良好的家庭监护最有利于未成年人的健康成长。家庭监护的状况直接影响着未成年人的身心发展质量。在家庭生活中，虽然未成年人处于被监护状态，但其并不是父母或者其他监护人的附属品，在法律上是一个独立的权利主体。父母或者其他监护人正确全面履行监护职责，既要负责维护未成年人的合法权益，也要充分尊重未成年人的合法权益。本章围绕未成年人的父母或者其他监护人如何履职尽责作出了全面规定。首先，父母或者其他监护人在家庭保护中发挥着核心作用，共同生活的其他成年家庭成员应当予以协助。其次，从积极行为和禁止行为两个方面列举了父母或者其他监护人监护职责的具体内容，既有利于发挥法律的指示作用，引导监护人正确全面履行职责，也为判断父母或者其他监护人监护失职提供了具有可操作性的标准和依据。最后，为防止监护疏忽作出了一系列针对性要求，包括：保障未成年人的人身安全，防止意外事故；决定相关事项时保障未成年人的参与，防止监护人独断专行；发现侵害时应当及时保护和报告，防止不闻不问和置之不理；采取措施予以看护和照护，避免未成年人处于无人照料状态；具有正当理由时方可委托照护，防止怠于或者拒不履行监护职责；父母离婚时和离婚后应当合理处理抚养和探望等事宜，防止侵害未成年人的合法权益。

第十五条　【家庭保护的职责】未成年人的父母或者其他监护人应当学习家庭教育知识，接受家庭教育指导，创造良好、和睦、文明的家庭环境。

共同生活的其他成年家庭成员应当协助未成年人的父母或者其他监护人抚养、教育和保护未成年人。

条文主旨

本条是关于家庭保护职责的总括性规定。

条文释义

本条分为两款，第一款规定了父母或者其他监护人以监护为核心的保护职责，第二款规定了共同生活的其他成年家庭成员以协助为主要内容的保护职责。

家庭是以婚姻为基础、以血缘关系为纽带，或以收养关系为基础建立起来的社会生活的基本单位。从关系来说，家庭是由具有婚姻、血缘和收养关系的人们长期居住的共同群体。它不仅具有繁衍后代的功能，而且具有教育后代、保护后代的社会职责。家庭保护是对未成年人保护的重要环节，家庭保护的好坏，直接影响未成年人的成长。通常来说，按照家庭的规模划分的家庭结构有：（1）核心家庭，由一对父母和未成年子女组成的家庭；（2）扩展家庭，分为主干家庭和扩大联合家庭，主干家庭是由一对父母和一对已婚子女（或者再加其他亲属）组成的家庭，扩大联合家庭是由一对父母和多对已婚子女（或者再加其他亲属）组成的家庭。从家庭结构来说，与未成年人共同生活的家庭成员主要分为两大类，一类是监护人，另一类是共同生活的其他成年家庭成员，二者在未成年人保护方面的职责是有所区别、有所侧重的。

结合本章的规定，根据本条的含义，父母或者其他监护人保护未成年人的职责主要体现为三个方面：

一是依法履行监护职责。父母或者其他监护人应当遵守本法第十六条和第十七条规定，通过积极作为全面履行监护义务，不得实施法律禁止的行为。

二是学习家庭教育知识、接受家庭教育指导。履行监护职责的一项重要内容是实施家庭教育，即监护人有意识地通过自己的言传身教和家庭生活实践，对未成年子女施以一定教育影响的社会活动。通常来说，家庭教育的范围如下：亲职教育；子职教育；两性教育；婚姻教育；伦理教育；家庭资源与管理教育；其他家庭教育事项。为了保障未成年人受到良好的家庭教育，监护人应当梳理正确的家庭教育观念，掌握和运用科学的家庭教育方法，这就要求他们主动学习家庭教育知识，积极接受社区、学校或者社会组织提供的家庭教育指导服务。

三是创造良好、和睦、文明的家庭环境。家庭环境有软环境、硬环境、内环境和外环境四部分，它们对于一个人的一生有至关重要的影响作用。软环境指家庭的心理道德环境，包括家庭结构和教养方式。硬环境主要指家庭中可以用量化指标来评判和衡量的环境因素，包括家庭资源、父母文化水平和职业状况。内环境指自己家里的人或事，其不易被外人获知。外环境是指家庭外的，如家庭的周围环境、周围人群情况，外部活动场所，外部人际关系。家庭环境是个体成长过程中心理和行为的一个参照标准，对个体的心理健康素质有很大的影响。未成年人在不同的环境中成长将会受到环境的影响，形成不同的性格、人生价值观、世界观及人生态度。不良的家庭环境可能引起未成年人的人格缺陷或行为偏差，甚至导致其走上违法犯罪的道路。良好的家庭环境有利于未成年人形成良好的心理素质和健康的人格。从保护未成年人的角度出发，父母应当创造良好、和睦、文明的家庭环境。

现实中，除了监护人外，很多家庭中还有其他成年成员与未成年人共同生活，比如祖父母、外祖父母。首先，这些成年成员不属于监护人，自然不负有监护的职责，也就没有监护权。其次，这些成年成员应当尊重监护人的监护权，不应当干涉和影响监护人依法履行监护职责。最后，这些成年成员与未成年人共同生活过程中，需要协助监护人保护未成年人，包括协助对未成年人进行教育、照料和抚养。

第十六条　【履行监护职责的积极作为】未成年人的父母或者其他监护人应当履行下列监护职责：

（一）为未成年人提供生活、健康、安全等方面的保障；

（二）关注未成年人的生理、心理状况和情感需求；

（三）教育和引导未成年人遵纪守法、勤俭节约，养成良好的思想品德和行为习惯；

（四）对未成年人进行安全教育，提高未成年人的自我保护意识和能力；

（五）尊重未成年人受教育的权利，保障适龄未成年人依法接受并完成义务教育；

（六）保障未成年人休息、娱乐和体育锻炼的时间，引导未成年人进行有益身心健康的活动；

（七）妥善管理和保护未成年人的财产；

（八）依法代理未成年人实施民事法律行为；

（九）预防和制止未成年人的不良行为和违法犯罪行为，并进行合理管教；

（十）其他应当履行的监护职责。

条文主旨

本条是关于监护人如何积极作为，全面履行监护职责的规定。

条文释义

由于受传统思想的影响，许多人认为监护是家庭内部事务，监护职责的实施很多情形下依赖监护人的自觉行为。加之法律长期没有明确规定监护的具体内容，即监护义务包括哪些方面，导致监护人没有明确的行为指引，有的甚至无所适从，便形成监护人随意监护的错误认识。比如，很多留守儿童的监护人认为给子女提供丰富的物质生活就是尽了监护职责，只照顾起居生活，关注身体健康、人身安全等问题，较少关注留守儿童的学习、思想道德教育、心理健康等方面的情况，忽视了对子女进行精神上的关心和引导。许多典型案例表明，因对监护和抚养认识分歧而导致难以追究失职监护人的责任。因此，具体化监护人的监护职责十分有必要。世界上许多国家的立法对监护职责做了较为详细的规定，基本上涵盖人身权利和财产权利两部分：在人身权利方面，包括照顾日常生活起居、教育和健康安全保障；在财产权利方面，包括妥善管理未成年人的财产，非为未成年人的利益，不得处分未成年人的财产。基于以上考虑，本条从积极作为的角度细化了监护职责，以保障规定的可操作性。一方面，父母或者其他监护人能够清楚地了解法律关于监护职责的具体要求；另一方面，为执法和司法部门判断监护人履职情况提供了明确的标准。

从未成年人的需求角度来看，本条规定的监护职责可以分为四个方面：一是保障未成年人的生存、人身安全与身体健康，二是促进未成年人的心理健康，满足未成年人的精神情感需求，三是教育、引导和帮助未成年人养成良好品行、遵守社会规则的规范，四是保障未成年人经济社会发展权益，包括受教育权、休息娱乐和体育锻炼的权利、财产权益、代理实施民事法律行为等。具体来说包括以下内容：一是为未成年人提供生活、健康方面的物质保障，促进其身体健康成长和发育；二是关心未成年人的生理、心理状况，陪伴未成年人的成长，满足未成年人的情感需求；三是以身作则，教育和引导未成年人遵守社会规则，培养勤俭节约的意识，养成良好的思想品德和行为习惯；四是采取必要的防护措施和设施，保护未成年人的人身安全，对未成年人进行安全教育，提高未成年人的自我保护意识和能力；五是尊重未成年人受教育的权利，保障适龄未成年人依法接受并完成义务教育，为未成年人接受高中教育、职业教育、高等教育等创造条件；六是帮助未成年人合理安排业余时间，保障未成年人休息、娱乐和体育锻炼的时间，引导未成年人进行有益身心健康的活动；七是明确未成年人享有的财产，并予以妥善管理和保护；八是依法代理未成年人实施民事法律行为，在代理过程中应当听取未成年人的意见；九是预防和制止未成年人的不良行为和违法犯罪行为，并进行合理管教。另外，随着时代和经济社会发展，未成年人权利的范围会不断扩大，监护职责的具体内容必定会发生变化，本条设定了兜底项，以保障其发展性、开放性。

第十七条　【履行监护职责的禁止行为】未成年人的父母或者其他监护人不得实施下列行为：

（一）虐待、遗弃、非法送养未成年人或者对未成年人实施家庭暴力；

（二）放任、教唆或者利用未成年人实施违法犯罪行为；

（三）放任、唆使未成年人参与邪教、迷信活动或者接受恐怖主义、分裂主义、极端主义等侵害；

（四）放任、唆使未成年人吸烟（含电子烟，下同）、饮酒、赌博、流浪乞讨或者欺凌他人；

（五）放任或者迫使应当接受义务教育的未成年人失学、辍学；

（六）放任未成年人沉迷网络，接触危害或者可能影响其身心健康的图书、报刊、电影、广播电视节目、音像制品、电子出版物和网络信息等；

（七）放任未成年人进入营业性娱乐场所、酒吧、互联网上网服务营业场所等不适宜未成年人活动的场所；

（八）允许或者迫使未成年人从事国家规定以外的劳动；

（九）允许、迫使未成年人结婚或者为未成年人订立婚约；

（十）违法处分、侵吞未成年人的财产或者利用未成年人牟取不正当利益；

（十一）其他侵犯未成年人身心健康、财产权益或者不依法履行未成年人保护义务的行为。

条文主旨

本条是关于监护人履行监护职责时禁止行为的规定。

条文释义

未成年人权利具有权利主体地位的非平等性、权利实现的不自主性以及权利的易受侵害性等典型特点。加之家庭内部具有很大的私密性，未成年人很容易受到来自监护人的侵害，且很难发现。另外，在一些监护人的观念中，依然存在被监护人是其附属的错误观念。由此，实践中出现了父母或者其他监护人侵害、出卖、遗弃、虐待、暴力伤害未成年人，教唆、利用未成年人实施违法犯罪行为，胁迫、诱骗、利用未成年人乞讨，以及不履行或者怠于全面监护职责危害未成年人身心健康的行为。联合国《儿童权利公约》第十九条规定，缔约国应采取一切适当的立法、行政、社会和教育措施，保护儿童在受父母、法定监护人或其他任何负责照管儿童的人的照料时，不致受到任何形式的身心摧残、伤害或凌辱，忽视或照料不周，虐待或剥削，包括性侵犯。本条对经常发生的监护侵害行为进行了列举，并明确禁止。一旦监护人有这些禁止行为，就需要承担相应的法律责任，有的甚至会构成犯罪。

根据本条的规定，监护人禁止行为分为三类：一是主动侵害类行为，即通过一定的行为侵害未成年人的合法权益、危害未成年人的身心健康，比如虐待未成年人，违法处分、侵吞未成年人的财产。二是拒绝履行监护类的行为，即应当为而不为的行为，比如遗弃未成年人。三是怠于履行监护类的行为，即疏忽或者放任不管的行为，比如放任未成年人沉迷网络，放任未成年人进入不适宜未成年人活动的场所。其中，特别需要注意实践中比较突出的一些禁止行为：一是虐待未成年人。通常来说包括四种行为，身体虐待、精神虐待、性虐待和疏忽照顾。其中，疏忽照顾是指监护人对于未成年人的饮食、教育、医疗、衣物、卫生等基本需求刻意忽视，特征是使未成年人出现明显的营养不良、穿不合身的衣物、学龄儿童未去学校等。二是遗弃未成年人。即监护人故意拒绝抚养、照顾未成年人的行为。三是非法送养未成年人。我国法律对于收养条件、放弃抚养权等都有着严格的规定。除依法符合条件和办理相应手续外，监护人不能仅因为无力抚养或重男轻女等原因而私下将其送给其他人养育。四是对未成年人实施家庭暴力，即监护人以殴打、捆绑、残害、限制人身自由以及经常性谩骂、恐吓等方式实施的身体、精神等侵害未成年人的行为。

第十八条　【保障未成年人安全的义务】 未成年人的父母或者其他监护人应当为未成年人提供安全的家庭生活环境，及时排除引发触电、烫伤、跌落等伤害的安全隐患；采取配备儿童安全座椅、教育未成年人遵守交通规则等措施，防止未成年人受到交通事故的伤害；提高户外安全保护意识，避免未成年人发生溺水、动物伤害等事故。

条文主旨

本条是关于父母或者其他监护人保障未成年人安全的规定。

条文释义

据《人民日报》2015 年 11 月 30 日报道，我国每年因意外伤害而死亡的儿童超过 20 万，平均每天有 540 多个儿童意外死亡，意外伤害死亡占儿童死亡数量的 1/3。[①] 据中国疾控中心的不完全统计，有 4000 万名中小学生遭遇过意外伤害，1360 万名需要门诊治疗，335 万名需要住院，120

① 《我国每年超 20 万儿童意外死亡 平均每天有 540 多个》，载人民网，http://bj.people.com.cn/n/2015/1130/c233086 - 27205221.html，最后访问时间：2020 年 12 月 5 日。

万名正常功能受损，40 万名致残。[①] 儿童受到意外伤害的原因主要有三个，一是环境中存在的不安全因素；二是监护不得力；三是儿童对危险的观察力和判断力还不足。近年来，溺水、火灾、交通、意外伤害等儿童安全事故急剧增多，这与家庭对未成年人安全保障存在短板、对未成年人的安全宣传教育缺失有很大关系。统计显示，交通事故、中毒、跌落伤、烧伤、溺水、其他意外损伤（窒息、动物咬伤）等行为是造成儿童意外伤害的主要途径。其中城市以车祸为主，农村以溺水为主；南方以溺水、窒息、车祸居多，北方则以窒息、中毒、车祸较多。从事故发生的地点来看，家庭占比 52%，街道占比 19%，学校（幼儿园）占比 12%，其他场合占比 17%。[②] 对此，本条强化了父母或者其他监护人保障未成年人安全的义务。

根据本条的规定，父母或者其他监护人对未成年人的安全保障义务主要分为三个方面：

一是家庭环境安全。未成年人特别是低龄未成年人天性好动、好奇心强、非常爱探索，所以防范能力差，缺乏自我保护意识，难以预测危险因素的存在，家庭环境中的

① 《盘点 2015 孩子被伤害的那些事儿》，载搜狐网，https：//www. sohu. com/a/21161045_ 102090，最后访问时间：2020 年 12 月 5 日。

② 《每天 540 名儿童意外死亡，你的孩子安全吗?》，载搜狐网，https：//www. sohu. com/a/107481789_ 355561，最后访问时间：2020 年 12 月 5 日。

一些隐患更容易造成意外伤害。比如，低龄未成年人对什么都好奇，接触到热饭菜、开水、烫锅、电热杯等，就容易造成烧烫伤。更严重的，在缺乏防护情况下接触炉火、火柴、易燃物等，更会发生严重烧伤。又比如，随着城市高层住宅楼越建越多，儿童坠楼事件一直以来都是一个很大的社会问题，诸如此类的儿童坠落悲剧几乎每年都在上演。监护人疏于看护是主因，窗户没加装防护栏也不容忽视。再比如，儿童对世界充满好奇，对插座电器有强烈的好奇心，可能会将钥匙、发卡甚至是自己的小手指插入插孔，进而造成触电伤亡。除了插座以外，家电漏电也是很大隐患，有的监护人图便宜、图美观购买的电器不符合安全标准。因此，父母或者其他监护人应当及时发现和排除家庭环境中可能会给未成年人造成意外伤害的隐患，采取针对性措施，比如加装防护栏，阳台、窗台等处不要堆放杂物或摆放椅子，让未成年人远离厨房和暖水瓶、热水杯、热粥汤等“危险物品”，确保儿童不会拿到火柴、打火机、烟花爆竹等物。

二是交通安全。据公安部交通管理局统计，2018 年全国共发生涉及学龄阶段少年儿童的伤亡交通事故 2 万余起，造成 2200 余名少年儿童死亡。① 一方面，未成年人活泼好

---

①《去年中国共发生涉及学龄阶段少年儿童伤亡交通事故 2 万余起》，载中国新闻网，https：//www. chinanews. com/gn/2019/05 －31/8852868. shtml，最后访问时间：2020 年 12 月 5 日。

动，避险能力有限，交通安全意识薄弱，诸如乱穿马路、乱闯红灯、在马路上追逐打闹、没有绑好安全带等，容易导致交通意外。另一方面，儿童安全座椅使用率低，导致未成年人在交通事故中面临更大的致死致残风险。因此，父母或者其他监护人应当关注儿童交通安全关键细节，加强儿童交通安全教育和行为养成，增强儿童交通安全意识，正确安装儿童安全座椅，使儿童从小养成使用安全座椅的习惯。

三是户外活动安全。未成年人处于一个活泼好动的阶段，缺乏生活经验，自制力不强，特别是幼儿喜欢户外活动，但是他们难以考虑其他因素，特别是对周围环境的不安全因素缺乏了解。比如，溺水是我国儿童意外死亡的第一位因素，[①] 主要发生在湖泊水网地区，以夏季发生为多，主要是因为在池塘、沟渠或河湖岸边行走玩耍不慎落水以及戏水或涉水时溺水。儿童天生喜欢小动物，在户外活动时也爱与小动物一起玩耍，容易被猫、狗等抓伤，而狂犬病是非常危险的急性传染病。因此，父母或者其他监护人应当提高户外安全保护，避免未成年人发生溺水、动物伤害等事故。

---

① 《暑期来临，预防儿童溺水，家长应知道!》，载中国疾病预防控制中心网站，http://www.chinacdc.cn/yyrdgz/201807/t20180719_188971.html，最后访问时间：2020 年 12 月 5 日。

第十九条　【听取未成年人意见的义务】未成年人的父母或者其他监护人应当根据未成年人的年龄和智力发展状况，在作出与未成年人权益有关的决定前，听取未成年人的意见，充分考虑其真实意愿。

条文主旨

本条是关于监护人听取未成年人意见的规定。

条文释义

1948 年的《世界人权宣言》提出：“对人类家庭所有成员的固有尊严及其平等和不移的权利的承认。乃是世界自由、正义与和平的基础”。研究表明，民主和睦的家庭是未成年人最理想的成长环境。参与家庭生活权利的实现对于发展未成年人的独立表达和处事能力，全面了解自身生活的客观状况具有重要作用。但是，当前父母侵犯未成年人参与家庭事务这一合法权益的情况仍不同程度地存在。比如实践中，专横的家长常常强调辈分，强调绝对服从监护人的意志，稍有不听从就给以惩罚。在这类父母的教养态度下，未成年人缺少自主权，可能形成胆小、自卑的心理，缺乏自信和独立性，或者走向另一个极端——暴戾、蛮横、撒谎、逆反心理强。要想真正实现维护未成年人的合法权利，就必须尊重未成年人，把未成年人当成思想独立、权利平等的人，像尊重其他成年家庭成员一样尊重未成年人。当然，尊重未成年人的参与权不是无原则地赋权，也不是放任自流，而是凡涉及未成年人的事项均应当听取未成年人的意见，以最有利于未成年人为首要考虑因素。联合国《儿童权利公约》第十二条规定，缔约国应确保有主见能力的儿童有权对影响到其本人的一切事项自由发表自己的意见，对儿童的意见应按照其年龄和成熟程度给以适当的看待。根据本法第十九条的规定，监护人在保障未成年人参与权方面的含义包括三个方面：

一是应根据未成年人的年龄和智力发展状况。根据国内外学者的相关论述，未成年人参与权可以分为八个阶梯。第一阶梯：未成年人所做的、所说的都是成年人要他们做的，未成年人不能真正理解他们所说的、所做的事情的意义；第二阶梯：未成年人唱歌、跳舞、穿漂亮衣服等，但他们不明白这些事项的意义；第三阶梯：未成年人可能会被问到他们有什么想法，但是几乎没有他们表达自己意见的机会；第四阶梯：成年人决定一些有关未成年人的事项，但成年人让未成年人了解他们为什么要做这些事情；第五阶梯：成年人设计了有关未成年人的事项，但成年人向未成年人征求意见，并严肃地对待未成年人的意见；第六阶梯：成年人提出一些事项，但与未成年人一起做决定；第七阶梯：未成年人提出一些事项，但成年人并不干预；第八阶梯：未成年人自己提出一些事项，并与成年人一起做决定。阶梯越高，未成年人参与程度应当越高。[①]在未成年人生活中，并不是所有的事项都能由未成年人做决定，这要结合事项的具体内容，也要结合未成年人年龄差异、个体差异、智力认识水平。

二是应属于与未成年人权益有关的决定。家庭生活中，涉及未成年人权益的决定主要包括但不限于以下内容：保障生存与发展的事项，涉及思想自由的事项，接受教育的事项，促进身心健康的事项，参加文化和艺术活动、获得休息和游戏的相关事项。

三是听取未成年人的意见，充分考虑其真实意愿。首先，未成年人表达意见的机会不受剥夺。未成年人由于自身的身心特征，处在弱势地位，这就需要监护人格外注意不能将他们置于操纵的状态。其次，保护未成年人有自由表达意愿的渠道。其中，监护人应当倡导建立民主、和谐的家庭环境，对未成年人发表意见的渠道予以保障并畅通行使途径，在家庭生活中赋予未成年人发言权和充分的言论表达自由，建立平等的亲子关系，让未成年人在参与中增长知识、积累经验、增强独立的生活能力，从小培养他们平等、民主的公民意识。再次，保护未成年人的意见受

---

① 廖贻：《在尊重的基础上促进幼儿主动参与》，载《学前教育（幼教版）》2016 年第 1 期。

到尊重。意见发表的实质在于监护人是否对意见予以尊重，若是意见处于“置若罔闻”的状态，无异于意见从未发表过。最后，保护未成年人真实意愿得到充分考虑。未成年人参与权的权益落脚点在于未成年人能够在一定程度上影响决策与选择的内容。虽然未成年人处于心智不成熟阶段，但是其真实意愿被充分考虑以及接受，往往有助于未成年人的全面发展。

第二十条　【采取保护措施和强制报告义务】 **未成年人的父母或者其他监护人发现未成年人身心健康受到侵害、疑似受到侵害或者其他合法权益受到侵犯的，应当及时了解情况并采取保护措施；情况严重的，应当立即向公安、民政、教育等部门报告。**

条文主旨

本条是关于监护人及时采取保护措施和强制报告义务的规定。

条文释义

近年来的一些案例表明，监护人可能会由于忽略或者监护履职尽责不到位，未能第一时间发现未成年人遭受的侵害、面临的风险或者权益受到侵犯。加之未成年人自我保护意识偏弱、抵御侵害的能力不足，几乎很难实现自我维权和救济，导致侵害持续很长时间或者反复发生，最终常造成更为严重的后果。当未成年人遭受性侵害、暴力伤害等侵害时，很多监护人不了解实际情况就对未成年人进行指责或者批评，不仅没有第一时间去帮助未成年人减轻侵害带来的痛苦和阴影，还会造成二次伤害。针对这些突出问题，本条作出针对性规定，主要包含以下三方面内容：

一是监护人应当密切关注未成年人的身心状况和变化，保持良好的沟通，以便在第一时间能够发现未成年人身心健康受到侵害、疑似受到侵害或者其他合法权益受到侵犯的情况。比如，未成年人遭受性侵害、欺凌时，往往都会表现出变得沉默寡言、学习成绩下滑、注意力不集中、精神恍惚、性格大变等迹象。父母或者其他监护人发现这些苗头时，应当多加观察和注意。

二是监护人应当及时了解情况并采取后续保护措施。父母或者其他监护人发现相关情况时，应当采取适当的方式及时向未成年人或者所在学校了解情况，细致倾听未成年人的陈述和想法。当未成年人不愿意交流时，应当耐心等待和疏解。改变这种情况是需要一个过程的，在不了解其不愿沟通的原因之前，不要随便就给其贴上任何“标签”，也不能对其进行责怪。了解情况后，发现有身体受到伤害的，应当及时采取救助措施，必要时应当进行身体检查和就医。此外，侵害往往会给未成年人的心理造成不同程度的创伤，父母或者其他监护人应当留意未成年人的心理变化，帮助其接受心理辅导。

三是敢于、善于运用法律武器维护未成年人的合法权益，侵害情况严重的应当立即报告，不得隐瞒不报。很多时候，有些父母或者其他监护人认为未成年人受到侵害是一件羞耻、丢人的事情，不愿让外人知晓，也有的父母或者其他监护人忍气吞声，认为“忍一时风平浪静”，还有的父母没有运用法律维护合法权益的意识，等等，这些情况都有悖于监护职责。一旦未成年人受到侵害，情况严重的，父母或者其他监护人应当向公安、民政或者教育等部门报告。

第二十一条　【监护人看护照护未成年人特别注意义务】未成年人的父母或者其他监护人不得使未满八周岁或者由于身体、心理原因需要特别照顾的未成年人处于无人看护状态，或者将其交由无民事行为能力、限制民事行为能力、患有严重传染性疾病或者其他不适宜的人员临时照护。

未成年人的父母或者其他监护人不得使未满十六周岁的未成年人脱离监护单独生活。

条文主旨

本条是关于父母或者其他监护人看护照护未成年人特别注意义务的规定。

条文释义

未满八周岁或者由于身体、心理原因需要特别照顾的未成年人能力和安全意识有限，缺乏独立的生活能力，感知觉以及动作发育尚未成熟，识别危险能力差，更没有自身防卫能力。在日常生活中，若无人看护或者无有效看护，其容易发生各种意外。近些年来的数据表明，意外伤害是低龄儿童的首要死因，超过60%的意外伤害在家发生。① 因此，第一款规定父母或者其他监护人应当履行特别注意义务，要保障未满八周岁或者由于身体、心理原因需要特别照顾的未成年人处于有足够保护能力和反应能力的成年人看护中，包括处于可及视线范围之内或者处于可以迅速发现异常情况并采取措施的范围之内，要避免将其交由无民事行为能力、限制民事行为能力、患有严重传染性疾病或者其他不适宜的人员临时照护。

① 《超过60%的意外发生在家中，你的家庭存在这些危险吗?》，载搜狐网，https：//www. sohu. com/a/240040814_ 100113559，最后访问时间：2020年12月5日。

根据我国民法典第十八条的规定，十六周岁以上的未成年人，以自己的劳动收入为主要生活来源的，视为完全民事行为能力人。因此最低独立生活年龄为十六周岁。换言之，未满十六周岁的未成年人应当是处于监护人的监护中的。监护是一种状态，虽不代表监护人和未成年人要时刻位于同一场所或者总是保持较近的位置，但必须能够做到及时了解、有效回应未成年人的身心发展需求，不能任由未满十六周岁的未成年人脱离有效监护而单独生活。

第二十二条　【委托他人照护未成年人的义务】 未成年人的父母或者其他监护人因外出务工等原因在一定期限内不能完全履行监护职责的，应当委托具有照护能力的完全民事行为能力人代为照护；无正当理由的，不得委托他人代为照护。

未成年人的父母或者其他监护人在确定被委托人时，应当综合考虑其道德品质、家庭状况、身心健康状况、与未成年人生活情感上的联系等情况，并听取有表达意愿能力未成年人的意见。

具有下列情形之一的，不得作为被委托人：

（一）曾实施性侵害、虐待、遗弃、拐卖、暴力伤害等违法犯罪行为；

（二）有吸毒、酗酒、赌博等恶习；

（三）曾拒不履行或者长期怠于履行监护、照护职责；

（四）其他不适宜担任被委托人的情形。

条文主旨

本条是关于委托他人代为照护未成年人义务的规定。

条文释义

父母或者其他监护人亲自、全面、正确履行监护职责，最有利于未成年人健康成长。但近些年来，由于一些客观原因，父母或者其他监护人出现了无法亲自全面履行监护职责的情况，其中以“留守未成年人”最为典型。随着我国经济社会的快速发展和思想观念的改变，离开家乡外出经商、务工的人越来越多，由此便产生了留守未成年人这一特殊群体。截至2016年3月底，民政部、教育部等部门在全国范围联合开展农村留守儿童摸底排查工作中发现，不满十六周岁的农村留守儿童数量为902万人。其中有36万农村留守儿童处于无人监护的状态，占总比例的4%。[①] 农村留守未成年人的父母或者其他监护人长年累月

---

① 《民政部公布排查结果902万留守儿童近九成无父母监护》，载新华网，http：//www. xinhuanet. com/politics/2016 - 11/10/c _ 1119883271. htm，最后访问时间：2020年12月5日。

在外务工，陪伴孩子的时间相当有限，留守未成年人或由祖父母、外祖父母隔代监护，或由亲戚、朋友代为照顾，或处于无人监护或者不确定状态，给未成年人身心健康造成一系列负面影响。由于亲情的缺失，留守未成年人容易形成内心封闭、情感冷漠、脾气暴躁、冲动易怒等一系列性格偏差，缺乏自我保护意识和能力，成为违法犯罪和被违法犯罪侵害的风险人群。比如，未成年人的爷爷奶奶或者外公外婆很多体弱多病，有时需要照看多个家庭的留守未成年人，有的还要同时生产、耕种，产生了留守老人照顾留守未成年人的现象。这些隔代监护人往往力不从心，只能保障留守未成年人最基本的生存条件。再比如，还有一些留守未成年人根本没有较为固定的监护人，而是独自生活，处于无人监管的状态。这一部分留守未成年人有的是自己照顾自己，有的还要照顾弟弟妹妹。由于年龄太小，他们缺乏基本的生存能力和安全意识、防范意识、防护能力。留守未成年人正处于身体发育期，身心脆弱，个人自律、认知能力和是非辨别能力较弱，在监护缺失的状态下极易出现各种问题。基于此，本条规定了委托照护制度，保障父母或者其他监护人无法亲自监护未成年人时能够让未成年人得到良好的照顾、抚育、看护。

第一款规定委托照护的概念与适用情形。监护是一种基于血缘或者特定关系形成的一种状态。对于未成年人来说，监护人直接关系其生存发展和健康成长。由于这种关系特别重要，监护包括的职责内容不能全部委托。从法理上看，虽然委托他人承担一定的监护职责在实践中屡见不鲜，但被委托人只是基于委托合同帮助监护人履行一定的监护职责。为了防止监护人通过委托的方式怠于履行监护职责或者恶意拒绝履行监护职责，不应当允许将监护职责的全部内容委托给他人。可以说，监护人资格具有人身专属性，不得随意转移，如果允许监护人通过合同转移监护人资格，将不利于保护被监护人的利益，监护制度的目的很难得到实现。基于此，本款使用了“委托照护”的概念，这意味着监护人只能将监护职责中的照护内容委托给他人。根据本款规定，委托照护的适用要点包括以下五个方面：一是具备正当理由。发展心理学等学科研究结论和大量案例说明，父母或者其他监护人应当亲自养育和陪伴未成年人，特别是三岁以下的婴幼儿。一方面，应当鼓励和支持父母或者其他监护人亲自养育和陪伴未成年人；另一方面，应当严格限定父母或者其他监护人将未成年人委托给他人照护的情形，主要包括两种。第一种为主观上的履行不能，即父母或者其他监护人外出务工或其他同种类行为。第二种为客观上的履行不能，一般是由于疾病或意外事故等不可预见且不能控制的事由导致未成年人父母部分或全部丧失民事行为能力进而不能履行职责。除此之外，如不具备正当理由，不得任意委托他人代为照护。二是在一定期限内无法完全履行监护职责。根据这一要求，父母或者其他监护人无法履行监护职责限定于一定期限、部分的不能。如果父母或者其他监护人已经永远丧失履行全部监护职责的能力或者条件，则应当依法另行确定其他人作为监护人。三是选定具有照护能力的完全民事行为能力人。选定被委托人时，应当符合本条第二款、第三款的规定，其须具备照护未成年人的能力和条件。四是委托的内容限于照护职责，包括照料未成年人的日常生活，教育和关心爱护未成年人，保护未成年人的人身、财产及其他合法权益，这也意味着还有部分监护职责不能委托，必须由父母或者其他监护人亲自履行或者与被委托人共同履行。五是及时委托照护是父母或者其他监护人的义务。父母或者其他监护人具备正当理由时，必须及时选定合格的被委托人，防止出现无人照护、失教失管等风险状况。这是父母或者其他监护人的一项义务，不能怠于履行或者拒绝履行。

第二款规定选定合格被委托人的要求。未成年人的父母或者其他监护人在确定被委托人时，应当符合最有利于未成年人的原则。被委托人可以是自然人，如监护人的亲属、朋友或邻居，以及愿意接受委托的其他公民，也可以是具有法人资格的组织、单位，如负有特定公共职务的学校、幼儿园、精神病院等教育、医疗机构。如何从中选定被委托人，一方面要综合考虑多种情况，另一方面要听取有表达意愿能力未成年人的意见。选定被委托人时，父母或者其他监护人应当了解和考察各方面情况，以保障被委托人具备下列条件：一是身心健康，不存在影响照护未成年人的疾病等身心因素；二是道德品质良好，能够以身作则地引导未成年人形成“三观”；三是家庭环境和家庭氛围等状况良好，能够保障未成年人感受到家庭的安全、和睦和文明，能够与家庭成员保持顺畅的沟通与交流；四是与未成年人能够维持生活情感上的联系，或者之前与未成年人共同生活过，有着情感基础，或者通过观察确保与未成年人建立并维持良好的生活情感联系。这四方面的条件必须同时符合，如果其中一项不具备，则不能成为被委托人。选定被委托人的过程中，需要注重未成年人的参与，听取有表达意愿能力未成年人的意见。所谓有表达意愿能力，既指未成年人有表达的意愿，即对于如何选定被委托人有自己的想法和考虑，又指未成年人有表达的能力，即心智没有障碍且已经具备语言表达等能力。在符合前述条件的多个候选被委托人中，应当充分尊重并根据未成年人的真实意愿选定被委托人。

第三款规定不得选定为被委托人的情形。实践证明，曾经有过特定违法犯罪记录、拒不履行或者长期怠于履行监护或者照护职责的成年人再次实施相关行为的风险较高，因此应当避免让这些人承担照护职责。如果被委托人品行不端正，有吸毒、酗酒、赌博等恶习，不仅会影响未成年人的品行，也易使未成年人染上不良的生活习惯，甚至有可能对未成年人的人身安全造成威胁，出现虐待、忽视未成年人的情况。因此，对存在第三款法定情形的人，应当禁止其成为被委托人。

第二十三条　【委托照护情形下监护人的职责】 **未成年人的父母或者其他监护人应当及时将委托照护情况书面告知未成年人所在学校、幼儿园和实际居住地的居民委员会、村民委员会，加强和未成年人所在学校、幼儿园的沟通；与未成年人、被委托人至少每周联系和交流一次，了解未成年人的生活、学习、心理等情况，并给予未成年人亲情关爱。**

未成年人的父母或者其他监护人接到被委托人、居民委员会、村民委员会、学校、幼儿园等关于未成年人心理、行为异常的通知后，应当及时采取干预措施。

条文主旨

本条是关于委托照护情形下监护人如何履行监护职责的规定。

条文释义

关于委托照护的性质，有两种不同的观点，分别是监护设立说和合同关系说。监护设立说认为，委托照护的设立使得监护权从无到有，因此监护人的监护职责发生了转移，原监护人监护权消灭，而被委托人取而代之成为监护人，其监护权产生。如将委托照护的性质按监护设立说理解，明显与我国监护法定的规定冲突。合同关系说认为，虽然监护人可委托他人履行部分监护职责，但监护人资格并没有因此转移，双方系属一种特殊委托合同关系，监护人的部分职责可以通过合同进行约定转移，但监护资格并没有因设立委托监护而丧失，甚至可以说监护人的职责转移恰恰是监护人行使监护权的表现。一旦委托之后，监护人依然需要履行监护职责。不论是从现行法律设定的监护体系，还是从我国传统的家庭伦理来看，合同关系说比较符合我国监护制度的本质。本条采纳合同关系说，并依此进行了制度设计。

对于委托人而言，委托监护只是监护职责的部分转移，而非监护资格的移转，因此未成年人父母的资格也不因地域分离而中断。除了依然需要履行监护职责外，还需要履行以下义务：

一是书面通知义务。未成年人的父母或者其他监护人应当及时将委托照护情况书面告知未成年人所在学校、幼儿园和实际居住地的居民委员会、村民委员会。之所以如此要求，是因为有利于居民委员会、村民委员会协助政府有关部门监督未成年人委托照护情况，有助于学校、幼儿园了解未成年人被照护的情况。当其发现被委托人缺乏照护能力、怠于履行照护职责等情况，应当及时向政府有关部门报告，并告知未成年人的父母或者其他监护人，帮助、督促被委托人履行照护职责。

二是定期联系和交流义务。未成年人的父母或者其他监护人应加强和未成年人所在学校、幼儿园的沟通，与未成年人、被委托人至少每周联系和交流一次，了解未成年人的生活、学习、心理等情况，并给予未成年人亲情关爱。虽然委托人将部分职责委托给他人履行，但一部分监护职责依然需要监护人亲自履行。即使在空间上没有与未成年人生活在一起，无法履行抚育、照护等职责，但依然可以关注未成年人的身心健康状况，加强亲情沟通。

三是及时干预义务。未成年人的父母或者其他监护人接到被委托人、居民委员会、村民委员会、学校、幼儿园等关于未成年人心理、行为异常的通知后，应当及时采取干预措施。

第二十四条　【离婚情形下监护人的职责】 未成年人的父母离婚时，应当妥善处理未成年子女的抚养、教育、探望、财产等事宜，听取有表达意愿能力未成年人的意见。不得以抢夺、藏匿未成年子女等方式争夺抚养权。

未成年人的父母离婚后，不直接抚养未成年子女的一方应当依照协议、人民法院判决或者调解确定的时间和方式，在不影响未成年人学习、生活的情况下探望未成年子女，直接抚养的一方应当配合，但被人民法院依法中止探望权的除外。

条文主旨

本条是关于离婚情形下监护人保护未成年人职责的规定。

条文释义

离婚会产生诸多的法律后果。其中，离婚父母争夺未成年子女抚养权的矛盾和纠纷尤为激烈，给未成年人造成了诸多伤害。

婚姻自由是婚姻法的基本原则之一，包括结婚自由和离婚自由，但是婚姻的解除往往还会涉及家庭中未成年子女的权益保护。只要当事人确属自愿离婚，符合法律法规的有关规定，并对子女抚养、财产、债务处理等事项协商一致的，离婚登记部门依法登记，发给离婚证。婚姻登记机关的工作人员一般难以具体考察该协议是否有利于子女成长和生活。协议本身的安排不一定是最适合子女成长的抚养方案和财产分配方案，也并非所有的父母都会将子女利益置于自己利益之前优先考虑。法院的离婚调解书一般根据离婚当事人的协议制定，离婚双方当事人如果在法院的调解之下就子女的抚养和财产分割达成一致意见，法院往往不会对协议内容进行实质审查，难以具体判断当事人的协议内容是否侵害了未成年子女的利益。可见，我国现行离婚制度对涉及未成年子女利益的保护比较欠缺。从大量离婚案例看来，由于未成年人不具备完全民事行为能力，不能有效保护自己的权利，在父母感情破裂而离婚之后，子女往往比离婚当事人受到更大伤害。作为离婚事件中的弱势群体，未成年子女更需要特别保护。对此，本条有针对性地明确未成年人的父母离婚时和离婚后的四项注意义务：

一是必须妥善处理未成年子女的抚养、教育、探望、财产等事宜。如何理解“妥善”，应当根据最有利于未成年人原则进行判断。父母需要强化未成年子女在家庭中享有独立人身权利和财产权利的观念。一方面，未成年子女在家庭中的人身权利受法律保护。另一方面，未成年子女在家庭中的财产权利受法律保护。财产是未成年子女生存和发展的基本保障，特别是父母离异时对未成年子女独立财产权利的确认，以及父母离异后对未成年子女财产的保护措施，尤其重要。一般而言，未成年人通过以下四个方面取得的财产为其独立的私人财产，在父母离异时不能作为家庭共有财产被父母分割：因继承、赠与或其他无偿方式等受益行为取得的财产；在法律允许的限度内因劳动、经营或其他有偿方式取得的财产；专属于未成年人个人使用的基本生活用品包括衣物书籍等；未成年子女作为保险受益人享有的权益。

二是就有关事宜的安排，应当听取有表达意愿能力未成年人的意见，并予以充分考虑。在离婚制度中也应坚持最有利于未成年人原则，首先要保障未成年人表达自己意愿的权利。我国曾深受儒家思想的影响，未成年子女的独立人格没有得到充分重视，反映到离婚制度中，就是除了在确定子女直接抚养方时需要适度征求子女的意见之外，父母就其他事项的选择极少考虑子女的意愿。同时，也应当注意到，离婚协议不同于一般的契约。在父母协议离婚时，虽然未成年子女本身并没有权利干涉父母的婚姻自由（离婚自由），需要接受父母离婚的事实，但是这并不意味着子女关于父母的离婚协议内容没有任何表达意愿的权利，父母有责任为了未成年子女的健康成长作出合理的安排以及利益的让步，所以协议离婚制度不仅应当平衡婚姻当事人的利益，也应该保护未成年子女的利益，最大限度地尊重未成年子女的意愿。未成年子女表达意愿的内容很丰富，包括提出关于直接抚养人意见的权利，与父母及其他近亲属交往联络的权利，与家庭成员团聚的权利，等等。

三是禁止以抢夺、藏匿未成年子女等方式争夺抚养权。司法领域的大数据统计显示，在全国离婚纠纷案件中，96%的案件涉及子女抚养问题。[①] 可见，离婚案件中涉及未成年子女的案件数量庞大，实践中，围绕未成年子女的抚养权确定、抚养费数额、支付方式等问题，离婚常双方争执不下。很多离婚案件面对的是独生子女，离婚双方的背后有各自家族出谋划策。法院作出判决前，一方为争夺监护权，可能将子女转移或藏匿，使判决生效后也难以执行。因此，本法禁止以抢夺、藏匿未成年子女等方式争夺抚养权。

四是共同配合行使探望权。未成年人的健康成长，既需要充足的物质保障，也需要来自父母的精神关爱，两者缺一不可，任何一方的缺失都有可能给未成年子女的身心健康带来不利影响。因此，除被人民法院依法中止探望权

---

① 《司法大数据专题报告之离婚纠纷》，载中国法院网，https：//www. chinacourt. org/article/detail/2016/12/id/2491837. shtml，最后访问时间：2020 年 12 月 5 日。

的以外，不直接抚养未成年子女的一方也有义务依照协议、人民法院判决或者调解确定的时间和方式，在不影响未成年人学习、生活的情况下探望未成年子女，直接抚养的一方有义务予以配合。

第三章　学校保护

※ 本章导读 ※

学校是未成年人重要的成长场所。未成年人在学校学习文化知识，接受素质教育，是其从家庭走向社会的过渡阶段。一方面，学校教育不仅影响着未成年人未来的发展，而且对其人格塑造具有不可替代的作用。另一方面，校园安全状况直接关系着未成年人在校期间的人身安全和健康。为充分保障未成年人在学校这一场域内的各项权利，本章围绕育人、安全保障这两个基本点规定了学校保护未成年人的职责。就育人而言，坚持立德树人，既要保障未成年人的受教育权，特别是一些需要重点关注的未成年群体的受教育权，如留守未成年人、困境未成年人、行为异常或者学习有困难的未成年学生等，又要保障他们休息、娱乐、锻炼的权利，避免加重其学习负担。就安全保障而言，坚持校园安全风险零容忍，从建立校园安全管理制度、加强卫生保健工作、配备安保人员和设施、完善校车安全管理制度、完善突发事件处置预案、健全学生欺凌防控和处理机制、建立预防性侵害性骚扰工作制度等方面作出了明确要求。

第二十五条　【学校的教育和保护职责】 **学校应当全面贯彻国家教育方针，坚持立德树人，实施素质教育，提高教育质量，注重培养未成年学生认知能力、合作能力、创新能力和实践能力，促进未成年学生全面发展。**

学校应当建立未成年学生保护工作制度，健全学生行为规范，培养未成年学生遵纪守法的良好行为习惯。

条文主旨

本条是关于学校教育和保护职责的总体性规定。

条文释义

一直以来，有观点认为学校应对在校未成年人承担监护责任，但这种观点没有法律依据。从指定监护人的产生看，其范围也以法定有监护资格的人为限，因而我国指定监护人也不包括学校。很显然，认为学校对在校学生承担监护责任是没有法律依据的。根据教育法第五十条之规定，未成年人的父母或者其他监护人应当为其未成年子女或者其他被监护人受教育提供必要条件。未成年人的父母或者其他监护人应当配合学校及其他教育机构，对其未成年子女或者其他被监护人进行教育。学校、教师可以对学生家长提供家庭教育指导。故监护人与学校之间实质上是一种委托教育管理关系，这种关系不能等同于或代替监护关系。同时，从社会效果上看，如果确立了学校的监护制度，也是弊多利少。学校承担监护责任，会导致学校精力分散，不利于学校充分履行教育责任。一旦发生未成年学生伤害事故，学生家长及其他监护人要求学校承担赔偿损失的无过错责任，会使学校频繁地陷入纠纷，甚至会丧失大量教育经费。学校可能同时成为致害学生和受害学生的监护人和法定代理人，承担双重责任。从间接后果看，可能造成的情形有：承担监护责任使学校成为监护人，履行同父母一样的保护义务，使过分严密保护未成年人的观念加强，学生通过学校组织的校外活动获得锻炼的机会减少。承担监护责任造成人力、物力、经费不足，使学校无力进行教育改革，转变教育观念。家长、社会和法律给学校过重压力，不利于构建宽松的教育环境，使教育事业举步维艰，制约教育的活力。基于以上理由，学校仅对未成年学生依法负有教育、保护这两大职责。

一是教育职责。联合国《儿童权利公约》第二十九条第一款规定，缔约国一致认为教育儿童的目的之一应是最充分地发展儿童的个性、才智和身心能力。结合我国义务教育的情况，本条第一款提出了一系列的要求：(1) 贯彻国家教育方针，坚持教育为社会主义现代化建设服务、为人民服务，把立德树人作为教育的根本任务，全面实施素质教育，培养德智体美劳全面发展的社会主义建设者和接班人，努力办好人民满意的教育。(2) 坚持立德树人，健全立德树人落实机制，着力在坚定理想信念、厚植爱国主义情怀、加强品德修养、增长知识见识、培养奋斗精神、增强综合素质上下功夫。(3) 实施素质教育，以全面提高人的基本素质为根本目的，尊重人的主体性和主动精神，以人的性格为基础，注重开发人的智慧潜能，注重形成以人的健全个性为根本特征的教育。(4) 提高教育质量，强化课堂主阵地作用，优化教学方式，加强教学管理，完善作业、考试辅导，促进信息技术与教育教学融合应用。(5) 注重培养未成年学生认知能力、合作能力、创新能力和实践能力，促进思维发展，激发创新意识，突出学生主体地位，注重保护学生好奇心、想象力、求知欲，激发学习兴趣，提高学习能力。(6) 促进未成年学生全面发展，构建德智体美劳全面培养的教育体系。

二是保护职责。校园应当是最阳光、最安全的地方。加强学校安全工作是全面贯彻党的教育方针，保障学生健康成长、全面发展的前提和基础，关系广大师生的人身安全，事关亿万家庭幸福和社会和谐稳定。但是，受各种因素影响，学校安全工作还存在相关制度不完善、不配套，预防风险、处理事故的机制不健全、意识和能力不强等问题。因此，学校应当建立未成年学生保护工作制度，在食品安全、校舍安全、设施安全、防溺水等方面出台具体措施，健全学生行为规范，培养未成年学生遵纪守法的良好行为习惯，尽最大努力杜绝校园欺凌和学生违法犯罪。对体罚、性骚扰、性侵害等侵害学生人身健康的违法犯罪行为，要建立零容忍制度，及早发现、及时处理、从严问责，应当追究法律责任的，协同配合公安、司法机关严格依法惩处。

第二十六条　【幼儿园的保育和教育职责】幼儿园应当做好保育、教育工作，遵循幼儿身心发展规律，实施启蒙教育，促进幼儿在体质、智力、品德等方面和谐发展。

条文主旨

本条是关于幼儿园保育和教育职责的总体性规定。

条文释义

学前教育是终身学习的开端，是国民教育体系的重要组成部分，是重要的社会公益事业。办好学前教育、实现幼有所育，是党的十九大作出的重大决策部署，是党和政府为老百姓办实事的重大民生工程，关系亿万儿童健康成长，关系社会和谐稳定，关系党和国家事业未来。在现实生活中，受应试教育和社会上一些不良宣传的影响，当前幼儿园教育“小学化”的现象日益突出。所谓幼儿园教育“小学化”，其主要表现是不注重幼儿综合素质的培养，不组织幼儿在游戏中学习，不顾幼儿的年龄特点，教育活动过于强调向幼儿“灌输”知识，缺少图案、色彩，缺少生动的教具演示，有的甚至从小班就要求孩子会写字、学习拼音、做算术，给孩子留作业，在幼儿园做不完，回家还要做。这种“小学化”的教育方式，偏离了正确的办园方向，严重干扰了正常的保育教育工作，对幼儿健康成长带来了很大的危害。包括：孩子还未上学，就已厌学；扼杀了幼儿的天性，剥夺了幼儿的快乐；不利于幼儿身体的正常发育，危害了幼儿的身体健康；不利于幼儿健全人格的形成，危害了幼儿的心理健康；遏制幼儿智力的全面发展，错过了幼儿教育的“关键期”；忽视幼儿非智力因素的培养，不利于幼儿良好行为习惯的形成；揠苗助长，对幼儿入小学后的学习造成负面影响。根据马克思主义的唯物论观点，尊重客观规律是发挥主观能动性的前提。但这种“小学化”现象，从本质上来讲，是完全背离了幼儿的身心发展规律的。因此，本条特意强调遵循幼儿身心发展规律的重要性，实施科学保教，注重保教结合。具体来说，幼儿园要遵循幼儿身心发展规律，树立科学保教理念，建立良好师幼关系。教师应合理安排幼儿一日生活，为幼儿提供营养均衡的饮食，保证充足的睡眠和适宜的锻炼，传授基本的文明礼仪，培育幼儿良好的卫生、生活、行为习惯和自我保护能力。坚持以游戏为基本活动，珍视幼儿游戏活动的独特价值，保护幼儿的好奇心和学习兴趣，尊重个体差异，鼓励支持幼儿通过亲近自然、直接感知、实际操作、亲身体验等方式学习探索，促进幼儿快乐健康成长。

第二十七条　【禁止体罚或者变相体罚】学校、幼儿园的教职员工应当尊重未成年人人格尊严，不得对未成年人实施体罚、变相体罚或者其他侮辱人格尊严的行为。

条文主旨

本条是关于禁止体罚或者变相体罚等错误教育手段的规定。

条文释义

联合国《儿童权利公约》第二十八条第二款规定，缔约国应采取一切适当措施，确保学校执行纪律的方式符合儿童的人格尊严及本公约的规定；第三十七条规定，任何儿童不受酷刑或其他形式的残忍、不人道或有辱人格的待遇或处罚。在中小学、幼儿园阶段，师生之间人格上平等，但身份上有差异：教师都是成年人，学生多属于未成年人，双方实际地位的不对等非常容易造成教师在教育管理过程中对未成年人权益的侵犯，给其身心造成伤害。为了保护学生的人格尊严和合法权益，本条明确禁止实施体罚、变相体罚或者其他侮辱人格尊严的行为。

体罚及变相体罚行为，通常是指教师以暴力的方法或以暴力相威胁，或者以其他强制性手段来制止和预防学生的某些不良做法，直接或间接伤害学生身体的教师问题行为。具有此类行为特征的教师，其主要表现是：直接责打学生、让学生代行体罚或自罚、罚站、罚值日、赶出教室、放学后被留校、随意停课或停止学生参加一切活动、罚学生做超量作业等。其中，变相体罚有时候具有很强的隐蔽性，没有接触被罚人的身体，但以非人道的方式迫使被罚人做出某些行为，使其身体或精神上感到痛苦。任何一种变相体罚都会产生与体罚相同的危害学生身体健康或者损害人格尊严的后果。

侮辱学生的人格尊严，通常是指教师在批评学生的过程中，公然贬低、侮辱学生人格或用恐吓、威胁等手段管制学生、压服学生的教师问题行为。具有此类行为特征的教师，其主要表现是：常用刻薄、尖酸的言语嘲讽、刺伤学生，故意侮辱、谩骂学生，用威胁和恐吓的办法管制学生等。

以侮辱学生人格尊严为手段的教育方法、体罚与变相体罚的教育手段，其实质是教师教育方法极其单一、粗暴的表现，不仅有悖职业道德，有损教育与教师的形象，违背教育规律，起不到应有的效果，而且是违法行为，会使学生产生自卑、怯懦心理，严重伤害学生的身心健康。另外，教师这些错误的教育方法和手段，实际上是在为学生提供简单、粗野的攻击性榜样，教学生以蛮横霸道的方式处理与同伴的关系，这将严重影响学生良好品质的形成，还容易使学生产生逆反心理，千方百计地与教师对抗，导致师生关系紧张，甚至引起家长与教师的纠纷。

为了避免这些错误的教育方法和手段，教师在教育教学过程中必须坚持正面教育的原则，建立民主、平等、亲密的师生关系。要进一步提升业务素质及教育艺术，切实加强自身能力与素质的培养，提高自身的教育艺术素养，特别是在提高自己的威信和魅力方面多下功夫；要加强对教育心理学的学习，加强对问题学生的研究，了解教育发展规律，掌握学生成长规律，采取恰当的教育方法教育学生，把严格的教育管理与慈母般的关爱结合起来，促进未成年学生的健康成长。

第二十八条　【保障未成年人受教育权】 学校应当保障未成年学生受教育的权利，不得违反国家规定开除、变相开除未成年学生。

学校应当对尚未完成义务教育的辍学未成年学生进行登记并劝返复学；劝返无效的，应当及时向教育行政部门书面报告。

条文主旨

本条是学校保障未成年人受教育权的规定。

条文释义

联合国《儿童权利公约》第二十八条第一款规定，缔约国确认儿童有受教育的权利，为在机会均等的基础上逐步实现此项权利，缔约国尤应实现全面的免费义务小学教育，采取措施鼓励学生按时出勤和降低辍学率。义务教育是国家统一实施的所有适龄儿童必须接受的教育，是教育工作的重中之重，是国家必须予以保障的基础性、公益性事业。近年来，我国建立了城乡统一、重在农村的义务教育经费保障机制，实现了城乡免费义务教育，义务教育覆盖面、入学率、巩固率持续提高。但受办学条件、地理环境、家庭经济状况、思想观念等多种因素影响，我国一些地区仍不同程度地存在失学辍学现象，学校违反国家规定开除、变相开除未成年学生的情况也时有发生，初中学生辍学、流动和留守儿童失学、辍学问题仍然较为突出。因此，本条从保障学生受教育权的角度对学校作出了两项明确要求。

一是禁止违法国家规定开除、变相开除未成年学生。受教育权是《中华人民共和国宪法》《中华人民共和国义务教育法》等法律规定的公民所享有的一项不可被剥夺的基本权利。在中小学校，侵犯学生受教育权的行为主要有：违反法律和国家规定，开除或者变相开除尚在接受义务教育的未成年学生，长时间对违纪学生处以停课惩罚，不让成绩差的学生参加考试。从现实层面上来说，自 2015 年修订后的《中华人民共和国义务教育法》规定“不得开除学生”之后，明显违反《中华人民共和国义务教育法》而开除学生的情况基本上没有了，但个别学校通过责令学生转学、退学或者劝返回家等形式变相开除学生的情况仍时有出现。对于这种“打擦边球”的形式，虽然学校可以美其名曰“让学生换个学习环境”，但是实质上就是开除学生，严重侵犯了学生的受教育权。另外，受教育权不是一项抽象的权利，而是一项包括入学、参加课堂学习、参加学校组织的各项活动等内容的实实在在的权利。对于那些严重扰乱课堂秩序，使得课堂活动无法顺利进行的学生，令其停课应当避免侵犯该学生的受教育权。坐在教室里上课是学生接受学校教育必要的形式保证，如果学生在课堂上并未从事学习活动，则其受教育权并未真正得到实现。同时，为了保证课堂秩序，使其他学生的正常学习不被干扰，保证其他学生的受教育权不被侵害，学校责令违纪学生进行短暂的停课反思，并对其在停课期间的在校活动做出安排，是可以考虑的，但需要注意的是，停课不是让学生直接回家，而是在校园内对学生的活动做出特殊安排。停课只能针对那些严重扰乱课堂秩序的学生，且在实施之前，教师必须已经对其进行了充分的提醒和告诫。学生停课的时间应当尽量短，学校一连几天甚至几个星期不让学生上课，明显侵犯了学生的受教育权。学生享有参加学校安排的各种教育教学活动的权利。考试也是学校组织和安排的教育教学活动，参加考试是学生应当享有的基本权利之一。剥夺学生参加考试的权利，实际上也构成了对学生受教育权的侵犯。

二是建立控辍保学制度。学校应当制订控辍保学的具体措施，把握学生的思想动态，对有辍学倾向的学生建档立卡，加强对重点学生的关注，对有缺课现象的学生定期家访，对实际流失学生及时在学籍系统中标注。学校应当建立和完善辍学学生劝返复学、登记与书面报告制度，加强家校联系，配合政府部门做好辍学学生劝返复学工作。对未返校的适龄儿童少年进行依法劝返，力求做到应劝尽劝、应返尽返。劝返无效的，应当及时向教育行政部门书面报告。

第二十九条 【平等关注和关爱重点未成年学生】 学校应当关心、爱护未成年学生，不得因家庭、身体、心理、学习能力等情况歧视学生。对家庭困难、身心有障碍的学生，应当提供关爱；对行为异常、学习有困难的学生，应当耐心帮助。

学校应当配合政府有关部门建立留守未成年学生、困境未成年学生的信息档案，开展关爱帮扶工作。

条文主旨

本条是关于平等关注和关爱重点未成年学生的规定。

条文释义

教师要面向全体学生，学校对全体学生负责，不能偏爱一部分人、歧视另一部分人，禁止因家庭、身体、心理、学习能力等情况歧视学生。一方面，许多学校实际上存在残疾儿童，他们的受教育权难以得到切实保障，他们在学校里不仅承担着由于其身体不便而导致的生活、学习等方面的困难，同时也很容易受到其他学生甚至学校老师的歧视，使其心理遭受打击。另一方面，许多家境较贫困的学生也往往容易遭受来自各方面的歧视。根据本条规定，学校应当关爱重点未成年学生群体，保障他们的受教育权。

一是全面执行教育扶贫和资助政策。学校要完善义务教育扶贫助学工作机制，认真落实义务教育“两免一补”、农村义务教育学生营养改善计划等惠民政策。对于建档立卡等家庭经济困难学生（含非建档立卡的家庭经济困难残疾学生、农村低保家庭学生、农村特困救助供养学生），坚持优先帮扶，针对家庭经济特殊困难学生，按照“一家一案，一生一案”的原则制订扶贫方案，统筹各类扶贫、惠民政策，确保孩子不因家庭经济困难而失学辍学。

二是保证残疾未成年人受教育权利。普通学校要根据国家普通中小学课程方案、课程标准和统一教材要求，充分尊重和遵循残疾学生的身心特点和学习规律，结合每位残疾学生的残疾类别和程度，合理调整课程教学内容，科学转化教学方式，不断提高对随班就读残疾学生教育的适宜性和有效性。有条件的地方和学校要根据残疾学生的残疾类别、残疾程度，参照特殊教育学校课程方案增设特殊课程，参照使用审定后的特殊教育学校教材，并为残疾学生提供必要的教具、学具和辅具服务。

三是建立健全学习困难学生帮扶制度。学校要把对学习困难学生的帮扶作为控辍保学的重点任务，建立健全学习帮扶制度，着力消除因学习困难或厌学而辍学的现象。按照因材施教的原则，针对学习困难学生的学习能力、学习方法、家庭情况和思想心理状况，切实加大帮扶力度，使他们增强学习兴趣，改进学习方法，养成良好学习习惯，不断提升学习能力和学习水平，切实增强学习的自信心、有效性和获得感。强化对学生的发展性评价、多元评价，促进学生全面发展，把对学习困难学生的发展性评价作为考核学校教育工作和教师教育教学工作实绩的重要内容。

四是对于有缺点、错误的学生，要深入了解情况，具体分析原因，满腔热情地做好他们的思想转化工作。善于发现、培养和调动后进学生身上的积极因素，肯定他们的微小进步，尊重他们的自尊心，鼓励他们的上进心，帮助他们满怀信心地前进。对于极个别屡教不改、错误性质严重、需要给予纪律处分的学生，也要进行耐心细致的说服教育工作，以理服人，不能采用简单粗暴的办法，更不得体罚和变相体罚学生。

五是配合健全留守未成年学生、困境未成年学生关爱服务体系。学校应当配合政府有关部门建立留守未成年学生、困境未成年学生的信息档案，对留守未成年学生、困境未成年学生受教育实施全程管理，注重他们的心理健康教育和亲情关爱，及早发现和纠正他们的不良行为。此外，可以通过家长学校等方式强化父母和其他监护人的监护责任并提高其监护能力，加强家庭教育指导服务。统筹协调留守学生教育管理工作，实行留守学生的普查登记制度和社会结对帮扶制度。

第三十条　【学校德育】学校应当根据未成年学生身心发展特点，进行社会生活指导、心理健康辅导、青春期教育和生命教育。

条文主旨

本条是关于学校德育重点的规定。

条文释义

学校教育的最终目的是让学生的成长和发展与社会主义的整体发展方向保持高度的一致性，就此需要关注学生个体多层次、多方位的需求，解决学生的思想问题以及生活中的实际问题，把学生培养成社会所需要的高素质人才。学校突出德育实效，完善德育工作体系，需要认真制订德育工作实施方案，深化课程育人、文化育人、活动育人、实践育人、管理育人、协同育人。结合实际情况，本条对学校德育中亟须加强的重点进行了列举。

一是社会生活指导。面向学生的个体生活和社会生活，从自身成长需要出发，引导学生从日常学习生活、社会生活或与大自然的接触中提出具有教育意义的活动主题，使学生获得关于自我、社会、自然的真实体验，建立学习与生活的有机联系。在实施过程中，随着活动的不断展开，在教师的指导下，学生可根据实际需要，对活动的目标与内容、组织与方法、过程与步骤等做出动态调整，使活动不断深化。

二是心理健康辅导。中小学生正处在身心发展的重要时期，随着生理、心理的发育和发展，社会阅历的扩展及思维方式的变化，特别是面对社会竞争的压力，他们在学习、生活、自我意识、情绪调适、人际交往和升学就业等方面，会遇到各种各样的心理困扰或问题。因此，在中小学开展心理健康教育，是学生身心健康成长的需要，是全面推进素质教育的必然要求。心理辅导是一项科学性、专业性很强的工作，心理健康教育教师应遵循心理发展和教育规律，向学生提供发展性心理辅导和帮助。开展心理辅导必须遵守职业伦理规范，在学生知情自愿的基础上进行，严格遵循保密原则，保护学生隐私，谨慎使用心理测试量表或其他测试手段，不能强迫学生接受心理测试，禁止使用可能损害学生心理健康的仪器，要防止心理健康教育医学化的倾向。

三是开展青春期教育。随着思维水平和身体机能的成熟以及生活体验的加深，青春期学生开始对自己、对这个世界、对未来进行探索、思考。他们的精神内核要经历解构、选择和重新建构的过程，所以青春期是变化的，这是一个人的第二次生命构造。能否顺利地度过青春期，直接影响他们今后如何去面对学习、情感、婚姻、事业和组织中出现的问题。针对小学低中年级的六至九周岁儿童的青春期教育是在青春期来临之前对儿童进行的作为现象的“青春期”知识的教育。一方面，使他们知道每个人都会经历“青春期”这样一个人生阶段，当青春期到来时应有知识和心理准备；另一方面，使他们在青春期到来之前就了解关于性生理发育的内容。针对小学高年级一直到高中的十至十八周岁青少年的青春期教育，在内容上包括青少年性教育以及围绕着青少年自我意识的觉醒和独立意识的增强而展开的自我成长、人际关系和个人能力等方面的人格教育。这一学段的青春期教育可以结合年龄、学制和人的成长阶段具体分为小学高年级（十至十二周岁）学段、初中（十三至十五周岁）学段和高中（十六至十八周岁）学段。应按照每个学段学生的身心特点有选择性地安排教授内容。

四是开展生命教育。生命教育包括生存意识教育、生存能力教育和生命价值教育三个层次。生存意识教育，旨在教育未成年人珍惜生命，其内容可以涉及生命安全教育、生活态度教育和死亡体验教育。生存能力教育，旨在教育未成年人掌握生存发展的能力。其内容可涉及加强动手能力、加强对环境的适应能力、增强抗挫折能力、增强安全防范和自救能力等。生命价值教育，旨在教育未成年人探索生命的价值和意义。其内容可涉及学生对生活的热爱、审美教育等内容。其中，生存教育、死亡教育、性教育、挫折教育、生命价值的教育可以作为生命教育中的重点内容。

第三十一条　【劳动教育】学校应当组织未成年学生参加与其年龄相适应的日常生活劳动、生产劳动和服务性劳动，帮助未成年学生掌握必要的劳动知识和技能，养成良好的劳动习惯。

条文主旨

本条是关于学校开展劳动教育的规定。

条文释义

劳动教育是中国特色社会主义教育制度的重要内容，直接决定社会主义建设者和接班人的劳动精神面貌、劳动价值取向和劳动技能水平。长期以来，各地区和学校坚持教育与生产劳动相结合，在实践育人方面取得了一定成效。同时也要看到，近年来一些青少年出现了不珍惜劳动成果、不想劳动、不会劳动的现象，劳动的独特育人价值在一定程度上被忽视，劳动教育正被淡化、弱化。对此，本条规定学校应当采取有效措施切实加强劳动教育。

劳动教育是国民教育体系的重要内容，是学生成长的必要途径，具有树德、增智、强体、育美的综合育人价值。实施劳动教育的重点是在系统的文化知识学习之外，有目的、有计划地组织学生参加日常生活劳动、生产劳动和服务性劳动，让学生动手实践、出力流汗，接受锻炼、磨炼意志，培养学生正确的劳动价值观和良好的劳动品质。劳动教育能够使学生理解和形成马克思主义劳动观，牢固树立劳动最光荣、劳动最崇高、劳动最伟大、劳动最美丽的观念；体会劳动创造美好生活，体认劳动不分贵贱，热爱劳动，尊重普通劳动者，培养勤俭、奋斗、创新、奉献的劳动精神；具备满足生存发展需要的基本劳动能力，形成良好的劳动习惯。

学校需要切实承担劳动教育主体责任，明确实施机构和人员，开齐开足劳动教育课程，不得挤占、挪用劳动实践时间。明确学校劳动教育要求，着重引导学生形成马克思主义劳动观，系统学习掌握必要的劳动技能。根据学生身体发育情况，科学设计课内外劳动项目，采取灵活多样的形式，激发学生劳动的内在需求和动力。统筹安排课内外时间，可采用集中与分散相结合的方式。组织实施好“劳动周”，小学低中年级以校园劳动为主，小学高年级和中学可适当走向社会、参与集中劳动，高等学校要组织学生走向社会、以校外劳动锻炼为主。

根据教育目标，针对不同学段、类型学生特点，以日常生活劳动、生产劳动和服务性劳动为主要内容开展劳动教育。结合产业新业态、劳动新形态，注重选择新型服务性劳动的内容。小学低年级要注重围绕劳动意识的启蒙，让学生学习日常生活自理，感知劳动乐趣，知道人人都要劳动。小学中高年级要注重围绕卫生、劳动习惯的养成，让学生做好个人清洁卫生，主动分担家务，适当参加校内外公益劳动，学会与他人合作劳动，体会到劳动的光荣。初中要注重围绕增加劳动知识、技能，加强家政学习，开展社区服务，适当参加生产劳动，使学生初步养成认真负责、吃苦耐劳的品质和职业意识。普通高中要注重围绕丰富职业体验，开展服务性劳动、参加生产劳动，使学生熟练掌握一定劳动技能，理解劳动创造价值，具有劳动自立意识和主动服务他人、服务社会的情怀。中等职业学校应重点结合专业人才培养，增强学生职业荣誉感，提高职业技能水平，培育学生精益求精的工匠精神和爱岗敬业的劳动态度。

第三十二条　【勤俭节约教育】学校、幼儿园应当开展勤俭节约、反对浪费、珍惜粮食、文明饮食等宣传教育活动，帮助未成年人树立浪费可耻、节约为荣的意识，养成文明健康、绿色环保的生活习惯。

条文主旨

本条是关于学校开展勤俭节约教育的规定。

条文释义

勤俭节约是中华民族的传统美德，是社会文明进步的重要标志。我国处于社会主义初级阶段，资源较为缺乏，对青少年儿童进行勤俭节约教育，使他们从小养成勤俭节约的思想意识和行为习惯，不仅有利于他们自身的健康成长，而且会影响家庭和社会，关系到国家和民族的未来。加强节约教育意义重大，刻不容缓。因此，本条规定了学校应当开展勤俭节约教育。

学校应当广泛开展勤俭节约教育宣传。根据教育教学规律和不同年龄段学生特点，把勤俭节约内容有机融入中等职业学校思想政治课程教学、中小学德育课程教学、幼儿园习惯养成等教育环节之中，在中小学语文、历史、生物、化学等课程中深入发掘教育资源，鼓励探索开发相关课程。充分利用校园广播、标语、挂图、公告栏和网络等媒介，以多种形式宣传制止餐饮浪费，让节约教育在学校随处可见，营造浓厚氛围。以开学为契机，把勤俭节约教育内容融入开学典礼、“开学第一课”、新生军训、校规校纪教育等活动中，引导学生树立正确的世界观、人生观、价值观。加强先进典型的正面宣传，发挥榜样示范作用，对浪费行为开展反面警示教育，加大对浪费行为的纠正力度。

学校应当开展各类形成勤俭节约意识和行为的校园文化活动和社会实践活动。精心设计活动形式及载体，围绕勤俭节约开展主题班会、主题党团日、艺术节、读书读报、征文演讲等日常性活动；利用世界粮食日、全国爱粮节粮宣传周等契机开展专题教育，加强粮食安全宣传。把勤俭节约作为文明校园创建的重要内容，组织编排展演以勤俭节约为主题的校园文化作品，涵育师生品行、引领社会风尚。组织学生走出课堂，走向田间地头和青少年社会实践基地等场所，广泛开展实践体验活动并形成制度，城市中小学校要在每个学段至少安排一次农业生产劳动，农村中小学校要因地制宜开展种植养殖体验，支持大学在食堂建立育人实践基地。通过社会实践、劳动体验，让学生切身感受食物的来之不易，真正形成尊重劳动和爱惜食物的思想意识。

学校在开展勤俭节约教育的过程中，应当坚持“三不”原则，从循规律、重实效的角度，落实践行节俭教育。首先，节俭教育不能简单化、表面化，要深入人心、打动人心。要通过节约一粒米、一口菜，将节俭意识植入每个学生的心灵，使之成为一代新人众多的优秀品质、素质之一。对于学生中存在的一些浪费现象，不要简单地上纲上线，而要因势利导、循循善诱。其次，节俭教育不能行政化、工作化。不能指望开几次会、发几个文、讲几遍话就能解决问题。既然是教育，就必须遵从教育规律，认真研究学生的心理，不能想当然。在教育中要注重贴近生活、贴近校园、贴近学生，把道理讲清讲透，真正做到春风化雨、润物无声。最后，节俭教育不能走过场、一阵风。培养节俭意识不是一朝一夕的事情，不可能在短期内奏效，绝不能急于求成，要将节俭教育制度化、常态化，使之真正成为学校教育的重要组成部分。

第三十三条　【避免加重学习负担】 学校应当与未成年学生的父母或者其他监护人互相配合，合理安排未成年学生的学习时间，保障其休息、娱乐和体育锻炼的时间。

学校不得占用国家法定节假日、休息日及寒暑假期，组织义务教育阶段的未成年学生集体补课，加重其学习负担。

幼儿园、校外培训机构不得对学龄前未成年人进行小学课程教育。

条文主旨

本条是关于避免加重学习负担的规定。

条文释义

在不科学的教育评价导向、教育质量观和人才培养观的影响下，学生的学业负担过重，违背教育教学规律，有损中小学生身心健康。为了进一步杜绝这种现象，针对实践中比较突出的几个问题，本条作出避免加重学生学习负担的规定。这需要学校和父母或者其他监护人的共同配合。

一方面，学校严格依照课标教学，严格执行国家课程方案和课程标准，开足开齐规定课程，努力提高教学质量，促进学生全面发展。建立课程安排公示制度、学生体质健康状况通报制度、家校联动制度，及时纠正加重学生课业负担的行为。认真落实新修订的义务教育课程标准，不得随意提高课程难度，不得挤占体育、音乐、美术、综合实践活动及班会、少先队活动的课时，科学合理安排学生作息时间。不得随意提高教学难度或加快教学进度，杜绝“非零起点”教学。严控书面作业总量。小学一二年级不布置书面家庭作业，三至六年级家庭作业不超过60分钟，初中家庭作业不超过90分钟，高中也要合理安排作业时间。科学合理布置作业。作业难度水平不得超过课标要求，教师不得布置重复性或惩罚性作业，不得给家长布置作业或让家长代为评改作业。切实把课内外过重的课业负担减下来，依法保障学生的休息权利，学校要把减负落实到教育教学各个环节，给学生留下了解社会、深入思考、动手实践、健身娱乐的时间。按照国家课程方案和课程标准开足开好体育课程，严禁削减、挤占体育课时间。有条件的地方可为中小学增加体育课时。提供丰富多彩的课后服务内容，合理确定学生离校时间。组织学生参加文体活动，培养运动兴趣，条件允许的情况下尽量安排在户外。教育学生坐立行读写姿势正确，认真做好广播体操和眼保健操。安排学生参与各种兴趣小组或音体美劳活动。对学有困难的学生加强帮扶，对学有余力的学生给予指导。严禁将课后服务变为集体教学或集体补课。学校不得占用国家法定节假日、休息日及寒暑假期，组织义务教育阶段的未成年学生集体补课，加重其学习负担。

另一方面，父母或者其他监护人应当树立科学育儿观念，正确认识未成年学生成长规律，切实履行家庭教育职责，支持学校和教师正确行使对学生的教育管理权利。理性设置对未成年学生的期望值，鼓励他们尽展其才。根据未成年学生的兴趣爱好选择适合的培训，避免盲目攀比、跟风报班或请家教给未成年学生增加过重课外负担，以免有损未成年学生身心健康。增强未成年学生身心健康，安排未成年学生每天进行户外锻炼，鼓励支持他们参加各种形式的体育活动，培育1～2项体育运动爱好，从小养成良好锻炼习惯。引导未成年学生健康生活，引导他们合理使用电子产品，上健康网站，不沉迷网络游戏。保证小学生每天睡眠时间不少于10个小时，初中生不少于9个小时，高中阶段学生不少于8个小时。

另外，一些幼儿园、校外培训机构违背幼儿身心发展规律和认知特点，提前教授小学内容、强化知识技能训练，“小学化”倾向比较严重，这不仅剥夺了幼儿童年的快乐，更挫伤了幼儿的学习兴趣，影响了身心健康发展。因此，本条还规定幼儿园、校外培训机构不得对学龄前未成年人进行小学课程教育。在教育内容方面，对于提前教授汉语拼音、汉字、计算、英语等小学课程内容的，要坚决予以禁止；对于幼儿园给幼儿布置小学内容家庭作业、组织小学内容有关考试测验的，要坚决予以纠正。在教育方式方面，针对幼儿园不能坚持以游戏为基本活动，脱离幼儿生活情景，以课堂集中授课方式为主组织安排一日活动，或以机械背诵、记忆、抄写、计算等方式进行知识技能性强化训练的行为，要坚决予以纠正。要引导幼儿园园长、教师及家长树立科学育儿观念，坚持以幼儿为本，尊重幼儿学习兴趣和需求，以游戏为基本活动，灵活运用集体、小组和个别活动等多种形式，合理安排和组织幼儿一日生活，促进幼儿在活动中通过亲身体验、直接感知、实践操作进行自主游戏和学习探究。在教育环境方面，对于未按规定创设多种活动区域（区角），未提供充足的玩（教）具、游戏材料和图书，缺乏激发幼儿探究兴趣、强健体魄、自主游戏的教育环境的，要调整幼儿园活动区域设置，合理利用室内外环境，创设开放的、多样的区域活动空间，并配备必要的符合幼儿年龄特点的玩教具、游戏材料、图书；要充分利用本地生活和自然资源，遴选、开发、设计一批适宜幼儿的游戏活动，丰富游戏资源，满足幼儿开展游戏活动的基本需要。

第三十四条　【卫生保健工作】学校、幼儿园应当提供必要的卫生保健条件，协助卫生健康部门做好在校、在园未成年人的卫生保健工作。

条文主旨

本条是关于学校、幼儿园卫生保健工作的规定。

条文释义

学校、幼儿园卫生保健工作是学校教育工作和公共卫生工作的重要组成部分，加强学校卫生保健工作是维护广大学生身心健康、深入开展素质教育的必然要求。

学校、幼儿园卫生保健工作的主要任务是：根据促进学生体质健康的要求，监测学生健康状况；对学生进行健康教育，培养学生良好的卫生习惯；改善学校卫生环境和教学卫生条件；加强对传染病、学生常见病的预防；处置学校公共卫生突发事件等。其具体工作可以包括以下内容：

一是制定卫生管理制度。研究学生生长发育的规律、影响生长发育和健康的因素，评价发育和健康水平，掌握儿童青少年形态、生理、生化和心理的特点，对师生提出具体健康行为要求，建立健全学生健康管理制度。

二是促进学生健康。合理安排学生学习、劳动、锻炼、睡眠、文娱等时间，防止过度疲劳。组织学生开展体育锻炼等有助体质健康提升的活动，养成良好的锻炼和生活习惯。提出改善学生营养的建议，提高学生的健康水平。

三是开展常见病预防和健康监测。落实各项卫生防病措施，加强对学生的健康检查，每年定期对学生进行体检，发现学生有器质性疾病的，通知学生家长做好就诊治疗。建立学生体质健康卡片，纳入学生档案。积极做好学生常见疾病的群体预防和协助矫治工作，做好预防意外伤害以及健康危险行为的监测。将学生的健康监测信息反馈给教育行政部门、公共卫生机构，并配合有关部门进行监督管理。

四是防控学校突发公共卫生事件。贯彻执行饮用水卫生、食品安全、传染病防治等法律法规，配合做好饮用水卫生、食品安全、急慢性传染病的预防和处置工作。制订学校突发公共卫生事件应急预案，把饮用水卫生、食品安全、传染病防控作为学校的重要工作纳入工作计划。积极配合卫生部门做好学生预防接种证查验、补种工作，预防传染病的发生和流行。

五是改善学校卫生条件。加强对学生个人卫生、教学卫生、环境卫生管理，做好卫生工作。

六是开展健康教育。把健康教育纳入教学计划，按规定开齐开足开好健康教育课程。开展多种形式的健康教育活动，培养学生养成良好的卫生习惯。

七是开展学生心理卫生保健活动。通过创建良好的学校心理社会环境，开展儿童行为指导和心理咨询，切实提高学生心理素质。

八是对卫生档案资料的收集与管理。及时收集卫生基础资料，建立档案，在此基础上对资料进行统计分析，作为制订工作计划、提出改进措施和评价工作效果的依据。

九是建设中小学卫生室（保健室）。卫生室（保健室）是开展卫生教育教学和研究、为在校学生提供各类初级卫生保健服务的公益性机构，是社区卫生服务网络和整个医疗卫生服务体系的重要组成部分。学校卫生室（保健室）一般为学校内设机构。学校卫生室（保健室）工作的基本任务是：第一，卫生健康教育，包括卫生健康教育课程教学和研究，开展针对学生个体和群体的卫生健康教育，向学生传授健康知识及基本技能。第二，公共卫生保健服务，包括组织开展学生健康体检，建立学生健康档案，开展个体和群体健康评价；健康咨询与指导，包括合理膳食与营养、意外伤害预防、口腔保健、眼保健、听力保健等；传染病、常见病预防与管理，包括传染病、常见病监测，传染病疫情报告，协助社区卫生服务机构和专业公共卫生机构开展针对学生的传染病、常见病预防控制，配合卫生部门做好学生预防接种证查验补种工作；加强学校场所卫生管理，协助专业公共卫生机构开展针对学校场所（包括教学、生活、环境、食品和饮用水等方面）的卫生监测；做好意外伤害和危重病例的现场急救与疾病送诊；参与处置学校发生的各类突发公共卫生事件；学校红十字会等相关工作。

第三十五条　【校园安全管理制度】学校、幼儿园应当建立安全管理制度，对未成年人进行安全教育，完善安保设施、配备安保人员，保障未成年人在校、在园期间的人身和财产安全。

学校、幼儿园不得在危及未成年人人身安全、身心健康的校舍和其他设施、场所中进行教育教学活动。

学校、幼儿园安排未成年人参加文化娱乐、社会实践等集体活动，应当保护未成年人的身心健康，防止发生人身伤害事故。

条文主旨

本条是关于学校、幼儿园安全管理制度的规定。

条文释义

校园应当是最阳光、最安全的地方。加强学校、幼儿园安全工作是全面贯彻党的教育方针，保障学生健康成长、全面发展的前提和基础，关系广大师生的人身安全，事关亿万家庭幸福和社会和谐稳定。长期以来，有关部门高度重视学校安全工作，采取了一系列措施维护学校及周边安全，学校安全形势总体稳定。但是，受各种因素影响，部分学校的安全工作还存在相关制度不完善、不配套，预防风险、处理事故的机制不健全、意识和能力不强等问题。因此，本条从坚持学校安全是办学的底线的思路出发，要求学校切实承担起校内安全管理的主体责任，依法健全安全管理制度，保障未成年学生的人身和财产安全。

一是落实安全管理主体责任，建立安全管理制度。学校安全管理工作主要包括：构建学校安全工作保障体系，全面落实安全工作责任制和事故责任追究制，保障学校安全工作规范、有序进行；健全学校安全预警机制，制订突发事件应急预案，完善事故预防措施，及时排除安全隐患，不断提高学校安全工作管理水平；建立校园周边整治协调工作机制，维护校园及周边环境安全；加强安全宣传教育培训，提高师生安全意识和防护能力；事故发生后启动应急预案、对伤亡人员实施救治、对相关人员进行责任追究等。学校依法建立健全各项安全管理制度和安全应急机制，切实承担起校内安全管理的主体责任，对校园安全实行校长（园长）负责制，健全校内安全工作领导机构，落实学校、教师对学生的教育和管理责任，加强校内日常安全管理，做到职责明确、管理有方。具体来说，包括：健全门卫制度，建立校外人员入校的登记或者验证制度。建立校内安全定期检查制度和危房报告制度。落实消防安全制度和消防工作责任制。建立用水、用电、用气等相关设施设备的安全管理制度。学校应当严格执行《学校食品安全与营养健康管理规定》，严格遵守卫生操作规范。建立食堂物资定点采购和索证、登记制度与饭菜留验和记录制度，检查饮用水的卫生安全状况，保障师生饮食卫生安全。建立实验室安全管理制度，并将安全管理制度和操作规程置于实验室显著位置。建立危险化学品、放射物质的购买、保管、使用、登记、注销等制度。建立学生安全信息通报制度，将学校规定的学生到校和放学时间、学生非正常缺席或者擅自离校情况以及学生身体和心理的异常状况等关系学生安全的信息，及时告知其监护人。有寄宿生的学校应建立住宿学生安全管理制度，配备专人负责住宿学生的生活管理和安全保卫工作。建立安全工作档案，记录日常安全工作、安全责任落实、安全检查、安全隐患消除等情况。

二是对未成年人进行安全教育，健全学校安全教育机制。将提高学生的安全意识和自我防护能力作为素质教育的重要内容，着力提高学校安全教育的针对性与实效性。将安全教育与法治教育有机融合，全面纳入国民教育体系，把尊重生命、保障权利、尊重差异的意识和基本安全常识从小根植在学生心中。在教育中要增加反欺凌、反暴力、反恐怖行为，防范针对未成年人的犯罪行为等内容，引导学生明确法律底线、强化规则意识。根据学生群体和年龄特点，有针对性地开展安全专题教育，定期组织应对地震、火灾等情况的应急疏散演练。积极联系相关部门和单位参与学校安全教育，广泛开展“安全防范进校园”等活动。积极联系各种社会组织为学校开展安全教育提供支持，设立安全教育实践场所，着力普及家庭、社区的安全教育。

三是完善安保设施，建立专兼职结合的学校安保队伍。学校应当设置高度不低于 2 米的围墙或其他实体屏障，出入口设置门卫值班室，配备必要的防卫性器械和报警、通信设备，并建立使用保管制度。学生在校期间，对校园实行封闭化管理，并根据条件在校门口设置硬质防冲撞设施，阻止人员、车辆等非法进入校园。学校应当规划建设安全技术防范系统，并建立运行维护保障的长效机制。完善学校安全技术防范系统，在校园主要区域要安装视频图像采集装置，有条件的要安装周界报警装置和一键报警系统，做到公共区域无死角。学校应当按照相关规定，根据实际需要，配备必要的安全保卫力量。除学生人数较少的学校外，每所学校应当至少有 1 名专职安全保卫人员或者受过专门培训的安全管理人员。地方人民政府、有条件的学校可以以购买服务等方式，将校园安全保卫服务交由专门保安服务公司提供。学校要与社区、家长合作，有条件的可以建立学校安全保卫志愿者队伍，在上下学时段维护学校及校门口秩序。寄宿制学校要根据需要配备宿舍管理人员。

四是禁止使用危险校舍和设施。学校应当建立健全校舍安全保障长效机制，保证学校的校舍、场地、教学及生活设施等符合安全质量和标准。建设校舍要严格执行国家建筑抗震有关技术规范和标准，有条件建设学校体育馆的，要按照国家防灾避难相关标准建设。学校应当建立校内安全定期检查制度和危房报告制度，按照国家有关规定安排对学校建筑物、构筑物、设备、设施进行安全检查、检验。发现存在安全隐患的，应当停止使用，及时维修或者更换；维修、更换前应当采取必要的防护措施或者设置警示标志。学校无力解决或者无法排除的重大安全隐患，应当及时书面报告主管部门和其他相关部门。禁止在危及未成年人人身安全、身心健康的校舍和其他设施、场所中进行教育教学活动。

五是防范集体活动可能导致的人身伤害。学校在日常的教育教学活动中应当遵循教学规范，落实安全管理要求，合理预见、积极防范可能发生的风险。学校组织学生参加的集体劳动、教学实习或者社会实践活动，应当符合学生的心理、生理特点和身体健康状况。学校以及接受学生参加教育教学活动的单位必须采取有效措施，为学生活动提供安全保障。学校组织学生参加大型集体活动，应当采取下列安全措施：成立临时的安全管理组织机构；有针对性地对学生进行安全教育；安排必要的管理人员，明确所负担的安全职责；制定安全应急预案，配备相应设施。学校应当按照《学校体育工作条例》和教学计划组织体育教学和体育活动，并根据教学要求采取必要的保护和帮助措施。学校组织学生开展体育活动，应当避开主要街道和交通要道；开展大型体育活动以及其他大型学生活动，必须经过主要街道和交通要道的，应当事先与公安机关交通管理部门共同研究并落实安全措施。

第三十六条 【校车安全管理制度】使用校车的学校、幼儿园应当建立健全校车安全管理制度，配备安全管理人员，定期对校车进行安全检查，对校车驾驶人进行安全教育，并向未成年人讲解校车安全乘坐知识，培养未成年人校车安全事故应急处理技能。

条文主旨

本条是关于学校校车安全管理制度的规定。

条文释义

校车是指依照《校车安全管理条例》取得使用许可，用于接送接受义务教育的学生上下学的 7 座以上的载客汽车。接送小学生的校车应当是按照专用校车国家标准设计和制造的小学生专用校车。近年来，随着学校、幼儿园校车的大量增加，与校车有关的安全事故也明显增多。为防止此类事故发生，本条规定了校车安全管理制度，要求学校加大校车安全管理力度，建立健全校车安全管理制度，落实校车安全管理责任，切实保障中小学生和幼儿上下学交通安全。

一是校车安全管理责任书制度。学校可以配备校车，也可以由依法设立的道路旅客运输经营企业、城市公共交通企业以及根据县级以上地方人民政府规定设立的校车运营单位提供校车服务。由校车服务提供者提供校车服务的，学校应当与校车服务提供者签订校车安全管理责任书，明确各自的安全管理责任，落实校车运行安全管理措施。学校应当将校车安全管理责任书报县级或者设区的市级人民政府教育行政部门备案。

二是校车使用许可制度。使用校车应当依照规定取得许可。取得校车使用许可应当符合下列条件：（一）车辆符合校车安全国家标准，取得机动车检验合格证明，并已经在公安机关交通管理部门办理注册登记；（二）有取得校车驾驶资格的驾驶人；（三）有包括行驶线路、开行时间和停靠站点的合理可行的校车运行方案；（四）有健全的安全管理制度；（五）已经投保机动车承运人责任保险。

三是校车设施配备和修护制度。校车标牌应当载明本车的号牌号码、车辆的所有人、驾驶人、行驶线路、开行时间、停靠站点以及校车标牌发牌单位、有效期等事项。取得校车标牌的车辆应当配备统一的校车标志灯和停车指示标志。校车未运载学生上道路行驶的，不得使用校车标牌、校车标志灯和停车指示标志。禁止使用未取得校车标牌的车辆提供校车服务。取得校车标牌的车辆达到报废标准或者不再作为校车使用的，学校或者校车服务提供者应当将校车标牌交回公安机关交通管理部门。校车应当每半年进行一次机动车安全技术检验。校车应当配备逃生锤、干粉灭火器、急救箱等安全设备。安全设备应当放置在便于取用的位置，并确保性能良好、可有效使用。校车应当按照规定配备具有行驶记录功能的卫星定位装置。配备校车的学校和校车服务提供者应当按照国家规定做好校车的安全维护，建立安全维护档案，保证校车处于良好技术状态。不符合安全技术条件的校车，应当停运维修，消除安全隐患。校车应当由依法取得相应资质的维修企业维修。承接校车维修业务的企业应当按照规定的维修技术规范维修校车，并按照国务院交通运输主管部门的规定对所维修的校车实行质量保证期制度，在质量保证期内对校车的维修质量负责。

四是校车驾驶人管理制度。校车驾驶人应当依照规定取得校车驾驶资格。取得校车驾驶资格应当符合下列条件：（一）取得相应准驾车型驾驶证并具有 3 年以上驾驶经历，年龄在二十五周岁以上、不超过六十周岁；（二）最近连续 3 个记分周期内没有被记满分记录；（三）无致人死亡或者重伤的交通事故责任记录；（四）无饮酒后驾驶或者醉酒驾驶机动车记录，最近 1 年内无驾驶客运车辆超员、超速等严重交通违法行为记录；（五）无犯罪记录；（六）身心健康，无传染性疾病，无癫痫、精神病等可能危及行车安全的疾病病史，无酗酒、吸毒行为记录。禁止聘用未取得校车驾驶资格的机动车驾驶人驾驶校车。学校应当定期提醒校车驾驶人遵守道路交通安全法律法规，严格按照机动车道路通行规则和驾驶操作规范安全驾驶、文明驾驶。

五是校车通行安全制度。校车行驶线路应当尽量避开急弯、陡坡、临崖、临水的危险路段；确实无法避开的，道路或者交通设施的管理、养护单位应当按照标准对上述危险路段设置安全防护设施、限速标志、警告标牌。校车运载学生，应当按照国务院公安部门规定的位置放置校车标牌，开启校车标志灯。校车运载学生，应当按照经审核确定的线路行驶，遇有交通管制、道路施工以及自然灾害、恶劣气象条件或者重大交通事故等影响道路通行情形的除外。校车上下学生，应当在校车停靠站点停靠；未设校车停靠站点的路段可以在公共交通站台停靠。校车载人不得超过核定的人数，不得以任何理由超员。载有学生的校车在高速公路上行驶的最高时速不得超过 80 公里，在其他道路上行驶的最高时速不得超过 60 公里。学校和校车服务提供者不得要求校车驾驶人超员、超速驾驶校车。

六是校车乘车安全制度。配备校车的学校、校车服务提供者应当指派照管人员随校车全程照管乘车学生。校车服务提供者为学校提供校车服务的，双方可以约定由学校指派随车照管人员。学校和校车服务提供者应当定期对随车照管人员进行安全教育，组织随车照管人员学习道路交通安全法律法规、应急处置和应急救援知识。随车照管人员应当履行下列职责：（一）学生上下车时，在车下引导、指挥，维护上下车秩序；（二）发现驾驶人无校车驾驶资格，饮酒、醉酒后驾驶，或者身体严重不适以及校车超员等明显妨碍行车安全情形的，制止校车开行；（三）清点乘车学生人数，帮助、指导学生安全落座、系好安全带，确认车门关闭后示意驾驶人启动校车；（四）制止学生在校车行驶过程中作出离开座位等危险行为；（五）核实学生下车人数，确认乘车学生已经全部离车后本人方可离车。校车运载学生过程中，禁止除驾驶人、随车照管人员外的人员乘坐。

七是校车安全教育制度。学校应当对教师、学生及其监护人进行交通安全教育，向学生讲解校车安全乘坐知识和校车安全事故应急处理技能，并定期组织校车安全事故应急处理演练。

第三十七条　【突发事件和意外伤害应对处置制度】学校、幼儿园应当根据需要，制定应对自然灾害、事故灾难、公共卫生事件等突发事件和意外伤害

的预案，配备相应设施并定期进行必要的演练。

未成年人在校内、园内或者本校、本园组织的校外、园外活动中发生人身伤害事故的，学校、幼儿园应当立即救护，妥善处理，及时通知未成年人的父母或者其他监护人，并向有关部门报告。

条文主旨

本条是关于学校、幼儿园突发事件和意外伤害应对处置制度的规定。

条文释义

一直以来，涉及教育的突发事件和意外伤害时有发生，如地震、洪涝等自然灾害，校车安全事故、校园踩踏等学校安全事件，师生食物中毒等公共卫生事件，等等。为提高学校预防、控制突发事件和人身伤害事故的能力和水平，有效预防、正确应对、及时控制突发事件和意外伤害，规范应急处置工作，最大限度地减少损失，保障广大师生的身体健康和生命安全，维护学校正常的教学秩序和校园稳定，本条对学校、幼儿园突发事件和意外伤害应对处置提出了明确的要求。

一是要制定突发事件和意外伤害预案，配备相应设施并定期进行必要的演练。突发事件，是指突然发生，造成或者可能造成严重社会危害，需要采取应急处置措施予以应对的自然灾害、事故灾难、公共卫生事件和社会安全事件。按照社会危害程度、影响范围等因素，自然灾害、事故灾难、公共卫生事件分为特别重大、重大、较大和一般四级。学校突发事件影响大，处理的头绪比较多。在应急管理中优先考虑制定突发事件的预案，这样在事件发生的时候才不至于手忙脚乱，而是按照预案处理。应急预案应当根据本法和其他有关法律、法规的规定，针对突发事件的性质、特点和可能造成的社会危害，具体规定突发事件应急管理工作的组织指挥体系与职责和突发事件的预防与预警机制、处置程序、应急保障措施以及事后恢复与重建措施等内容。

就应急预案的制定来说，主要有四个阶段，即预防、预备、反应以及恢复。在每一个阶段都必须有相应的学校突发事件应对的措施，这样才能最终有效地应对学校突发事件。学校应当针对这四个阶段设计不同的处理方案。因此，预案建设优先要求做到：第一，在制定预案的时候对于学校突发事件应当考虑全面，即考虑到可能会在学校发生的所有突发事件、突发事件的所有阶段、突发事件的所有可能影响以及与突发事件相关的所有利害关系人。第二，预案应当详细、具体，可操作性强，如应急管理的组织体系、物资保障、应急小组、风险评估、预案修改等，甚至需要明确到每一步骤的具体操作人及操作规范才行。同时，应急预案要符合信息化、精细化与人性化的要求，即预案是否考虑了信息手段与信息传递的途径、预案是否考虑了每一个细节、预案是否考虑了人的本性。第三，高效的应急预案应当建立在风险评估与分组基础之上，因此学校应急预案的制定应当科学地对学校突发事件进行评估与分级。第四，从预案的实施效果来看，所有的预案都必须定期演练以及定期修改更新，以应对新情况。学校应当将应急知识教育纳入教学内容，对学生进行应急知识教育，培养学生的安全意识和自救与互救能力。围绕学校安全定期组织开展专项应急疏散演练。针对学校集会、课间操、放学及大型活动等严格规范管理，做好应急工作准备，确保一旦发生突发事件，能够快速反应、高效应对、迅速管控，最大限度降低学校安全事故危害。

二是及时妥善处置学生人身伤害事故。对于在学校、幼儿园实施的教育教学活动或者学校、幼儿园组织的校外、园外活动中，以及在学校、幼儿园负有管理责任的校舍、场地、其他教育教学设施、生活设施内发生的，造成学生人身损害后果的事故的，学校、幼儿园都应当遵循依法、客观公正、合理适当的原则，及时、妥善地处理。发生学生伤害事故，学校应当立即救护受伤害学生，并应当及时告知该生的监护人；有条件的，应当采取紧急救援等方式救护。同时，学校应当及时向主管教育行政部门及有关部门报告；属于重大伤亡事故的，教育行政部门还应当按照有关规定及时向同级人民政府和上一级教育行政部门报告。发生学生伤害事故，造成学生人身损害的，学校应当按照《中华人民共和国民法典》及相关法律、法规的规定，承担相应的事故责任。学校与受伤害学生或者学生家长可以通过协商方式解决；双方自愿的，可以书面请求主管教育行政部门进行调解。未成年学生的监护人也可以依法直接提起诉讼。事故处理结束，学校应当将事故处理结果书面报告主管的教育行政部门；重大伤亡事故的处理结果，主管学校的教育行政部门应当向同级人民政府和上一级教育行政部门报告。

第三十八条　【禁止商业类活动】学校、幼儿园不得安排未成年人参加商业性活动，不得向未成年人及其父母或者其他监护人推销或者要求其购买指定的商品和服务。

学校、幼儿园不得与校外培训机构合作为未成年人提供有偿课程辅导。

条文主旨

本条是关于禁止学校、幼儿园开展商业类活动的规定。

条文释义

一段时期以来，个别地方由学校、幼儿园组织未成年人参加商业性庆典、演出活动的现象时有发生，有的地方甚至在一天内组织小学生参加三四场演出，严重妨碍了学生的学习活动，干扰了学校正常的教育教学秩序，损害了学生的身心健康，引起了家长和社会各方面的强烈不满，产生了不良影响。因此，本条第一款规定学校、幼儿园不得安排未成年人参加商业性活动。根据此规定的精神，对未经教育行政部门批准、与教育教学无关的社会活动，教育行政部门和学校、家长、学生有权拒绝参加。参加其他社会活动亦不应影响教学秩序和学校正常工作。对擅自组织中小学师生参加与教育教学无关的社会活动，特别是商业性庆典、演出活动，教育行政部门和学校要严肃处理，同时要追究有关领导的责任。学校组织的校内集体庆祝活动，应报教育主管部门批准，并按要求报当地政府备案。学生参加校内健康有益的庆祝活动必须坚持立德树人导向、有教育意义，并提前制订安全应急预案，控制参与人数和时间。活动期间要体现以人为本的理念，注重学生身体防护和人身安全，遇有天气变化或其他不可抗拒原因，应予停止或安全疏散。

《中华人民共和国义务教育法》第二十五条规定，学校不得违反国家规定收取费用，不得以向学生推销或者变相推销商品、服务等方式谋取利益。实践中，有的学校及教师向学生及学生家长推销或者是变相推销手机、学习机、“点读笔”等商品，让社会人员进入学校宣传、推荐和推销商品，但没有从中获取利益。这种行为依然是不可取的。因此，为进一步强化落实这一规定，不管是否谋取利益，都不得向未成年人及其父母或者其他监护人推销或者要求其购买指定的商品和服务。比如，严禁在职教师私自向学生推销、兜售、摊派，或引导、暗示学生到指定地点购买教辅资料和报纸杂志、商业保险，不准向学生推销商品或强迫学生购买学习用具，等等。

为进一步加强中小学师德师风建设，规范中小学校办学行为，大力推进素质教育，切实减轻学生学业负担，既需要禁止公立中小学校及其在职教师收取经济报酬对学生开展的补课、家教、辅导等，也需要禁止学校、幼儿园与校外培训机构合作为未成年人提供有偿课程辅导。后者具体来说包括：严禁中小学校与校外培训机构联合进行有偿补课；严禁中小学校为校外培训机构有偿补课提供教育教学设施或学生信息；严禁在职中小学教师组织、推荐和诱导学生参加校外有偿补课；严禁在职中小学教师参加校外培训机构组织的有偿补课；严禁在职中小学教师为校外培训机构介绍生源、提供相关信息。有偿补课客观上具有以下负面影响：有偿补课主要涉及应试科目、部分教师，造成教师之间收入上的不平等甚至分化，严重影响教师工作的积极性，也使学校教育偏科现象进一步严重，阻碍了素质教育的实施；有偿补课需要学生家庭具有一定支付能力，加剧学生之间由于经济原因而形成的不平等，有的甚至成为学生家庭严重的负担；有偿补课以收费为主要目的，会导致教师权威受损，教师职业的社会声望下降，教育难以有效发挥作用。

第三十九条　【学生欺凌防控制度】 学校应当建立学生欺凌防控工作制度，对教职员工、学生等开展防治学生欺凌的教育和培训。

学校对学生欺凌行为应当立即制止，通知实施欺凌和被欺凌未成年学生的父母或者其他监护人参与欺凌行为的认定和处理；对相关未成年学生及时给予心理辅导、教育和引导；对相关未成年学生的父母或者其他监护人给予必要的家庭教育指导。

对实施欺凌的未成年学生，学校应当根据欺凌行为的性质和程度，依法加强管教。对严重的欺凌行为，学校不得隐瞒，应当及时向公安机关、教育行政部门报告，并配合相关部门依法处理。

条文主旨

本条是关于学生欺凌防控工作制度的规定。

条文释义

近年来，在各方共同努力下，发生在中小学生之间的欺凌事件得到了一定的遏制，积累了大量的经验。同时，由于在落实主体责任、健全制度措施、形成工作合力等方面还存在薄弱环节，学生欺凌问题仍时有发生，损害了学生身心健康，造成了不良社会影响。为全面贯彻国家教育方针，落实立德树人根本任务，切实防治学生欺凌事件的发生，本条在总结提炼实践做法和加强薄弱环节的基础上，对防控学生欺凌作出了专门规定。

一是学校应当建立学生欺凌防控工作制度。学校根据实际情况成立由校长负责，教师、少先队大中队辅导员、教职工、社区工作者和家长代表、校外专家等人员组成的学生欺凌治理委员会（高中阶段学校还应吸纳学生代表）。学校将欺凌防控纳入学校安全工作统筹考虑，制定防治学生欺凌工作各项规章制度的工作要求，主要包括：相关教职工防治学生欺凌的职责、学生欺凌事件应急处置预案、学生欺凌的早期预警和事中处理及事后干预的具体流程、校规校纪中对实施欺凌学生的处罚规定等。加强师生联系，密切家校沟通，及时掌握学生思想情绪和同学关系状况，特别要关注学生有无学习成绩下滑、精神恍惚、情绪反常、无故旷课等异常表现及产生的原因，对可能存在的欺凌和暴力行为做到早发现、早预防、早控制。加快推进将校园视频监控系统、紧急报警装置等接入公安机关、教育部门监控和报警平台，逐步建立校园安全网上巡查机制。严格落实值班、巡查制度，禁止学生携带管制刀具等危险物品进入学校，针对重点学生、重点区域、重点时段开展防治工作。

二是对教职员工、学生等开展防治学生欺凌的教育和培训。研制学校防治学生欺凌的指导手册，全面加强教职工特别是班主任专题培训，提高教职工有效防治学生欺凌的责任意识和能力水平。中小学校要通过每学期开学时集中开展教育、学期中在道德与法治等课程中专门设置教学模块等方式，定期对中小学生进行学生欺凌防治专题教育。通过专题讲座、班团队会、主题活动、编发手册、参观实践等多种形式，提高学生对欺凌行为严重危害性的认识，增强自我保护意识和能力。通过家访、家长会、家长学校等途径，帮助家长了解防治学生欺凌知识，增强监护责任意识，提高防治能力。

三是学校调查和认定学生欺凌行为的程序。学生欺凌事件的处置以学校为主。教职工发现、学生或者家长向学校举报的，应当按照学校的学生欺凌事件应急处置预案和处理流程对事件及时进行调查处理，由学校学生欺凌治理委员会对事件是否属于学生欺凌行为进行认定。原则上学校应在启动调查处理程序后规定的期限内完成调查，根据有关规定处置。在调查和认定过程中，学校应当通知实施欺凌和被欺凌未成年学生的父母或者其他监护人参与。

四是对相关学生的处置措施。学校对学生欺凌行为应当立即制止。对实施欺凌的学生，要充分了解其行为动机和深层原因，有针对性地进行教育引导和帮扶，给予其改过机会，避免歧视性对待。对遭受欺凌的学生及其家人提供帮助，及时开展相应的心理辅导和家庭支持，帮助他们尽快走出心理阴影，树立自信，恢复正常学习生活。对确实难以回归本校本班学习的当事学生，教育部门和学校要妥善做好班级调整和转学工作。落实监护人的监护职责，对于有放任不管、缺教少护、教而不当等问题的，给予必要的家庭教育指导，帮助监护人掌握科学的家庭教育理念和能力。

五是对实施欺凌的未成年学生依法加强管教。对经调查认定实施欺凌的学生，学校学生欺凌治理委员会要根据实际情况，制定一定学时的专门教育方案并监督实施欺凌学生按要求接受教育。同时，根据欺凌行为的性质和程度，依法加强对实施欺凌未成年学生的管教：情节轻微的一般欺凌事件，可以视为不良行为，由学校对实施欺凌学生开展批评、教育工作，视具体情节和危害程度给予纪律处分，依法采取管教措施；情节比较恶劣的欺凌事件，构成治安违法的，属于严重不良行为，学校开展批评、教育工作，视具体情节和危害程度给予纪律处分，公安机关可以适用矫治教育措施、专门教育措施；情节恶劣的严重欺凌事件，构成犯罪的，根据刑法、刑事诉讼法、预防未成年人犯罪法等法律的规定处置。涉及违反治安管理或者涉嫌犯罪的学生欺凌事件，处置以公安机关、人民法院、人民检察院为主。教育行政部门和学校要及时联络公安机关依法处置，不得隐瞒，配合相关部门依法处理。

第四十条　【性侵害、性骚扰防控制度】 学校、幼儿园应当建立预防性侵害、性骚扰未成年人工作制度。对性侵害、性骚扰未成年人等违法犯罪行为，学校、幼儿园不得隐瞒，应当及时向公安机关、教育行政部门报告，并配合相关部门依法处理。

学校、幼儿园应当对未成年人开展适合其年龄的性教育，提高未成年人防范性侵害、性骚扰的自我保护意识和能力。对遭受性侵害、性骚扰的未成年人，学校、幼儿园应当及时采取相关的保护措施。

条文主旨

本条是关于学校、幼儿园防控性侵害、性骚扰未成年人工作制度的规定。

条文释义

近几年来，未成年人遭受性侵案件呈现多发态势。从被曝光案例来看，教职工是此类案件的重要作案主体之一。可见，学校应成为预防未成年人遭受性侵害的重要场所。国务院办公厅2017年发布的《关于加强中小学幼儿园安全风险防控体系建设的意见》提出，教育部门要健全学校对未成年学生权利的保护制度，对体罚、性骚扰、性侵害等侵害学生人身健康的违法犯罪行为，要建立零容忍制度，及早发现、及时处理、从严问责。几年来，各地积累了一些经验，取得了不错的成效。本条特将其上升为立法，明确了以下规定。

一是学校、幼儿园应当建立预防性侵害、性骚扰未成年人工作制度：学校内部应当建立健全预防和处理校园性侵害、性骚扰的相关机制；加强对教职工的教育管理，对学校招录的工作人员要严格审查是否有性侵害违法犯罪前科；对教职工进行日常法治教育、师德教育等，对教职工进行警示；禁止教师与未成年学生发生包括性骚扰在内的任何与性有关的行为；凡是性骚扰、性侵害未成年人的教师，一律调离教育系统，不得从事教育教学工作；健全门卫管理制度，对学校寝室、教室、保安室等重点区域严格管理，尤其要对女生集体宿舍实行封闭管理，管理人员应为女性，其他人员不能随便出入；等等。

二是学校、幼儿园应当对未成年人开展适合其年龄的性教育，提高未成年人防范性侵害、性骚扰的自我保护意识和能力。未成年学生对来自教师的性侵害、性骚扰之所以较少进行反抗，除了其敬畏教师、自身力量弱小等原因之外，其关于性方面的知识较为贫乏，关于预防性侵害、性骚扰的知识和技能较为欠缺也是重要原因。对此，应当加强对学生的性知识教育以及预防性侵犯、性骚扰教育。对学生进行适当的性知识教育和预防性侵害教育，早已列入国家的教育计划和大纲。教育部于2007 年发布的《中小学公共安全教育指导纲要》中要求，小学四至六年级要了解应对性侵害的一般方法，提高自我保护能力，初步了解青春期发育基础知识，形成明确的性别意识和自我保护意识；初中年级要学会应对性侵害等突发事件的基本技能，了解青春期常见问题的预防与处理，形成维护生殖健康的责任感，了解艾滋病的基本常识和预防措施，形成自我保护意识；高中年级要掌握预防艾滋病的基本知识和措施，正确对待艾滋病病毒感染者和患者，学习健康的交往方式，学会用恰当的方法保护自己，预防性侵害，当遭到性骚扰时，要用法律保护自己。教育部于2008年12月发布的《中小学健康教育指导纲要》中规定，小学一二年级学生要知道“我从哪里来”的有关知识；三四年级学生要了解身体主要器官的功能，学会保护自己；五六年级学生要知道青春期生长发育特点、男女少年在青春发育期的差异、女生月经初潮及意义、男生首次遗精及意义、青春期的个人卫生知识等；初中阶段要学会识别容易发生性侵害的危险因素，保护自己不受性侵害；高中阶段要了解婚前性行为严重影响未成年人身心健康，了解艾滋病的预防知识和方法等。上述两个纲要明确提出了各个年龄阶段性教育的目标及内容，为中小学校进行性知识教育和预防性侵害、性骚扰教育提供了指导依据。

三是对性侵害、性骚扰未成年人等违法犯罪行为，学校、幼儿园负有及时报告和采取保护措施的义务。个别学校发生了教师性侵害、性骚扰学生事件之后，出于影响学校名誉、学校参评先进等各种考虑，往往不情愿、不积极上报案情，而是瞒报、缓报，或者消极等待、听之任之，认为是否报案应由受害学生的家长自行决定。有的学校甚至力促受害学生的家长与施暴教师进行“私了”，意图将案件“内部消化”。学校的瞒报、缓报之举不仅是对施暴者的袒护和纵容，更是对受害者的冷漠和伤害，是严重不负责任的违法行为。不仅如此，这样的做法还有可能让施暴者在违法犯罪的沼泽中越陷越深，从而让受害学生遭到更大的伤害或导致其他学生受到新的伤害。在对待、处理校园性侵害、性骚扰未成年人等违法犯罪行为上，学校应当建立零容忍制度，及时向公安机关、教育行政部门报告，协同配合公安、司法机关严格依法处理。在上报案件和配合处理的同时，学校还应当做好对受害学生的保护工作。鉴于性侵害、性骚扰案件的敏感性，学校知情人员应当特别注意保护受害学生的隐私，不得向无关人员泄露受害者的姓名及相关案情信息，防止其受到多重伤害。此外，由于性侵害、性骚扰案件对受害学生的影响不可能在短期内消除，学校还应当通过适当的方式，在维护孩子的隐私与尊严、顾及孩子感受的基础上，在心理上、学业上给予其更多的关怀和支持，鼓励、帮助其尽快走出阴影，恢复正常生活。

第四十一条　【婴幼儿照护服务机构等保护职责】 **婴幼儿照护服务机构、早期教育服务机构、校外培训机构、校外托管机构等应当参照本章有关规定，根据不同年龄阶段未成年人的成长特点和规律，做好未成年人保护工作。**

条文主旨

本条是关于婴幼儿照护服务机构等参照本章保护未成年人职责的规定。

条文释义

近些年来，婴幼儿照护服务机构、早期教育服务机构、校外培训机构、校外托管机构等非学校机构在未成年人保护方面出现了一些突出问题，面临着无法可依的局面。从保护未成年人的角度来看，这些机构与学校一样，负有保障未成年人合法权益的职责。因此，本条特此作出准用性规定。

第四章　社会保护

※ 本章导读 ※

未成年人的成长是一个不断社会化的过程。随着年龄的增长，未成年人与社会的接触越来越多，参与和开展的社会活动越来越深入。为保障未成年人的合法权益，社会各主体都应当为其创造有益的社会条件和环境，使他们在社会中实现更好的成长和发展，有机会参与社会事务。本章从增加积极因素和消除风险因素两个角度规定了社会各主体的职责。一方面，增加有利于未成年人健康成长的社会因素。比如，居民委员会、村民委员会设置专人专岗负责未成年人保护工作，特定的公共场馆对未成年人免费或者优惠开放，公共交通等对未成年人实施免费或者优惠票价，鼓励大型公共场所等设置母婴室、婴儿护理台以及方便幼儿使用的坐便器、洗手台等卫生设施，鼓励创作、出版、制作和传播有利于未成年人健康成长的影视信息。另一方面，最大限度地消除或避免不利于未成年人健康成长的风险因素。比如，禁止制作、复制、出版、发布、传播含有淫秽、色情等危害未成年人身心健康内容的图书、报刊、影视节目等，设立可能影响未成年人身心健康内容的提示制度，学校、幼儿园周边禁止设置不适宜未成年人活动的场所和烟、酒、彩票销售网点，密切接触未成年人的单位禁止招聘具有性侵害、虐待、拐卖、暴力伤害等违法犯罪记录的人员。

第四十二条　【社会保护的理念】全社会应当树立关心、爱护未成年人的良好风尚。

国家鼓励、支持和引导人民团体、企业事业单位、社会组织以及其他组织和个人，开展有利于未成年人健康成长的社会活动和服务。

条文主旨

本条是关于未成年人社会保护理念的规定。

条文释义

未成年人能否健康成长，关系到国家前途和民族命运，关系到亿万家庭的幸福安康。这就要求把最有利于未成年人原则贯彻到千家万户，让知法、守法、自觉保护未成年人成为每一个公民的行为准则，形成未成年人人身权利“不可侵犯、不敢侵犯”的社会氛围，营造全社会关心、爱护未成年人的社会环境。未成年人正处在身心成长的关键时期，社会各界都要努力为他们进行正面的教育和引导，开展有利于未成年人健康成长的社会活动和服务。

第四十三条 【居委村委的职责】居民委员会、村民委员会应当设置专人专岗负责未成年人保护工作，协助政府有关部门宣传未成年人保护方面的法律法规，指导、帮助和监督未成年人的父母或者其他监护人依法履行监护职责，建立留守未成年人、困境未成年人的信息档案并给予关爱帮扶。

居民委员会、村民委员会应当协助政府有关部门监督未成年人委托照护情况，发现被委托人缺乏照护能力、怠于履行照护职责等情况，应当及时向政府有关部门报告，并告知未成年人的父母或者其他监护人，帮助、督促被委托人履行照护职责。

条文主旨

本条是关于居民委员会、村民委员会未成年人保护职责的规定。

条文释义

居民委员会、村民委员会是居民、村民自我管理、自我教育、自我服务的基层群众性自治组织。根据本条的规定，居民委员会、村民委员会在未成年人保护方面的职责包括以下几个方面。

一是设置专人专岗负责未成年人保护工作。村（居）民委员会要明确由村（居）民委员会委员、大学生村干部或者专业社会工作者等人员负责未成年人关爱保护服务工作，优先安排村（居）民委员会女性委员担任，工作中一般称为“儿童主任”。截至2019年年底，我国在村一级配备了62万名“儿童主任”，并全部实现实名制管理。[①] 根据《关于进一步健全农村留守儿童和困境儿童关爱服务体系的意见》，儿童主任在乡镇人民政府（街道办事处）、村（居）民委员会指导下，组织开展以下工作：（1）负责做好农村留守儿童关爱保护和困境儿童保障日常工作，定期向村（居）民委员会和儿童督导员报告工作情况。（2）负责组织开展信息排查，并定期予以更新。（3）负责指导监护人和受委托监护人签订委托监护确认书，加强对监护人（受委托监护人）的法治宣传、监护督导和指导，督促其依法履行抚养义务和监护职责。（4）负责定期随访监护情况较差、失学辍学、无户籍以及患病、残疾等重点儿童。

---

① 《民政部：全国已实名配备62万名“儿童主任”》，载新华网，http：//www.xinhuanet.com/politics/2019－05/27/c_1124547822.htm，最后访问时间：2020年12月5日。

（5）负责及时向公安机关及其派出机构报告儿童处于风险状态或者受到不法侵害等情况，并协助为儿童本人及其家庭提供有关支持。（6）负责管理村（居）民委员会儿童关爱服务场所，支持配合相关部门和社会力量开展关爱服务活动。

二是协助政府有关部门宣传未成年人保护方面的法律法规，提高村（居）民未成年人保护的法律意识，依法履行监护人的职责，敢于善于用法律维护未成年人的合法权益。

三是指导、帮助和监督未成年人的父母或者其他监护人依法履行监护职责。负责定期随访监护情况较差、失学辍学、无户籍以及患病、残疾等重点未成年人，协助提供监护指导、精神关怀、返校复学、落实户籍等关爱服务，对符合社会救助、社会福利政策的未成年人及家庭，告知具体内容及申请程序，并协助申请救助。及时向公安机关及其派出机构报告未成年人脱离监护单独居住生活或失踪、监护人丧失监护能力或不履行监护责任、疑似遭受家庭暴力或不法侵害等情况，并协助为未成年人本人及其家庭提供有关支持。

四是负责留守未成年人关爱保护和困境未成年人保障日常工作。负责组织开展信息排查，及时掌握留守未成年人、困境未成年人等服务对象的生活保障、家庭监护、就学情况等基本信息，一人一档案，及时将信息报送乡镇人民政府（街道办事处）并定期予以更新。

五是对委托照护进行监督。不同于法定监护天然的国家强制力，委托照护一旦缺乏必要的监督机制，未成年人之合法权益极易受到侵害，因此需要规定对委托照护的监督机制。基层群众性自治组织本身作为社会自治的代表组织，往往更了解实际情况，也更容易发现委托照护中存在的问题，如被委托人缺乏照护能力、怠于履行照护职责等。可以说，居民委员会、村民委员会在协助政府有关部门监督未成年人委托照护情况方面具有不可替代的优势，其发现问题后应当及时向政府有关部门报告，并告知未成年人的父母或者其他监护人，加强对监护人和被委托人的法治宣传、监护督导和指导，帮助、督促被委托人履行照护职责。

第四十四条　【公共场馆免费或者优惠】爱国主义教育基地、图书馆、青少年宫、儿童活动中心、儿童之家应当对未成年人免费开放；博物馆、纪念馆、科技馆、展览馆、美术馆、文化馆、社区公益性互联网上网服务场所以及影剧院、体育场馆、动物园、植物园、公园等场所，应当按照有关规定对未成年人免费或者优惠开放。

国家鼓励爱国主义教育基地、博物馆、科技馆、美术馆等公共场馆开设未成年人专场，为未成年人提供有针对性的服务。

国家鼓励国家机关、企业事业单位、部队等开发自身教育资源，设立未成年人开放日，为未成年人主题教育、社会实践、职业体验等提供支持。

国家鼓励科研机构和科技类社会组织对未成年人开展科学普及活动。

条文主旨

本条是关于公共场馆对未成年人免费或者优惠开放的规定。

条文释义

联合国《儿童权利公约》第三十一条规定，缔约国确认儿童有权享有休息和闲暇，从事与儿童年龄相宜的游戏和娱乐活动，以及自由参加文化生活和艺术活动。缔约国应尊重并促进儿童充分参加文化和艺术生活的权利，并应鼓励提供从事文化、艺术、娱乐和休闲活动的适当和均等的机会。为充分保障未成年人文化生活权利，不断优化未成年人社会文化环境，积极拓展未成年人活动场所和设施，提供更多适合未成年人文化生活需要的活动，本条规定了多类场所或者机构如何给予未成年人特殊照顾。

一是免费开放的场所包括爱国主义教育基地、图书馆、青少年宫、儿童活动中心、儿童之家。爱国主义教育基地是提高全民族整体素质的基础性工程，是引导人们特别是广大未成年人树立正确理想、信念、人生观、价值观，促进中华民族复兴的一项重要工作。从培养和增强未成年人爱国情感做起，弘扬和培育以爱国主义为核心的伟大民族精神，爱国主义教育基地是一个非常重要的抓手。图书馆是保障促进未成年人基本文化权益，提高其科学文化素质和社会文明程度的重要场所。图书馆应当按照平等、开放、共享的要求向社会公众提供服务，其中当然包括未成年人。政府设立的公共图书馆应当设置少年儿童阅览区域，根据少年儿童的特点配备相应的专业人员，开展面向少年儿童的阅读指导和社会教育活动，并为学校开展有关课外活动提供支持。青少年宫、儿童活动中心、儿童之家等是未成年人专门活动的场所，应当坚持把社会效益放在首位，坚持面向未成年人、服务未成年人的宗旨，积极开展教育、科技、文化、艺术、体育等活动，充分发挥对未成年人的教育引导功能。

二是按照有关规定对未成年人免费或者优惠开放的场所包括博物馆、纪念馆、科技馆、展览馆、美术馆、文化馆、社区公益性互联网上网服务场所以及影剧院、体育场馆、动物园、植物园、公园。博物馆、纪念馆、科技馆、展览馆、美术馆、文化馆等场所往往是一个国家文明的载体，社区公益性互联网上网服务场所以及影剧院、体育场馆、动物园、植物园、公园等通常是未成年人节假日或者业余时间开展休闲娱乐活动的场所。这些公共场所及其开展的活动可以使未成年人的文化生活更加丰富多彩，充满乐趣，又能开阔眼界，增长见识，因此文化主管部门或者其他主管部门应当出台明确的政策，保障这些公共场所能够结合实际情况作出向未成年人免费或者优惠开放的规定。

三是鼓励开展有利于未成年人的一系列社会活动。爱国主义教育基地、博物馆、科技馆、美术馆等公共场馆以及国家机关、企业事业单位、部队、科研机构和科技类社会组织等通常是面向所有公民的，有时候主要面向成年公民，容易造成对未成年人群体的忽视。应当增加这些场所或者机构吸引未成年人的元素，充分考虑未成年人的身心发展特点，鼓励他们为未成年人提供一系列具有针对性的活动或者支持，包括开设未成年人专场，设立未成年人开放日，组织对未成年人开展科学普及活动，为未成年人提供有针对性的服务，为未成年人主题教育、社会实践、职业体验等提供支持，等等。

第四十五条　【公共交通免费或者优惠】城市公共交通以及公路、铁路、水路、航空客运等应当按照有关规定对未成年人实施免费或者优惠票价。

条文主旨

本条是关于公共交通对未成年人给予特殊照顾的规定。

条文释义

公共交通系统是以年龄标准还是以身高标准确定未成年人的票价，体现了公共政策的不同取向。现行的城市公交、长途客运以及其他公共交通等运价政策以身高作为未成年人免票、半票的划分依据，社会公众认为有失公允，以年龄为划分依据的呼声越发强烈，成为近几年全国“两会”提案反映的热点问题。为此，本条规定交通系统应当对未成年人实施免费或者优惠票价，标准和依据的核心是“未成年人”这一特定群体。

在公共交通运输系统确定未成年人票价标准的问题上，即究竟是以身高还是以年龄作为未成年人福利票价的标准问题上，公共舆论已经基本统一了看法，那就是应该废止身高标准，而采行年龄标准。应当承认，以往以身高为标准确定未成年人福利票价，确实有其操作上的理由，其中难处在昔日的操作条件下也并非不可以理解。但是，在当今技术条件下，公共交通运输系统仍以年龄作为执行未成年人福利票价的标准，已然障碍全无。显然，在这种条件下，再固守身高标准，已经毫无道理可言。公共交通运输系统是政府提供的重要的公共产品和服务之一。其对未成年人的价格优待，体现的正是公共服务的特点和性质，出发点当然不是以物拟人，然后再按运输货物的标准将人按大小、宽窄大致分类来确定运输价格。对未成年人实行半价或免票的待遇，与其他教育、卫生、食品等相关规定一样，是国家给予未成年人的特殊福利，是以公共政策——包括对公共交通系统进行财政补贴或税收优惠等措施——来承担和分担未成年人的成长成本的重要方式。既然是对人而非对物，公共交通系统在确定未成年人票价时，就必须体现公共政策的统一取向，做到平等待人，公平服务。对人的平等且公平服务的标准，当然就是以年龄为确定票价的标准。

根据我国民法典的规定，不满八周岁的未成年人为无民事行为能力人，应当给予最大的保护。因此，在制定有关规定时，应当遵循民法典的精神，可以考虑对八周岁以下未成年人免票、满八周岁不满十八周岁的未成年人实行半价票。

第四十六条 【公共场所便利设施促进】国家鼓励大型公共场所、公共交通工具、旅游景区景点等设置母婴室、婴儿护理台以及方便幼儿使用的坐便器、洗手台等卫生设施，为未成年人提供便利。

条文主旨

本条是关于鼓励公共场所或者设施设置方便母婴和未成年人相关设施的规定。

条文释义

近年来，多位怀抱婴儿的母亲在城市商场、广场、地铁、公交等公共场所哺乳时被媒体曝光，从而引发争议。目前我国公共场所普遍存在母婴室稀缺和设施不完备等问题，给处于哺乳期和带婴幼儿出门的家长们带来了诸多不便。除数量稀少外，仅有的一些公共场所母婴室设施在功能配备上也有诸多不足，普遍存在设施简陋、空间狭小、使用不便、环境卫生条件较差等问题，不能同时满足哺乳、换尿布、清洗、休息等多种需求。公共场所的洗手间里的坐便器、蹲厕、洗手台等设施，大多按照成年人的身高和体型设置，无形中会导致低龄未成年人“如厕难”，也会给父母或者其他监护人带来诸多的不方便。在公共场所为女性哺乳提供相对私密的空间，可以增加母亲带孩子出门的机会，在公共场所卫生间增设方便未成年人的设施，是公共服务人性化和衡量一个地区文明水平的重要标志。因此，本条作出鼓励性规定，提倡大型公共场所和设施设置方便母婴和未成年人的设施，创造友好人性的服务环境。

大型公共场所、公共交通工具、旅游景区景点等应当主动承担社会责任，践行母婴和未成年人友好的理念，根据实际情况、人流量、使用需求等，增建数量足够、设施配置标准的母婴室以及方便未成年人如厕的设施。为了更好地鼓励相关场所，应当出台具体落实细则，制定统一的建设标准，明确管理维护责任。加大宣传力度，营造关爱妇女儿童的社会氛围，利用各类新媒体宣传和志愿者推广服务，提高公共场所建设、管理单位对母婴以及未成年人方便设施建设的重视程度，科学设置安全、舒适、卫生的私密喂养场所和其他便利设施，主动为婴幼儿提供帮助和服务。

第四十七条　【禁止限制对未成年人的照顾或者优惠】 **任何组织或者个人不得违反有关规定，限制未成年人应当享有的照顾或者优惠。**

条文主旨

本条是关于限制未成年人享有社会照顾或者优惠的禁止性规定。

条文释义

从社会公共产品及其服务的角度出发，未成年人优待是其享有的一项权利。目前，不少行业和领域仍以身高为免票或者优惠票价的硬性条件，其实质是侵犯了未成年人享受社会福利的权利。比如，个别地方地铁的票务规则规定，一名成年乘客可免费带一名身高不超过 1.2 米（含 1.2 米）的儿童，所带的儿童超过一名的，按超过人数购票，身高超过 1.2 米的儿童须凭有效车票乘车。某些旅游景点、博物馆、科技馆的票务规则规定，六周岁（含六周岁）以下或身高 1.2 米（含 1.2 米）以下儿童实行免票，1.2 米（不含 1.2 米）至 1.5 米（含 1.5 米）的儿童实行半票优惠。为了禁止这种不合理现象，本条作出了明确要求，有关部门或者场所在制定政策或者具体规则时，不得使用年龄以外的标准来判断未成年人是否受到照顾。如果之前的规定存在不合理之处，应当尽快修订，体现出年龄导向，引导社会各方面树立对未成年人群体给予优待的正确理念。相关场所如果违反有关规定限制未成年人享有的优惠，公众可以举报，主管部门应当及时责令其予以纠正。

第四十八条　【有益未成年人的文化产品促进】国家鼓励创作、出版、制作和传播有利于未成年人健康成长的图书、报刊、电影、广播电视节目、舞台艺术作品、音像制品、电子出版物和网络信息等。

条文主旨

本条是促进有益未成年人文化产品的鼓励性规定。

条文释义

近年来，在各种消极因素影响下，少数未成年人精神空虚、行为失范，有的甚至走上违法犯罪的歧途。其中一个重要的原因，就是针对未成年人的或者引导未成年人健康成长的文化产品比较欠缺。为解决这一问题，本条规定有关单位和组织应当在国家的鼓励下积极创作、出版、制作和传播有利于未成年人健康成长的文化产品。

在充分考虑未成年人成长进步需求的基础上，国家鼓励和支持精心策划选题，创作、编辑、出版并积极推荐知识性、趣味性、科学性强的图书、报刊、音像制品和电子出版物等未成年人读物和视听产品。文化、教育、共青团、妇联、文联、作协等有关职能部门和人民团体认真履行各自的职责，党委宣传部门加强指导协调，大力繁荣和发展少儿文化艺术。积极推动少儿文化艺术繁荣健康发展，推动文化艺术创新，加大扶持力度和推介力度，着力打造具有民族特色、深受未成年人喜爱的文学、戏剧、音乐、美术、书法、摄影、舞蹈、杂技等文化艺术精品，鼓励作家、艺术家肩负起培养和教育下一代的历史责任，多创作思想内容健康、富有艺术感染力的少儿作品。做好面向未成年人的优秀影片、歌曲和图书的展演、展播、推介工作，使他们在学习娱乐中受到先进思想文化的熏陶。积极鼓励、引导、扶持软件开发企业，开发和推广弘扬民族精神、反映时代特点、有益于未成年人健康成长的游戏软件产品。各级电台、电视台开设和办好少儿专栏或专题节目，具备条件的要进一步办好少儿频道。少儿节目要符合少年儿童的欣赏情趣，适应不同年龄层次少年儿童的欣赏需求，做到知识性、娱乐性、趣味性、教育性相统一。面向未成年人的报纸、刊物和其他少儿读物，要把向未成年人提供更好的精神食粮作为自己的神圣职责，努力成为未成年人开阔眼界、提高素质的良师益友和陶冶情操、愉悦身心的精神园地。加强少年儿童影视片的创作生产，积极扶持国产动画片的创作、拍摄、制作和播出，逐步形成具有民族特色、适合未成年人特点、展示中华民族优良传统的动画片系列。积极探索与社会主义市场经济发展相适应的少年儿童电影发行、放映工作新路子，形成少年儿童电影的发行放映院线。各类网站充分认识所肩负的社会责任，积极传播先进文化，倡导文明健康的网络风气。重点新闻网站和主要教育网站发挥主力军作用，开设未成年人网页、专栏，组织开展各种形式的网上活动。积极推进全国文化信息资源共享工程建设，让健康的文化信息资源通过网络进入校园、社区、乡村、家庭，丰富广大未成年人的精神文化生活。

第四十九条　【新闻媒体保护未成年人的义务】新闻媒体应当加强未成年人保护方面的宣传，对侵犯未成年人合法权益的行为进行舆论监督。新闻媒体采访报道涉及未成年人事件应当客观、审慎和适度，不得侵犯未成年人的名誉、隐私和其他合法权益。

条文主旨

本条是关于新闻媒体保护未成年人职责的规定。

条文释义

新闻媒体在未成年人成长中扮演的角色日益重要，在宣传未成年人保护理念和知识方面发挥着不可替代的重要作用，对于侵犯未成年人合法权益的现象和个案进行了有效、有力的监督。但同时，对涉及未成年人的案件进行采访报道的时候，也不时出现一些报道失实的问题以及侵害未成年人合法权益的现象。比如，近年来未成年人违法犯罪的案件越来越受到新闻报道关注，但在这些新闻报道中往往存在两个不正确的倾向：一是对未成年人犯罪情节过程再现过细，容易造成其他未成年人模仿，导致更多的未成年人犯罪。二是对违法犯罪未成年人的出生地、家庭、学校、老师、父母等交代得过分详细，甚至侵犯了未成年人隐私。对此，本条既肯定了新闻媒体的宣传和监督作用，将其上升为法律义务，又对采访报道中的注意事项和要求作出了明确规定。

新闻媒体肩负舆论宣传和信息传播的重担，通过广泛宣传和教育，可以增强未成年人的自我保护意识，鼓励其拿起法律武器及时维护自身权益，也可以提升全社会未成年人保护的意识，营造全社会积极主动保护未成年人的社会氛围。新闻媒体为履行这一义务，应当发挥各自优势，全方位宣传未成年人保护政策，普及未成年人保护知识，提高未成年人自我保护、社会保护意识和能力，积极制作、刊播有利于未成年人身心健康的公益广告，增加数量，提高质量，扩大影响，主动利用重要版面、重要时段、重要资源，深入开展关爱保护未成年人健康成长的宣传报道。

实践证明，许多未成年人合法权益受侵害的案件在经过新闻媒体报道后，引起了很大的社会反响，也引起了相关部门的重视，使问题得到了合理解决，保护了未成年人的合法权益。可见，新闻媒体监督是现代监督机制的重要组成部分，加强和完善新闻媒体对侵犯未成年人合法权益行为的监督，对及时保护未成年人合法权益、督促公共权力履职尽责具有十分重要的作用。但是，新闻媒体履行监督职能时，必须恪守必要的界限。首先，媒体监督手段要合法。中共中央办公厅印发的《关于进一步加强和改进舆论监督工作的意见》要求，媒体“要通过合法和正当的途径获取新闻，不得采取非法和不道德的手段进行采访报道”。其次，媒体在监督时，必须维护公民的合法权益。原国家广播电影电视总局印发的《关于切实加强和改进广播电视舆论监督工作的要求》规定，“要尊重公民的人格尊严，维护公民的姓名权、肖像权、名誉权、荣誉权和隐私权。不得暴露他人隐私，或者捏造事实丑化人格，以及用侮辱、诽谤等方式损害他人名誉”。再次，媒体监督的依据不能与司法相左，即不能以媒体“审判”代替司法审判。在司法机关审判前，不能使用“罪犯”“恶棍”等具有倾向性的字眼，在案件审结后，必须尊重司法审判，媒体不应过多指责司法审判结果。最后，媒体必须坚守职业道德。在实施监督时，媒体无论在取证还是播出时，都要对涉及之人的情感和心理高度负责，对未成年人的信息和肖像要进行必要的技术处理。以高度的责任感关注监督事件的社会后果，如果发现一些“监督事件”的公布可能产生反面的社会效果，新闻媒体要及时改变监督的方式，甚至在必要的时候，要暂缓不成熟的媒体监督结果的发布，避免只顾新闻效果、不顾社会后果的监督行为。

新闻媒体采访报道涉及未成年人事件时，应当加强行业自律，遵守法律提出的具体要求。从新闻媒体角度来说，客观是前提，应本着实事求是的原则，不能添油加醋，一旦发现本身所使用之证词、文件有误，应及时自纠其过；审慎是基本，应本着谨慎的原则，着眼于保护未成年人的目的，而不能混同于一般案件的报道，任何评判都须辅之扎实的资料、文件，在逻辑论证上经得起反复推敲；适度是关键，应按时度效的原则，不能用墨过度，更不能“信马由缰”，以致出现“新闻效果”损害孩子自尊的行为。新闻报道应把重点放在如何解决问题上，采访方式、画面语言需慎之又慎，避免让孩子受到伤害甚至二次伤害，保护未成年人的名誉、隐私和其他合法权益。有关部门还要对新闻从业者进行不同形式的培训，促使他们在日常的新闻报道中注意避免对未成年人的伤害；倡导新闻媒体的自我规范和自我约束，鼓励成立专门的促进未成年人健康成长的媒体自律联盟。

第五十条 【禁止违法信息】禁止制作、复制、出版、发布、传播含有宣扬淫秽、色情、暴力、邪教、迷信、赌博、引诱自杀、恐怖主义、分裂主义、极端主义等危害未成年人身心健康内容的图书、报刊、电影、广播电视节目、舞台艺术作品、音像制品、电子出版物和网络信息等。

条文主旨

本条是关于禁止违法信息的规定。

条文释义

由于未成年人处于易接受新事物、创造力丰富的年龄段，更是处于价值观逐渐形成时期，自我控制和鉴别能力相对较弱，其容易受到违法信息的负面影响。色情信息、暴力信息、伪科学与迷信信息、诱赌信息、厌世信息等违法信息所传播的扭曲的价值观念、有偏差的行为模式会影响未成年人的价值判断标准，严重的会诱发违法犯罪心理，导致未成年人出现不良行为乃至犯罪行为。因此，本条对违法信息作出禁止规定。

大量文献显示，未成年人长期接触违法信息会产生许多负面后果，如攻击性增加、萎靡、失眠、思维迟钝、恐惧、学习成绩下降、心理创伤、反社会行为、负面的自我感知、自我估计过低、缺少现实性、身份困惑等。相关企业和组织应当注重行业自律和管理，政府主管部门应当加强监管。任何组织和个人不得制作、复制、发布含有下列内容的违法信息：反对宪法所确定的基本原则的；危害国家安全，泄露国家秘密，颠覆国家政权，破坏国家统一的；损害国家荣誉和利益的；歪曲、丑化、亵渎、否定英雄烈士事迹和精神，以侮辱、诽谤或者其他方式侵害英雄烈士的姓名、肖像、名誉、荣誉的；宣扬恐怖主义、极端主义或者煽动实施恐怖活动、极端主义活动的；煽动民族仇恨、民族歧视，破坏民族团结的；破坏国家宗教政策，宣扬邪教和封建迷信的；散布谣言，扰乱经济秩序和社会秩序的；散布淫秽、色情、赌博、暴力、凶杀、恐怖或者教唆犯罪的；侮辱或者诽谤他人，侵害他人名誉、隐私和其他合法权益的；法律、行政法规禁止的其他内容。

第五十一条　【不良信息提示】任何组织或者个人出版、发布、传播的图书、报刊、电影、广播电视节目、舞台艺术作品、音像制品、电子出版物或者网络信息，包含可能影响未成年人身心健康内容的，应当以显著方式作出提示。

条文主旨

本条是关于不良信息提示制度的规定。

条文释义

由于心智不成熟，未成年人尚不能清楚地识别各类信息想要表达的内涵。某些信息虽对成年人影响不大，但可能影响未成年人的身心健康，不适合未成年人接触。因此，为了不限制成年人获取信息的权利，同时出于对未成年人的特殊、优先保护，需要进行信息内容分类并提示，避免未成年人受不良信息的侵扰，保证他们接触的是他们可以接触的信息内容。因此，本条规定了不良信息提示制度。

首先，主管部门或者行业组织应当明确可能影响未成年人身心健康的不良信息的内容种类、范围等，加快制定相应判断标准。比如，浏览网页或者打开 APP，网页弹窗、网页广告屡见不鲜。广告商为了吸引流量和增加点击量，就会采取“打擦边球”的方式企图规避法律的红线，如使用带有诱惑性的图片，挑逗性、性暗示的文字进行宣传。再如，有的影视作品、文学作品、动（漫）画存在低俗等内容，可能会引发未成年人模仿不安全行为或违反社会公德行为、诱导未成年人形成不良嗜好。上述提到的有诱惑性的图片，有挑逗性、性暗示的文字以及低俗等信息，尽管无益于未成年人的身心健康，可是这些信息内容并没有被法律禁止，或者说游走在法律的边缘。可见，信息内容良莠不齐，对于未成年人不够成熟的心智来说，影响极大，应该在法律上区分哪些信息不适宜未成年人接触、哪些包含可能影响未成年人身心健康的内容。其次，结合不同年龄段未成年人的特点，制定符合国情的适龄提示制度。不同年龄段的未成年人对不良信息的抵御能力并不相同。一般来说，随着年龄的增长、心智的成熟、阅历的增加，未成年人的鉴别能力和自我控制能力都在逐步增强，特定的不良信息对于不同年龄段未成年人的影响也就逐步减弱。在我国的法律规定中，所处的年龄阶段不同，对应的民事权利能力和民事行为能力不同，刑事责任能力也不同。在设置未成年人不良信息分类提醒时，既要考虑民事行为能力、刑事责任能力的年龄划分，也要考虑未成年人义务教育阶段的年龄划分，这是由于未成年人的文化教育程度、感知能力和生理、心理的不断变化都会直接或间接地影响他们的鉴别能力和自我控制能力。最后，显著方式是指，采用足以引起注意的方式，包括运用足以引起注意的文字、符号、字体等特别标识以及技术手段。比如，电视节目中在显著位置设置“未成年人请勿模仿”的类似提示，浏览器在显著位置标识“存在不适合未成年人观看的色情或暴力内容，为避免损害其身心健康，请未成年人谨慎访问”。

第五十二条　【禁止未成年人淫秽色情信息】禁止制作、复制、发布、传播或者持有有关未成年人的淫秽色情物品和网络信息。

条文主旨

本条是禁止未成年人淫秽色情信息的规定。

条文释义

我国于1991年就已经批准加入联合国《儿童权利公约》，该公约第三十四条明确要求缔约国采取积极措施，从法律和社会层面禁止行为人对儿童实施各种形式的性剥削和性侵害，包括利用儿童进行淫秽表演和充当淫秽题材。2002年6月29日，我国又批准加入了《禁止和立即行动消除最恶劣形式的童工劳动公约》；同年8月29日，批准加入《〈儿童权利公约〉关于买卖儿童、儿童卖淫和儿童色情制品问题的任择议定书》，不仅将利用儿童制作儿童色情物品作为最有害的童工形式进行了禁止性规定，而且明确了儿童色情制品的法律概念，并要求各缔约国调整国内刑事规范，有关儿童色情制品的行为进行入罪处理。有关未成年人的淫秽色情物品和网络信息具有巨大的危害性，不仅体现为参与录制的未成年人在拍摄中的身心俱创，有的可能会被强奸、猥亵，而且有关未成年人的淫秽制品一旦被网络扩散与传播，它对未成年人的伤害是循环往复和不可预估的。未成年人色情淫秽制品的传播将直接导致社会道德底线的腐蚀，使得未成年人性行为逐渐被社会所接受。成年人长期观看未成年人淫秽图片、录像，行为易于受到不良信息的影响，潜移默化地产生对未成年人性行为的认同感，从而萌生与未成年人发生性关系的冲动，这必将进一步导致强奸罪、猥亵儿童罪、拐卖儿童罪、收买被拐卖的儿童罪、强迫卖淫罪等上游犯罪率增加。因此，本条规定禁止制作、复制、发布、传播或者持有有关未成年人的淫秽色情物品和网络信息。

我国刑法第三百六十七条第一款限定了淫秽物品的概念："具体描绘性行为或者露骨宣扬色情的诲淫性的书刊、影片、录像带、录音带、图片及其他淫秽物品。包括有关人体生理、医学知识的科学著作不是淫秽物品。"该规定较笼统、模糊。对于一些带有边缘性质的信息（如冠以性教育或者人体艺术之名的暴露儿童器官的信息）该如何判断，显然没有明确的标准，也就很难以司法或行政手段对传播这些信息的行为予以规范制裁，这就给了部分唯利是图的不法者以可乘之机。《最高人民法院、最高人民检察院关于办理利用互联网、移动通讯终端、声讯台制作、复制、出版、贩卖、传播淫秽电子信息刑事案件具体应用法律若干问题的解释（一）》第九条第一款规定："刑法第三百六十七条第一款规定的‘其他淫秽物品’，包括具体描绘性行为或者露骨宣扬色情的诲淫性的视频文件、音频文件、电子刊物、图片、文章、短信息等互联网、移动通讯终端电子信息和声讯台语音信息。”显然，我国刑法仅就“淫秽物品”的定义作出规定，而未有针对“儿童淫秽物品”概念本身的界定。根据本条的规定，有关未成年人的淫秽色情物品和网络信息，是指在电影、照片或书刊中以不满十八周岁自然人作为性的客体，以便唤起观众或读者性欲的内容载体。这大致可以分为三类：第一，对十八周岁以下自然人录制的淫秽信息；第二，由电脑制作的虚拟未成年人淫秽信息；第三，以成年人装扮的未成年人作为录制对象的淫秽信息。从未成年人权利保障的角度而言，传播有关未成年人的淫秽色情物品和网络信息所造成的社会危害程度要高于传播普通淫秽制品，应当给予儿童权利更严格的保护，那么对儿童淫秽制品的范畴则应作更为广义的解释。

第五十三条　【禁止特定广告和广告行为】任何组织或者个人不得刊登、播放、张贴或者散发含有危害未成年人身心健康内容的广告；不得在学校、幼儿园播放、张贴或者散发商业广告；不得利用校服、教材等发布或者变相发布商业广告。

条文主旨

本条是关于禁止不利于未成年人的广告和广告行为的规定。

条文释义

自教育部开展严禁商业广告、商业活动进入中小学校和幼儿园工作以来，各地各校认真开展排查，严格审批“进校园”活动，切实加强校园日常监管，杜绝商业行为侵蚀校园，取得了积极进展。但是，由于个别学校和地区思想不重视、活动组织不严密、学校管理不规范、日常监管不到位、全面排查不彻底，近期仍然发生了商业广告、商业活动进入中小学校和幼儿园事件。例如：2019 年 1 月，某小学为表彰优秀学生，发放了印有某眼科医院广告字样的奖状；某小学发放了含有服装广告的学生综合素质报告书；2018 年 11 月，某电影院的工作人员，在校（园）领导同意的情况下，进入某小学、某幼儿园进行了商业赠票和宣传。[①] 为坚决禁止商业广告、商业活动进入中小学校和幼儿园，确保校园一方净土，本条禁止不利于未成年

① 《教育部通报三起商业广告进校园事件》，载环球网，https：//china. huanqiu. com/article/9CaKrnKiy0u，最后访问时间：2020 年 12 月 5 日。

人的广告和广告行为。

根据广告法的规定，广告不得损害未成年人的身心健康，在针对未成年人的大众传播媒介上不得发布医疗、药品、保健食品、医疗器械、化妆品、酒类、美容广告，以及不利于未成年人身心健康的网络游戏广告。针对不满十四周岁的未成年人的商品或者服务的广告不得含有下列内容：劝诱其要求家长购买广告商品或者服务；可能引发其模仿不安全行为。

不得在学校、幼儿园播放、张贴或者散发商业广告，开展广告活动；不得利用中小学生和幼儿的教材、教辅材料、练习册、文具、教具、校服、校车等发布或者变相发布商业广告，但公益广告除外。为落实这些规定，需要严格审批“进校园”活动。教育行政部门建立各类“进校园”活动备案审核制度，对活动内容、具体方案、举办单位和参加人员等进行严格把关。对于各类进入校园或组织中小学生、在园幼儿参加的活动，由县级及以上教育行政部门进行审批，实行备案管理。凡未经批准的活动，一律禁止进入校园或组织中小学生、在园幼儿参加。对于经审批进入校园或组织中小学生、在园幼儿参加的活动，主动接受全程监管。教育行政部门要会同相关部门，严格按照广告法等相关法律规定，杜绝企业以任何形式发布不利于中小学生和幼儿身心健康的商业广告，对违规在校园进行商业宣传活动，给学校、教师、学生摊派任何购买、销售任务，给学校、教师、学生分发带有商业广告的物品等行为进行严肃查处，确保学校一方净土。

第五十四条　【禁止涉未成年人的违法犯罪】禁止拐卖、绑架、虐待、非法收养未成年人，禁止对未成年人实施性侵害、性骚扰。

禁止胁迫、引诱、教唆未成年人参加黑社会性质组织或者从事违法犯罪活动。

禁止胁迫、诱骗、利用未成年人乞讨。

条文主旨

本条是关于禁止涉未成年人违法犯罪的规定。

条文释义

下列违法犯罪都是侵犯未成年人人身自由权利与人格尊严的行为，会给未成年人身心造成严重伤害，本条明确予以禁止。

拐卖未成年人表现为拐骗、绑架、收买、贩卖、接送、中转妇女、儿童，或者偷盗婴幼儿的行为。拐骗，是指以欺骗、利诱等非暴力手段将未成年人拐走，以便出卖的行为。绑架，是指以暴力、胁迫或者麻醉方法劫持、控制未成年人的行为。收买，是指以金钱或者其他财物买取、换取未成年人的行为。贩卖，是指将未成年人当作商品出售给他人以获取非法利益的行为。接送，是指行为人在拐卖未成年人过程中的接收、运送的行为。中转，是指为拐卖未成年人的罪犯提供中途场所或机会。偷盗婴幼儿，是指秘密窃取不满六周岁的未成年人的行为。

绑架未成年人是指以勒索财物为目的使用暴力、胁迫或者其他方法绑架未成年人的行为。“暴力”，是指行为人直接对被害人进行捆绑、堵嘴、蒙眼、装麻袋等人身强制或者对被害人进行伤害、殴打等人身攻击。“胁迫”，是指对被害人实行精神强制，或者对被害人及其家属以实施暴力相威胁。“其他方法”，是指除暴力胁迫外的方法，如利用药物、醉酒等方法使被害人处于昏迷状态等。这三种手段的共同特征，是使未成年人处于不能反抗或者不敢反抗的境地，将未成年人非法带离其住所或者所在地，并置于行为人的直接控制之下，使其失去行动自由的行为。

虐待未成年人是指经常以打骂、禁闭、捆绑、冻饿、有病不给治疗、强迫过度体力劳动等方式，对共同生活的未成年家庭成员进行经常性的肉体上、精神上的摧残、折磨行为。就对被害人肉体和精神进行摧残、折磨、迫害的行为方式而言，既包括积极的作为，如殴打、捆绑、禁闭、讽刺、谩骂、侮辱、限制自由、强迫超负荷劳动等，又包括消极的不作为，如有病不给治疗、不给吃饱饭、不给穿暖衣等。

非法收养未成年人是指违反法律或者不符合法定收养条件和程序的收养行为。根据我国民法典的规定，下列未成年人，可以被收养：丧失父母的孤儿；查找不到生父母的未成年人；生父母有特殊困难无力抚养的子女。收养人通常情况下应当同时具备下列条件：无子女或者只有一名子女；有抚养、教育和保护被收养人的能力；未患有在医学上认为不应当收养子女的疾病；无不利于被收养人健康成长的违法犯罪记录；年满三十周岁。无子女的收养人可以收养两名子女；有子女的收养人只能收养一名子女。有配偶者收养子女，应当夫妻共同收养。无配偶者收养异性子女的，收养人与被收养人的年龄应当相差四十周岁以上。收养应当向县级以上人民政府民政部门登记。收养关系自登记之日起成立。

性侵害未成年人通常是指针对未成年人实施的强奸，猥亵，组织卖淫，强迫卖淫，引诱、容留、介绍卖淫，引诱幼女卖淫等行为。性骚扰是性歧视的一种形式，通过性行为滥用权力，在工作场所和其他公共场所欺凌、威胁、恐吓、控制、压抑或腐蚀其他人。目前，性骚扰的表现形式尚无统一界定，一般认为有口头、行动、人为设置环境三种方式。口头方式，如以下流语言挑逗对方，向其讲述个人的性经历或色情内容；行动方式，如故意触摸、碰撞对方身体敏感部位；人为设置环境方式，如在工作场所周围布置淫秽图片、广告等，使对方感到难堪。

胁迫、引诱、教唆未成年人参加黑社会性质组织或者从事违法犯罪活动，不仅包括传统形式的胁迫、引诱、教唆，而且包括拉拢、欺骗、招募、吸收、介绍、雇用未成年人。为保护未成年人合法权益，应当依法从严惩治这些利用未成年人实施黑恶势力犯罪的行为。胁迫、诱骗、利用未成年人乞讨不但会对社会正常的管理秩序带来混乱，而且会侵害未成年人的身心健康，阻碍未成年人正常的成长发育，对其今后的人生也会产生非常大的负面影响。

第五十五条　【未成年人用品质量安全注意义务】生产、销售用于未成年人的食品、药品、玩具、用具和游戏游艺设备、游乐设施等，应当符合国家或者行业标准，不得危害未成年人的人身安全和身心健康。上述产品的生产者应当在显著位置标明注意事项，未标明注意事项的不得销售。

条文主旨

本条是关于未成年人用品质量安全注意义务的规定。

条文释义

近年来，未成年人用品质量安全形势总体向好，但在儿童玩具、学生文具、校服等方面的质量安全事件仍时有发生，引起社会关注。一个重要原因是生产厂家为了追逐利润，导致原材料、生产工艺、检验等环节不达标。从源头处消除风险，为未成年人用品质量安全扎紧篱笆，本条规定了相关社会主体的注意义务。

一是要符合国家或者行业标准，不得危害未成年人的人身安全和身心健康。一方面，强化生产企业主体责任落实。生产企业要加强原材料进货的质量控制，防止禁用原料和不合格的原料投入生产；控制好生产工艺流程，避免生产过程产生新的安全问题和隐患；严格按照强制性国家标准等要求对所生产的未成年人用品进行检验，对于不符合强制性国家标准要求的产品，一律不得出厂和销售。另一方面，严格标准要求。在已经制订了玩具、文具、校服、校园跑道等40多项未成年人产品国家标准的基础上，进一步推动未成年人用品安全相关强制性国家标准的整合工作，加快制定更为严格的未成年人用品安全强制性国家标准，同时参照国际标准和国外先进标准，加快未成年人用品相关标准制订、修订，围绕玩具等重点用品领域，建立健全与强制性标准配套的推荐性标准体系。不断完善未成年人用品强制性产品认证管理制度，推动以产品用途、使用环境、消费人群和原材料特性等技术法规式定性描述取代产品列举方式。

二是要在显著位置标明注意事项。注意和提示事项，对于保障未成年消费者的身体健康和人身、财产安全具有重要的作用。这方面的内容包括使用说明、警示标志或中文警示说明等。通过前述信息，告知或提示未成年消费者安全、合理地使用产品。首先，产品标签上的标识内容应当清晰。其次，针对未成年人的产品应当在标签的显著位置予以标明，可以采用字体放大、突出显示、靠前排列、色彩醒目等方式，便于消费者在选购时知晓。

第五十六条　【公共场所保护措施】未成年人集中活动的公共场所应当符合国家或者行业安全标准，并采取相应安全保护措施。对可能存在安全风险的设施，应当定期进行维护，在显著位置设置安全警示标志并标明适龄范围和注意事项；必要时应当安排专门人员看管。

大型的商场、超市、医院、图书馆、博物馆、科技馆、游乐场、车站、码头、机场、旅游景区景点等场所运营单位应当设置搜寻走失未成年人的安全警报系统。场所运营单位接到求助后，应当立即启动安全

警报系统，组织人员进行搜寻并向公安机关报告。

公共场所发生突发事件时，应当优先救护未成年人。

条文主旨

本条是关于公共场所履行注意义务、保护未成年人的规定。

条文释义

公共场所的电梯、旋转门、伸缩门等伤害未成年人的事件时有发生。在大部分案件中，经营者的过错在于警示标志设置不当等疏忽。安全保障义务是从一般安全注意义务中剥离出来的概念。在我国法律与司法实践中，是指宾馆、商场、银行、车站、娱乐场所等公共场所应尽在合理限度范围内，使他人免受损害的义务。因此，未成年人集中活动的公共场所既要符合国家或者行业安全标准，也要采取相应的安全保护措施。统计发现，宾馆、商场、银行、车站等娱乐场所和消费场所里“存在安全风险的设施”主要包括电梯、超市货架、伸缩门、玻璃门、公园地灯等。此外，公共场所的服务、管理或组织工作存在疏漏也容易引发安全事故，导致未成年人受到伤害。公共场所管理人的过错大多集中在对危险设备不当使用、未设置警示标志或警示标志设置不当、安全提示不到位、未尽到注意义务等方面。另外，公共场所管理人通常已经在事故发生地设置了基本的警示标志、安全提示，一般成年人能够识别标志并避免潜在危险，而未成年人对潜在危险缺乏识别能力和防范能力。因此，对于未成年人的安全保障义务，应当采用特别标准——如果在经营活动或社会活动领域，存在对儿童具有诱惑力的危险，经营者或者社会活动组织者必须履行最高的安全保障义务，应当采取的保障义务包括：定期进行维护；在显著位置设置安全警示标志并标明适龄范围和注意事项；消除危险，使之不能发生；使未成年人与该危险隔离，使其无法接触到这个危险；安排专门人员看管；采取其他措施，保障不对儿童造成伤害。

虽然目前没有专门的部门或机构发布过走失儿童的权威数据，但从现实生活的观察来看，走失儿童数量不在少数。根据相关统计，儿童走失高发场所，主要是商场和大型超市，以及景区和游乐场、车站和码头等公共场所。为防范和打击拐骗儿童的行为，有利于帮助家长及时找回走失的儿童，20 世纪 80 年代后期美国沃尔玛超市启用了儿童安全警报系统，并为纪念失踪儿童亚当而将系统命名为亚当系统。此后，这一系统被美国众多超市、商场等公共场所采用。2015 年我国首个公共场所防儿童走失系统在南京德基广场购物中心正式启用。一旦发现未成年人走失，可以在商场每层的直升电梯处，打开防儿童走失呼救器呼叫，并按下紧急报警按钮，这个按钮与广场的控制中心直接连通。控制中心接到走失的消息后，会立即安排工作人员来到呼救者的身边，确认孩子走失，将立即启动10分钟防儿童走失系统，关闭所有出口进行地毯式搜寻。[①] 为将这一有效经验推广开来，大型公共场所和旅游景区景点等运营单位均设置搜寻走失未成年人的安全警报系统，在接到求助后，立即启动安全警报系统，组织人员进行搜寻并向公安机关报告。

给予未成年人最优先保护，是我国法律一直以来的一个规定，而且能得到社会广泛认同。未成年人特别是低龄未成年人自我防护意识和避险能力明显弱于所有成年人，是最不能在突发事件中自我保护的群体，应当优先救助。未成年人心智水平不成熟，在公共突发事件中处置能力、应对思考能力、抗压能力、心理调适能力明显处于弱势，要优先给予其救助保护。

---

① 《国内首个公共场所防儿童走失系统今在南京启用》，载新华网，http：//www. xinhuanet. com/politics/2015 – 06/01/c_ 127863664. htm，最后访问时间：2020 年 12 月 5 日。

第五十七条　【住宿场所注意义务】 旅馆、宾馆、酒店等住宿经营者接待未成年人入住，或者接待未成年人和成年人共同入住时，应当询问父母或者其他监护人的联系方式、入住人员的身份关系等有关情况；发现有违法犯罪嫌疑的，应当立即向公安机关报告，并及时联系未成年人的父母或者其他监护人。

条文主旨

本条是关于住宿场所接待未成年人时特殊注意义务的规定。

条文释义

近年来，针对未成年人的犯罪，尤其是性侵、猥亵犯罪频发。据统计，很多猥亵儿童案件中的施害场所是旅馆等住宿场所。此外，旅馆还经常成为逃学的未成年人玩乐、上网、逃避家长监管的容留地点，客观上为未成年人从事不当、违法犯罪行为提供了场所。为避免旅馆、酒店被不法分子利用，成为侵害未成年人的法外之地，同时为预防未成年人违法犯罪，本条要求住宿场所接待未成年人时应当履行特殊注意义务。

无论是有成年人陪同的未成年人入住，还是未成年人单独入住，都应当按照《旅馆业治安管理办法》的规定，必须登记。登记时，应当查验入住的所有旅客的身份证件，按规定的项目如实登记。在进行实名登记时，住宿经营者应当询问未成年人的父母或者其他监护人的联系方式、入住人员的身份关系等有关情况，特别是多名未成年人共同入住或者与成年人一同入住的，住宿经营者应当询问并注明彼此之间的关系。通过询问，发现有违法犯罪嫌疑的，应当立即向公安机关报告，并及时联系未成年人的父母或者其他监护人。对于钟点房、不过夜入住的未成年人，同样应当遵守这一规定。

第五十八条　【不适宜场所限制和注意义务】学校、幼儿园周边不得设置营业性娱乐场所、酒吧、互联网上网服务营业场所等不适宜未成年人活动的场所。营业性歌舞娱乐场所、酒吧、互联网上网服务营业场所等不适宜未成年人活动场所的经营者，不得允许未成年人进入；游艺娱乐场所设置的电子游戏设备，除国家法定节假日外，不得向未成年人提供。经营者应当在显著位置设置未成年人禁入、限入标志；对难以判明是否是未成年人的，应当要求其出示身份证件。

条文主旨

本条是关于不适宜未成年人场所限制和履行注意义务的规定。

条文释义

因自我约束能力欠缺等因素，未成年人如进入营业性娱乐场所、酒吧、互联网上网服务营业场所等不适宜未成年人活动的场所，很容易沉溺其中，对身心健康和学习产生不良影响，还容易触碰法律的底线。因此，本条针对性地作出限制。

一是学校、幼儿园周边不得设置营业性娱乐场所、酒吧、互联网上网服务营业场所等不适宜未成年人活动的场所。营业性娱乐场所是指以营利为目的，并向公众开放，消费者自娱自乐的歌舞、游艺等场所，主要包括歌舞厅、卡拉 OK、游戏厅等。互联网上网服务营业场所，是指通过计算机等装置向公众提供互联网上网服务的网吧、电脑休闲室等营业性场所。周边通常是指学校、幼儿园 200 米以内。比如，《互联网上网服务营业场所管理条例》第九条规定，中学、小学校园周围 200 米范围内和居民住宅楼（院）内不得设立互联网上网服务营业场所。

二是营业性歌舞娱乐场所、酒吧、互联网上网服务营业场所等不适宜未成年人活动场所的经营者，不得允许未成年人进入。营业性歌舞娱乐场所是指提供伴奏音乐、歌曲点播服务或者提供舞蹈音乐、跳舞场地服务的经营场所。

三是游艺娱乐场所设置的电子游戏设备，除国家法定节假日外，不得向未成年人提供。游艺娱乐场所是指通过游戏游艺设备提供游戏游艺服务的经营场所。电子游戏设备（机）是指通过音视频系统和内容集成方式，主要为娱乐场所或者其他经营场所提供游戏内容服务，且游戏内容、形式等方面不适宜未成年人独立或者长时间使用的专用设备，如格斗类游戏游艺设备。

四是经营者应当在显著位置设置未成年人禁入、限入标志，对难以判明是否是未成年人的，应当要求其出示身份证件。

第五十九条　【烟、酒、彩票限制措施】 学校、幼儿园周边不得设置烟、酒、彩票销售网点。禁止向未成年人销售烟、酒、彩票或者兑付彩票奖金。烟、酒和彩票经营者应当在显著位置设置不向未成年人销售烟、酒或者彩票的标志；对难以判明是否是未成年人的，应当要求其出示身份证件。

任何人不得在学校、幼儿园和其他未成年人集中活动的公共场所吸烟、饮酒。

条文主旨

本条是关于限制烟、酒、彩票对未成年人造成负面影响的措施。

条文释义

烟草对未成年人健康危害很大。未成年人吸烟会对多个系统特别是呼吸系统和心血管系统产生严重危害。烟草中含有的尼古丁对脑神经有毒害，会造成记忆力减退、精神不振等。尼古丁具有极强的成瘾性，一旦吸烟成瘾，很难戒断。开始吸烟的年龄越早，成年后的吸烟量越大，烟草对其身体造成的危害就越大。由于未成年人各项器官发育尚不成熟，饮酒对身体的危害比对成人更甚。酒精首先对人体的神经系统会产生不良影响，即使是一次性少量饮酒，也会对未成年人的大脑产生抑制作用，导致其感觉迟钝，记忆力下降。尤其是大量饮酒引发的急性酒精中毒，对于神经系统发育不完善、自身解毒能力较差的未成年人来说，危害更大，严重的会影响呼吸循环中枢，导致死亡。由于彩票的功利性比较强，容易对自控力不强的未成年人产生误导，因此各国的彩票都是禁止未成年人购买的。因此，本条对烟酒彩票作出明确限制，避免未成年人接触或者购买。

一是学校、幼儿园周边不得设置烟、酒、彩票销售网点，周边通常是指200米范围内。

二是禁止向未成年人销售烟、酒、彩票或者兑付彩票奖金。烟草专卖法规定，劝阻青少年吸烟，禁止中小学生吸烟。《酒类商品零售经营管理规范》第5.2.2条要求，酒类零售经营者不应向未成年人销售酒类商品。根据《彩票管理条例》的规定，彩票发行机构、销售机构、代销者不得向未成年人销售彩票。

三是烟、酒和彩票经营者应当在显著位置设置不向未成年人销售烟、酒或者彩票的标志；对难以判明是否是未成年人的，应当要求其出示身份证件。

四是任何人不得在学校、幼儿园和其他未成年人集中活动的公共场所吸烟、饮酒。建设无烟学校，还未成年人一个清新的无烟校园环境，对于未成年人身心健康成长至关重要。任何人不得在校园禁烟区域及其他未成年人集中活动场所吸烟，严肃查处中小学校园内和校园周边违规销售烟草制品行为。学校要加强管理，在校园醒目位置设置禁烟标识和举报电话，加强日常巡查管理。加强吸烟危害健康宣传教育，促进学生养成良好的无烟行为习惯。

第六十条　【危险器具限制措施】禁止向未成年人提供、销售管制刀具或者其他可能致人严重伤害的器具等物品。经营者难以判明购买者是否是未成年人

的，应当要求其出示身份证件。

条文主旨

本条是关于禁止向未成年人提供和销售危险器具的规定。

条文释义

未成年人携带管制刀具或者其他可能致人严重伤害的器具等物品时，由于玩耍而有可能伤及自己或他人，严重的会构成犯罪。一旦与同学发生冲突，随身携带的管制刀具很可能成为实施犯罪的工具。此外，未成年人携带危险器具，容易被不法分子利用，成为犯罪工具，危害公共安全。因此，本条规定禁止向未成年人提供和销售危险器具。经营者难以判明购买者是否是未成年人的，应当要求其出示身份证件。

第六十一条　【未成年人用工限制措施】任何组织或者个人不得招用未满十六周岁未成年人，国家另有规定的除外。

营业性娱乐场所、酒吧、互联网上网服务营业场所等不适宜未成年人活动的场所不得招用已满十六周岁的未成年人。

招用已满十六周岁未成年人的单位和个人应当执行国家在工种、劳动时间、劳动强度和保护措施等方面的规定，不得安排其从事过重、有毒、有害等危害未成年人身心健康的劳动或者危险作业。

任何组织或者个人不得组织未成年人进行危害其身心健康的表演等活动。经未成年人的父母或者其他监护人同意，未成年人参与演出、节目制作等活动，活动组织方应当根据国家有关规定，保障未成年人合法权益。

条文主旨

本条是关于未成年人用工限制措施的规定。

条文释义

为保护未成年人的身心健康，促进义务教育制度的实施，维护未成年人的合法权益，国家机关、社会团体 、企业事业单位、民办非企业单位或者个体工商户（统称用人单位）均不得招用不满十六周岁的未成年人（或称使用童工）。禁止任何单位或者个人为不满十六周岁的未成年人介绍就业。禁止不满十六周岁的未成年人开业从事个体经营活动。用人单位招用人员时，必须核查被招用人员的身份证；对不满十六周岁的未成年人，一律不得录用。用人单位录用人员的录用登记、核查材料应当妥善保管。

根据我国有关法律法规的规定，未成年工是指年满十六周岁、未满十八周岁的劳动者。未成年工作为用人单位劳动人事用工的一种，有其合理存在的意义。但是未成年工管理在很多方面与成年工存在较大区别，用人单位在管理中，一方面要认真安排和分配好工作内容，安排正常工作给未成年工；另一方面也要特别注意保护好未成年工的合法权益。具体来说，用人单位要注意做好以下几点：一是营业性娱乐场所、酒吧、互联网上网服务营业场所等是不适宜未成年人活动的场所，因此禁止招用已满十六周岁的未成年人。二是采取的特殊劳动保护措施，执行国家在工种、劳动时间、劳动强度和保护措施等方面的规定，对未成年工进行定期健康检查，不得安排其从事过重、有毒、有害等危害未成年人身心健康的劳动或者危险作业以及法律禁止的其他劳动。一般情况下，不得安排未成年工夜班工作。三是不得组织未成年人进行危害其身心健康的表演等活动。

活动组织方邀请未成年人参与演出、节目制作等活动的，需经未成年人的父母或者其他监护人同意，并应当根据国家有关规定，保障未成年人合法权益。比如，制作、传播未成年人参与的歌唱类选拔节目、真人秀节目、访谈脱口秀节目应当符合国务院广播电视主管部门的要求。不得以恐吓、诱骗或者收买等方式迫使、引诱未成年人参与节目制作。制作未成年人节目应当保障参与制作的未成年人人身和财产安全，以及充足的学习和休息时间。未成年人在节目制作过程中，不得泄露或者质问、引诱未成年人泄露个人及其近亲属的隐私信息，不得要求未成年人表达超过其判断能力的观点。对确需报道的未成年人违法犯罪案件，不得披露犯罪案件中未成年当事人的姓名、住所、照片、图像等个人信息，以及可能推断出未成年当事人身份的资料。对于不可避免含有上述内容的画面和声音，应当采取技术处理，达到不可识别的标准。邀请未成年人参与节目制作，其服饰、表演应当符合未成年人年龄特征和时代特点，不得诱导未成年人谈论名利、情爱等话题。未成年人节目不得宣扬童星效应或者包装、炒作明星子女。根据《未成年人节目管理规定》，情感故事类、矛盾调解类等节目应当尊重和保护未成年人情感，不得就家庭矛盾纠纷采访未成年人，不得要求未成年人参与节目录制和现场调解，避免未成年人目睹家庭矛盾冲突和情感纠纷。

第六十二条　【密切接触未成年人从业人员限制措施】密切接触未成年人的单位招聘工作人员时，应当向公安机关、人民检察院查询应聘者是否具有性侵害、虐待、拐卖、暴力伤害等违法犯罪记录；发现其

具有前述行为记录的，不得录用。

密切接触未成年人的单位应当每年定期对工作人员是否具有上述违法犯罪记录进行查询。通过查询或者其他方式发现其工作人员具有上述行为的，应当及时解聘。

条文主旨

本条是关于密切接触未成年人从业人员限制措施的规定。

条文释义

性侵害等某些侵害未成年人违法犯罪一般呈现出熟人作案率高、职业违法犯罪高发、再犯率高、受害人被侵害次数多且持续时间长等特点。比如，教师、医生、门卫、校车司机等均是性侵害未成年人违法犯罪的高发职业，这些领域的从业人员一般利用个人职业便利或熟人身份，容易取得未成年人的信任，使得性侵案件更容易发生且更隐蔽。这就要求在与未成年人有密切接触的职业领域中，对从业人员加强入职审查，预防有过相关违法犯罪历史的人员进入这些职业领域。对相关从业人员进行入职查询，可以有效降低侵害未成年人事件的再次发生，是侵害未成年人犯罪预防的有效手段。一方面，我国相关法律和规范性文件对这方面已经有相关规定。比如，刑法第三十七条之一规定："因利用职业便利实施犯罪，或者实施违背职业要求的特定义务的犯罪被判处刑罚的，人民法院可以根据犯罪情况和预防再犯罪的需要，禁止其自刑罚执行完毕之日或者假释之日起从事相关职业，期限为三年至五年。"最高人民法院、最高人民检察院、公安部、司法部印发的《关于依法惩治性侵害未成年人犯罪的意见》第二十八条规定，对于性侵未成年人的犯罪分子判处刑罚同时宣告缓刑，可以根据犯罪情况，同时宣告禁止令，禁止犯罪分子在缓刑考验期内从事与未成年人有关的工作、活动，禁止其进入中小学校区、幼儿园园区及其他未成年人集中的场所，确因本人就学、居住等原因，经执行机关批准的除外。另一方面，多地在探索相关制度方面积累了一定的经验。比如，浙江慈溪市探索的性侵未成年人犯罪人员信息公开制度，江苏省淮安市探索的性侵害未成年人犯罪人员从业禁止及信息公开制度，上海市闵行区探索建立"涉性侵害违法犯罪人员信息库"，以及限制涉性侵害违法犯罪人员从业办法。因此，本条规定密切接触未成年人的单位招聘工作人员应当查询，根据查询结果不予录用或者及时解聘。

首先，责任主体是密切接触未成年人的单位，包括学校、幼儿园等教育机构；校外培训机构；未成年人救助保护机构、儿童福利机构等未成年人安置、救助机构；婴幼儿照护服务机构、早期教育服务机构；校外托管、临时看护机构；家政服务机构；为未成年人提供医疗服务的医疗机构；其他对未成年人负有教育、培训、监护、救助、看护、医疗等职责的企业事业单位、社会组织等。

其次，招聘工作人员范围包括：工作内容本身直接为未成年人服务的，如教师、儿科医生、婴幼儿护理人员、保姆等；在工作场所与未成年人有接触的，如学校的教辅人员、食堂工作人员、保安人员等；与未成年人有定期或者经常性接触的，如校车司机、学校保安等。

最后，查询包括拟聘查询和定期查询。拟聘查询是指用人单位在招录工作人员时，必须将查询是否具有性侵害、虐待、拐卖、暴力伤害等违法犯罪记录作为必经程序，一旦发现有相关记录，不得录用。定期查询是指用人单位应当对已经录用的工作人员定期查询其是否具有性侵害、虐待、拐卖、暴力伤害等违法犯罪记录，如果经查询有相关记录，应当及时予以解聘。

第六十三条　【未成年人通信自由和通信秘密保障措施】任何组织或者个人不得隐匿、毁弃、非法删除未成年人的信件、日记、电子邮件或者其他网络通讯内容。

除下列情形外，任何组织或者个人不得开拆、查阅未成年人的信件、日记、电子邮件或者其他网络通讯内容：

（一）无民事行为能力未成年人的父母或者其他监护人代未成年人开拆、查阅；

（二）因国家安全或者追查刑事犯罪依法进行检查；

（三）紧急情况下为了保护未成年人本人的人身安全。

条文主旨

本条是关于保障未成年人通信自由和通信秘密的规定。

条文释义

宪法第四十条规定，中华人民共和国公民的通信自由和通信秘密受法律的保护。除因国家安全或者追查刑事犯罪的需要，由公安机关或者检察机关依照法律规定的程序对通信进行检查外，任何组织或者个人不得以任何理由侵犯公民的通信自由和通信秘密。民法典第一千零三十二条规定，自然人享有隐私权。任何组织或者个人不得以刺探、侵扰、泄露、公开等方式侵害他人的隐私权。隐私是自然人的私人生活安宁和不愿为他人知晓的私密空间、私密活动、私密信息。未成年人同样享有以上规定的通讯自由和通讯秘密、隐私保护。因此，一方面，本条绝对禁止一切隐匿、毁弃、非法删除未成年人的信件、日记、电子邮件或者其他网络通讯内容的行为，且无例外；另一方面，原则上禁止开拆、查阅未成年人的信件、日记、电子邮件或者其他网络通讯内容，但同时规定了三种例外情形：一是无民事行为能力未成年人的父母或者其他监护人代未成年人开拆、查阅。无民事行为能力未成年人很多时候尚不具备完全的自理能力，需要监护人的帮助和协助，包括帮助其开拆和查阅信件、电子邮件或者其他网络通讯内容。二是因国家安全或者追查刑事犯罪依法进行检查。为了保护社会大多数人的利益而与犯罪作斗争，公安机关和检察机关可以依法对公民的通讯内容进行检查，以维护社会秩序，保证国家安全。但这种检查要有严格的程序控制，以使之不用于其他非司法的目的。三是紧急情况下为了保护未成年人本人的人身安全。紧急情况需要以必要、紧迫为限，通常是指突然发生的危及未成年人的人身安全事件或者情形，需要开拆和查阅未成年人的信件、日记、电子邮件或者其他网络通讯内容以发现相关线索、消除紧迫的危险状态或者避免更大的人身安全伤害。换言之，不及时开拆和查阅未成年人的信件、日记、电子邮件或者其他网络通讯内容，很有可能导致不可弥补的人身安全侵害。

第五章 网络保护

※ 本章导读 ※

随着网络时代和信息时代的到来，未成年人生活、学习、娱乐的方式越来越多地依靠网络进行。未成年人使用网络的状况直接影响着多项权利的保障程度。本章从保障未成年人网络权益的逻辑出发，从内外因素入手，规定了政府、学校、家庭、社会特别是网络产品和服务提供者各方的职责。从内因看，保障未成年人的网络权益，需要各方不断努力提高未成年人的网络素养，增强未成年人科学、文明、安全、合理使用网络的意识和能力，使其不断提高在网络空间的防御能力和自我保护能力。从外因看，一方面，未成年人网络保护需要政府、学校、家庭和社会各方面共同负责，协同发力；另一方面，各方的责任有所区别，特别要考虑到网络产品和服务提供者具有得天独厚的数字优势。具体来说，政府应当加强监管，学校和家庭应当加强引导，网络产品和服务提供者应当从网络不良信息提示、个人信息保护、预防沉迷网络、网络游戏和网络直播保护性措施、网络欺凌防治等多方面履职尽责。

第六十四条　【未成年人网络保护的宗旨】国家、社会、学校和家庭应当加强未成年人网络素养宣传教育，培养和提高未成年人的网络素养，增强未成年人科学、文明、安全、合理使用网络的意识和能力，保障未成年人在网络空间的合法权益。

条文主旨

本条是关于未成年人网络保护宗旨的规定。

条文释义

未成年人是祖国的未来、民族的希望，在互联网不断渗透的信息化浪潮下，网民“首次触网年龄”明显提前。据中国互联网络信息中心（CNNIC）发布的第43次《中国互联网络发展状况统计报告》显示，截至2018年12月，我国19岁以下网民约占全体网民的21.6%，全年新增网民5653万人，互联网普及率达59.6%，较2017年年底提升3.8个百分点；在我国网民中，学生群体最多，占比达

25.4%。[①] 而一项由共青团中央维护青少年权益部、中国互联网络信息中心共同发布的《2018 年全国未成年人互联网使用情况研究报告》则显示，我国未成年网民规模为 1.69 亿，未成年人的互联网普及率达到 93.7%，高于同期全国人口的互联网普及率（57.7%）。[②] 加强未成年人网络保护具有极其重要的现实意义和战略意义，已成为当今社会的广泛共识。一方面，网络为未成年人获取知识、自我表达、娱乐和社交提供了便捷途径，对其生活和成长发挥着越来越大的影响；可以说，未成年人的网络权益已经成为其发展权、参与权、娱乐权的一种具体的时代体现；正确合理高效地使用网络的能力已经成为他们健康成长的重要因素。另一方面，由于未成年人的心智尚未成熟，他们对于互联网信息和应用的是非利弊判断存在不足。互联网对未成年人带来的潜在风险，主要体现在：以网络游戏和短视频为主的网络沉迷；未成年人隐私泄露；网络谣言、低俗色情暴力、恐怖等有害信息的无序传播；网络暴力、网络欺凌对未成年人身心健康造成损害。这就

---

① 《第 43 次〈中国互联网络发展状况统计报告〉》，载中国网信网，http：//www.cac.gov.cn/wxb_ pdf/0228043.pdf，最后访问时间：2020 年 12 月 5 日。

② 《2018 年全国未成年人互联网使用情况研究报告》，载中国青年网，http：//files.youth.cn/download/201903/P020190326787104688503.pdf，最后访问时间：2020 年 12 月 5 日。

要求既要保障未成年人平等、充分、健康、安全地使用网络，又要保护未成年人合法的网络活动。因此，本条规定了未成年人网络保护的宗旨，以提升网络素养为途径，以增强未成年人科学、文明、安全、合理使用网络的意识和能力为方向，以保障未成年人在网络空间的合法权益为根本。

网络对未成年人的影响有利有弊，要趋利避害，让网络在未成年人的成长中发挥有益作用。实现这一目的的途径是对未成年人进行网络素养教育。网络素养，指的是人的基本素养中应具备的网络素质及道德规范，未成年人也应具备网络信息辨别能力和网络规范及道德修养等网络素养教育的整体规划和知识。增强未成年人科学、文明、安全、合理使用网络的意识和能力，这是未成年人网络保护的方向，家庭、学校、政府和社会各方面通过各种方式不断引导未成年人提高其在网络空间活动的自控能力，逐渐形成辨别和抵御网络不良因素的自觉意识，理性地运用网络信息为自身的发展服务，具备网络安全意识，认清网络世界与现实世界的距离，利用网络开展健康有益的活动。充分运用好互联网技术，满足其学习、生活之需，对于未成年人全面健康成长成才具有不可替代的作用。在这种情况下，未成年人与互联网之间的关系，就不再是“能否使用”的问题，而是“如何使用好”的问题。

第六十五条 【促进有益于未成年人的网络因素】国家鼓励和支持有利于未成年人健康成长的网络内容的创作与传播，鼓励和支持专门以未成年人为服务对象、适合未成年人身心健康特点的网络技术、产品、服务的研发、生产和使用。

条文主旨

本条是关于促进有益于未成年人的网络因素的规定。

条文释义

健康的网络文化内容决定健康的网络行为，需要以优质网络文化内容吸引未成年人，打造未成年人专属网络平台。目前，大部分未成年人专属网站和内容缺乏，影响力不大，尚无在功能、内容、覆盖面等方面同大型门户网站相提并论的未成年人专属网站，现有的一些为未成年人设立的网站的知名度还有待提高。网络安全法规定，国家支持研究开发有利于未成年人健康成长的网络产品和服务。对此，本条从鼓励和支持的角度进一步明确促进有益于未成年人的网络因素。

从信息化发展趋势来看，应当正视未成年人的网络使用，提供足够多的有利于未成年人健康成长的网络内容、网络技术、产品和服务，才能顺应未成年人身心发展的规律和特点，适应信息化社会的时代要求。在防止遭受危害信息、可能影响身心健康信息的侵害和负面影响的同时，还应鼓励和支持正面信息和内容产品的创作与传播，而非一概拒绝、排斥乃至否认网络内容及网络技术、产品和服务。只有网络内容的创作不断丰富，才能为增强未成年人的网络使用意识和能力提供用武之地，从而从确保未成年人享受网络内容产业发展成果的角度，保障未成年人在网络空间的合法权益。尤其是在当今世界，各国在高新科技领域间的创新竞争不断加剧，未成年人则是至关重要的下一代参与者。应通过该条规定，鼓励和支持专门以未成年人为服务对象、适合未成年人身心发展特点的网络技术、产品、服务的研发、生产和使用，培养未成年人参与科技创新与国际竞争等兴趣、知识和能力。

其中，有利于未成年人健康成长的网络内容是一个广泛且开放的概念，目前没有具体统一的标准，但在相关规定中有所表述。比如，含有下列内容网络的产品和服务，可以被认定为是有利于未成年人健康成长的：培育和弘扬社会主义核心价值观；弘扬中华优秀传统文化、革命文化和社会主义先进文化；引导树立正确的世界观、人生观、价值观；发扬中华民族传统家庭美德，树立优良家风；符合未成年人身心发展规律和特点；保护未成年人合法权益和情感，体现人文关怀；反映未成年人健康生活和积极向上的精神面貌；普及自然和社会科学知识；国家支持、鼓励政策所涉及的其他内容。

第六十六条　【网信等部门监督检查等执法职责】网信部门及其他有关部门应当加强对未成年人网络保护工作的监督检查，依法惩处利用网络从事危害未成年人身心健康的活动，为未成年人提供安全、健康的网络环境。

条文主旨

本条是关于网信等部门监督检查等执法职责的规定。

条文释义

监管执法体制是法律实施和执行的重要保障，也是未成年人网络保护的关键环节。本条规定的执法监管主体既包括网信部门、公安机关等关系密切的部门，也包括政府的其他有关部门。这一执法监管体制既符合我国的实际，实践证明也是有效的。

从本条的规定来看，一方面，网信部门是监督执法的主责部门。比如，2020 年 7 月 13 日，国家网信办启动为期两个月的“清朗”未成年人暑期网络环境专项整治，围绕未成年人上网的重点环节，清理整治突出问题。截至 9

月中旬，全国网信系统累计暂停更新网站 64 家，会同电信主管部门取消违法网站许可或备案、关闭违法网站 6907 家；有关网站平台依据用户服务协议关闭各类违法违规账号群组 86 万余个。[①] 另一方面，其他部门应当根据自身的职责积极主动履职，加强执法监管。比如，2020 年 8 月 24 日，教育部、国家新闻出版署、中央网信办、工业和信息化部、公安部、市场监管总局等六部门联合下发《教育部等六部门关于联合开展未成年人网络环境专项治理行动的通知》，启动开展未成年人网络环境专项治理行动。通过专项行动，重点检查网络游戏用户账号实名注册制度、控制未成年人使用网络游戏时段时长、向未成年人提供付费和打赏服务等方面，相关平台是否落实要求。

因此，在形成监管执法体制时，明确网信部门在监管过程中的主体地位，加强市场监督，明确教育以及文化、公安、卫生健康等相关部门的职责界限，真正做到各部门之间信息共享、协同执法，以提高监管效率。

① 《国家网信办重拳整治涉未成年人网课平台乱象》，载法制网，http：//www.legaldaily.com.cn/IT/content/2020－09/15/content_8307097.htm，最后访问时间：2020 年 12 月 5 日。

第六十七条 【网络不良信息的确定】 网信部门会同公安、文化和旅游、新闻出版、电影、广播电视等部门根据保护不同年龄阶段未成年人的需要，确定可能影响未成年人身心健康网络信息的种类、范围和判断标准。

条文主旨

本条是关于网络不良信息确定制度的规定。

条文释义

长期以来，我国对网络信息内容的划分标准主要是“违法性”，根据其违法性，分成合法信息内容和违法违规信息内容。未成年人的年龄与心智还未能清楚地识别各类信息想要表达的内涵，于是在违法信息之外还存在大量不适宜未成年人接触的信息，虽然没有达到违法的程度，但是存在一定的危害性，特别是对未成年人身心健康有很大影响，因此需要对这类信息进行管控。从国际经验来看，采取网络信息内容分级管理是保护未成年人网络信息安全最普遍的方式，也是多国不断尝试的主要方向之一。鉴于网络信息内容分级制度是我国网络信息内容管理基本制度的重要组成部分，在整个管理体制中具有特殊性、敏感性，因此在国家尚未对分级制度作出统一明确规定的前提下，为了不限制成年人获取信息自由的权利，同时出于对未成年人的特殊、优先保护，本条规定相关监管部门应当确定哪些是可能影响未成年人身心健康的网络信息，简称网络不良信息。

首先，网信部门会同公安、文化和旅游、新闻出版、电影、广播电视等部门应当出台具体规定，明确可能影响未成年人身心健康的网络不良信息的种类、范围，制定相应判断标准。其次，制定符合国情的网络不良信息确定制度，应当立足于不同年龄阶段未成年人的需要。不同年龄段的未成年人对不良信息的抵御能力并不相同。一般来说，随着年龄的增长、心智的成熟、阅历的增加，未成年人的鉴别能力和自我控制能力都在逐步增强，特定的不良信息对于不同年龄段未成年人的影响也就逐步减弱。在我国的法律规定中，所处的年龄阶段不同，对应的民事权利能力和民事行为能力不同，刑事责任能力也不同。在对未成年人不良信息分类提醒时，既要考虑民事行为能力、刑事责任能力的年龄划分，也要考虑未成年人义务教育阶段的年龄划分，这是由于未成年人的文化教育程度、感知能力和生理心理的不断变化都会直接或间接地影响他们的鉴别能力和自我控制能力。最后，结合未成年人网络保护实践情况规定，网络不良信息包括但不限于：可能诱导未成年人实施暴力、欺凌、自杀、自残、性接触、流浪、乞讨等不良行为的；可能诱导未成年人使用烟草、酒类等不适宜未成年人使用的产品的；可能诱导未成年人产生厌学、愤世、自卑、恐惧、抑郁等不良情绪的；等等。由于网络不良信息不可能完全列举穷尽，因此主管部门在制定相关规范时，重在制定涉及网络不良信息种类、范围和判断标准的指引性、概括性规范，以此引导和指导相关行业组织制定具体标准。

第六十八条　【预防和干预沉迷网络】 **新闻出版、教育、卫生健康、文化和旅游、网信等部门应当定期开展预防未成年人沉迷网络的宣传教育，监督网络产品和服务提供者履行预防未成年人沉迷网络的义务，指导家庭、学校、社会组织互相配合，采取科学、合理的方式对未成年人沉迷网络进行预防和干预。**

任何组织或者个人不得以侵害未成年人身心健康的方式对未成年人沉迷网络进行干预。

条文主旨

本条是关于政府有关部门预防沉迷网络的规定。

条文释义

通常来说，沉迷网络指的是对网络具有强迫性的、不受控制的依赖，并且达到了一旦中断就会产生严重的情感、精神或心理反应的程度。网络沉迷表现为过度或无节制地投入网络使用，对网络使用有强烈的渴求，以及由于某些网络使用行为带来的损伤和痛苦。网络沉迷的典型特征包括过度使用、依赖、凸显性、情绪改变、耐受性、戒断反应、冲突抵触，以及复发。由于未成年人群体认识和意志能力尚未成熟，自控能力薄弱，处在更易于受到沉迷因素侵害的人生阶段，使得其成为更易于形成网络沉迷的高风险群体。相对于成年人群体，未成年人身心处于成长发育的关键时期，网络沉迷所带来的负面影响对于他们的伤害更大、更深远。研究发现，网络沉迷的未成年人对于很多不良行为表现出更高的容忍度，如逃学、抽烟、喝酒和各种暴力行为。网络沉迷的未成年人在与他人相处方面也更加困难，更加不愿意与他人接触交往，造成一些中小学生沉迷游戏、行为失范、价值观混乱等问题。未成年人长时间沉溺于游戏通常会逐渐忽略学习，变得与现实生活中的人际关系相疏离，甚至完全沉浸在网上的虚拟世界，严重影响了他们的学习进步和身心健康，甚至出现人身伤亡、违法犯罪等恶性事件。由于未成年人群体的身心健康成长对家庭和谐、社会发展具有长远的重要意义，政府开展未成年人网络保护工作时应当尤为关注沉迷网络，切实做好预防未成年人沉迷网络教育引导工作，有效维护他们的身心健康和生命安全。基于此，本条从政府职责的角度规定了如何预防和干预未成年人沉迷网络。具体来说，新闻出版、教育、卫生健康、文化和旅游、网信等部门需要结合各自的职责开展以下工作。

一是定期开展预防未成年人沉迷网络的宣传教育。首先，应当是定期进行，如每个学期或者每个学年。其次，宣传教育可以采取灵活多样的形式，既要向未成年人开展宣传教育，也要向其监护人、教师开展宣传教育。比如，多个部门可以联合集中在开学后、放假前等重点时段播放预防中小学生沉迷网络提醒，及时向家长推送防范知识；可以进入学校并联合学校以课堂教学、主题班会、板报广播、校园网站、案例教学、专家讲座、演讲比赛等多种形式开展专题教育，引导学生正确认识、科学对待、合理使用网络，了解预防沉迷网络知识和方式；可以研制预防未成年人沉迷网络的教师、监护人和未成年人手册，制作专题警示片，上传门户网站供各地下载使用；可以开展普及家庭教育科学理念的宣传活动，宣传推广家庭教育指导手册，将未成年人网络保护作为家庭教育的重要内容，指导家长履行监护人职责，引导未成年人限时、安全、理性上网，学习使用文明、健康的网络语言，预防和制止未成年人沉迷网络；可以开通国家中小学网络云平台，设立“网络安全”专栏，从分析网络沉迷危害性、解读相关法律法规、讲解防范办法等多个角度进行教育引导；等等。

二是监督网络产品和服务提供者履行预防未成年人沉迷网络的义务。根据本法的规定，网络产品和服务提供者不得向未成年人提供诱导其沉迷的产品和服务。网络游戏、网络直播、网络音视频、网络社交等网络服务提供者应当针对未成年人使用其服务设置相应的时间管理、权限管理、消费管理等功能。网络游戏服务提供者应当要求未成年人以真实身份信息注册并登录网络游戏，对游戏产品进行分类，作出适龄提示，采取技术措施，不得让未成年人接触不适宜的游戏或者游戏功能。网络游戏服务提供者不得在每日二十二时至次日八时向未成年人提供网络游戏服务。对于网络产品和服务提供者以上这些预防未成年人沉迷网络的义务，政府有关部门应当加强监管，出台更为具体的规定，督促企业严格落实主体责任，配足配强工作力量，要求他们进行全面整治，对未经审批违法违规运营的网络游戏予以查处，对未采取防止未成年人沉迷网络措施的依法予以处罚。

三是指导家庭、学校、社会组织互相配合，采取科学、合理的方式对未成年人沉迷网络进行预防和干预。预防和干预未成年人沉迷网络，学校和家庭、社会组织的方式是否科学、合理，直接影响着措施的效果。因此，政府有关部门应当采取措施加强对他们的指导：就监护人而言，帮助他们提高自身网络素养，掌握沉迷网络早期识别和干预的知识，提醒他们加强与未成年子女的沟通交流，特别要安排好其放学后和节假日生活，引导他们绿色上网，对未成年人网络行为进行合理、有效监管，及时发现、制止和矫正网络沉迷。就学校而言，指导学校加强校园网内容管理，建设校园绿色网络，加强午间、课后等时段管理，规范学生使用手机，引导学校通过排查等方式发现学生沉迷网络等问题，并结合学生实际，及时给予教育和引导，恢复正常的学习生活。就社会组织而言，引导、支持和规范社会组织开展防治未成年人沉迷网络的社会活动，特别是加强网络沉迷干预行为的监管。

四是依法查处以侵害未成年人身心健康的方式对未成年人沉迷网络进行干预。未成年人网络沉迷会导致一系列的负面影响，当达到相当的程度、出现特定的状况或查明某些前置问题时就可能需要必要的专业干预和治疗。目前，国内对于网络沉迷的治疗或干预手段，混合采用了心理咨询、情感沟通、学习辅导、教育活动、体育锻炼、军事训练、徒步旅行和药物治疗等多种方式。尽管不同机构采用了不同的干预手段，但它们都力图培养青少年的自制能力和良好行为。但是，在我国各省市中广泛存在的网络沉迷干预机构中，良莠不齐的现象仍然存在，网络沉迷干预中乱象频发。比如，部分地方违法开办的“戒网瘾训练营”，采取辱骂、殴打、拘禁等野蛮方法进行干预。部分违反医疗常识和规律的干预手段频现，如“电击治疗”，对未成年人身心造成难以修复的严重后果。本条对防治这些乱象画出了一条红线，即任何组织和个人不得通过虐待、胁迫等侵犯未成年人合法权益的手段从事预防和干预未成年人沉迷网络的活动。

第六十九条　【未成年人网络保护软件等安全保护措施】 学校、社区、图书馆、文化馆、青少年宫等场所为未成年人提供的互联网上网服务设施，应当安装未成年人网络保护软件或者采取其他安全保护技术措施。

智能终端产品的制造者、销售者应当在产品上安装未成年人网络保护软件，或者以显著方式告知用户未成年人网络保护软件的安装渠道和方法。

条文主旨

本条是关于使用未成年人保护软件等安全保护措施的规定。

条文释义

在防范未成年人接触违法或者不良网络信息的措施

中，使用上网管理软件被认为是最有效的措施。各方期望上网管理软件能够为青少年提供安全的上网环境，如拦截不良信息、杀毒、限制访问某些网站等。因此，本条就如何普及和推广使用未成年人保护软件等安全保护措施作出规定。

一是学校、社区、图书馆、文化馆、青少年宫等场所为未成年人提供互联网上网服务设施时，应当安装未成年人网络保护软件或者采取其他安全保护技术措施。通常来说，未成年人网络保护软件是对保护未成年人健康上网的一类软件工具的总称，主要功能是直接、主动识别并拦截违法网络信息，具有过滤不良网络信息、控制上网时间、管理聊天交友、管理电脑游戏等功能。除未成年人网络保护软件外，前述场所还可以采取更加方便和人性化的其他安全保护技术手段。比如，2013 年团中央网络影视中心联合某网络公司发起了“青少年网络安全教育工程”，并由某公司作为指定合作机构运营。为解决网络不良信息对未成年人的侵害，该公司基于 PC 端与手机端的不同特质及未成年人上网习惯，联合网络公司共同研发推出安全桌面和安全 OS。安全桌面和安全 OS 可自动拦截不良信息，保证未成年人上网安全，汇聚优质海量免费内容，帮助不同阶段未成年人更好地上网学习。从效果来看，这种技术手段的探索取得了不错的效果。①

二是智能终端产品的制造者、销售者应当在产品上安装未成年人网络保护软件，或者以显著方式告知用户未成年人网络保护软件的安装渠道和方法。根据这一要求，在制造和销售笔记本、手机等智能终端产品时，或者预先安装未成年人保护软件，或者以显著方式告知用户安装未成年人保护软件的渠道和方法，否则智能终端产品属于不合格产品，不得销售。

第七十条　【学校开展未成年人网络保护的职责】 学校应当合理使用网络开展教学活动。未经学校允许，未成年学生不得将手机等智能终端产品带入课堂，带入学校的应当统一管理。

学校发现未成年学生沉迷网络的，应当及时告知其父母或者其他监护人，共同对未成年学生进行教育和引导，帮助其恢复正常的学习生活。

条文主旨

本条是关于学校开展未成年人网络保护职责的规定。

---

① 《网络影视中心携手360致力未成年人上网保护》，载中国网，http://www.china.com.cn/guoqing/2016-02/29/content_37898854.htm，最后访问时间：2020年12月5日。

条文释义

一是学校应当合理使用网络开展教学活动。一方面，全面贯彻党的教育方针，落实立德树人根本任务，发展素质教育，需要促进信息技术与教育教学实践深度融合，推动课堂革命，创新教育教学模式，促进育人方式转变，支撑构建“互联网＋教育”新生态，促进互联网、大数据、人工智能等新技术赋能学校、教师、学生，发展更加公平、更有质量的教育，加快推进教育现代化。比如，我国目前正在持续开展“农村中小学数字教育资源全覆盖”项目，按教学进度通过网络和卫星两种方式免费推送教学资源，帮助农村学校开足开齐开好国家规定课程。另一方面，过度使用网络教学会带来一系列不利影响。比如，会影响教师的备课质量、作业批改质量，甚至会影响上课情绪与工作状态；学生长期在网络环境下学习文化知识，使得网上交际多于现实交际，由于网络的虚拟性、弱社会性和弱规范性等一些特殊性，会使学生的交际能力出现偏差，从而产生过分依赖甚至是沉迷网络的心理；等等。因此，学校教育应当本着按需的原则合理使用电子产品，科学规范指导学生使用信息技术产品，控制学生电子产品使用时长，教学和布置作业不依赖电子产品，限制使用电子产品开展教学时长占教学总时长的比例，原则上采用纸质作业。

二是加强对学生携带智能终端产品的管理。一方面，进一步强化正向引导，加强对学生合理使用手机等智能终端产品的教育引导工作。另一方面，积极创新教育方式和手段，完善学校设施设备，加强对网络和智能终端产品的日常管理。未经学校允许，未成年学生不得将手机等智能终端产品带入课堂，带入学校的应当统一管理。2018 年 8 月，教育部会同国家卫生健康委等八部门印发的《综合防控儿童青少年近视实施方案》就已经明确提出，严禁学生将个人手机、平板电脑等电子产品带入课堂，带入学校的要进行统一保管。

三是与父母或者其他监护人共同干预未成年学生沉迷网络的行为。学校及教师应当密切关注学生的言行、心理以及学习成绩等各方面的变化，了解学生的思想动态，通过观察一旦发现未成年学生沉迷网络的，应当及时告知其父母或者其他监护人，重视监护人教育和家庭预防，推动监护人履行监护责任，帮助他们提高网络素养、沟通技巧和认识沉迷网络的危害，以科学、合理的方式共同对未成年学生进行教育和引导，对沉迷网络做到早发现、早预防和早控制，帮助其恢复正常的学习生活。

第七十一条 【父母或者其他监护人开展网络保护的职责】未成年人的父母或者其他监护人应当提高网络素养，规范自身使用网络的行为，加强对未成年人使用网络行为的引导和监督。

未成年人的父母或者其他监护人应当通过在智能终端产品上安装未成年人网络保护软件、选择适合未成年人的服务模式和管理功能等方式，避免未成年人接触危害或者可能影响其身心健康的网络信息，合理安排未成年人使用网络的时间，有效预防未成年人沉迷网络。

条文主旨

本条是关于父母或者其他监护人开展网络保护职责的规定。

条文释义

家庭教育是未成年人教育中至关重要也是影响最深远的因素。从情感上来说，未成年人最值得信赖和依靠的是监护人，监护人对其兴趣爱好的引导、身心健康的照顾都是其他角色无法替代的。从法律责任来说，监护人对未成年人承担监护责任，保护被监护人的人身、财产及其他合法权益。因此，无论是情感上还是法律上，监护人对未成年人都有不可推卸的责任和义务。具体到未成年人网络保护领域，未成年人获得上网渠道和工具最直接的来源是监护人，未成年人上网的场所主要也由监护人提供，因此监护人在未成年人网络保护中是最为关键的角色之一，是帮助引导未成年人科学、合理地使用网络的核心力量。具体来看，监护人主要从以下两个方面履行网络保护的责任。

一是接受家庭教育指导，提升网络素养，以身作则地引导和监督未成年人的网络使用行为。监护人应提高自身网络素养，具备更丰富的网络知识、技能和观念，正确看待、应用网络这一新生事物，才能以身作则地监护未成年人，引导和监督未成年人的网络使用行为。特别是，实践中还会出现未成年人使用监护人的智能终端、账号和支付密码进行网络使用和消费的行为，监护人还代为验证，绕开时间管理、消费管理等技术措施。这也是当前实践面临的难题，需要以监护人提高自身网络素养、以身作则地规范自身行为为前提，再对未成年人的行为进行引导和监督。当然，对于监护人如何提高自身网络素养，则需通过各种专业机构开展亲子教育、家庭教育指导等，确实提高监护人的网络素养。这也与本法规定的监护人学习家庭教育知识和接受家庭教育指导、学校对监护人给予必要的家庭教育指导、家庭教育指导服务纳入城乡公共服务体系、责令接受家庭教育指导等措施相协调。立法关于网络素养的规定也与国际经验接轨，根据2020年5月OECD发布的关于儿童在线保护的报告，目前许多发达国家也在积极开展“数字扫盲”计划，帮助监护人和学生提升网络素养。家长陪伴孩子时应尽量减少使用电子产品。此外，父母或者其他监护人还应当从教育引导、以身作则、注重陪伴、疏导心理、配合学校等方面做好“五要”。一要善引导，重监督。父母或者其他监护人须强化监护职责，养良善之德，树自卫之识，戒网络之瘾，辨不良之讯。必要时，可以通过订立协议或者家规的方式，限制电子产品的使用时间和使用方式，父母或者其他监护人以及未成年人应共同遵守。二要重表率，立榜样。父母或者其他监护人在使用网络特别是手机等移动终端设备时，要做到理性地节制。比如，在与未成年人交往时，要有意识地放下手机、离开电脑，与孩子面对面地交谈、交流和交往，多与未成年人一起进行户外活动。三要常陪伴，增亲情。父母或者其他监护人须营造和美家庭，增亲子之情，理假日之乐，广健康之趣，育博雅之操。根据未成年人的特点，主动改变家庭教养方式，加强与未成年人的沟通和交流，密切亲子关系，营造良好家庭氛围。关掉手机和电脑之后，父母或者其他监护人应给予未成年人高质量的陪伴，协助他们在生活中培养兴趣，创造比玩网络游戏更加有趣的活动经验，如全家一起读书、下棋、运动、做家务、走亲访友、举家旅行、参观博物馆和欣赏音乐会等，支持未成年人结交朋友、参加社团、开展志愿服务和勤工俭学等。四要导心理，促健康。父母或者其他监护人须关注子女情绪，调其心理，坚其意志，勇于面对挫折，正确利用网络。五要多配合，常沟通。父母或者其他监护人须主动配合学校，常通报情况，多交换信息，早发现苗头，防患于未然。

二是主动在智能终端产品上安装未成年人网络保护软件、选择适合未成年人的服务模式和管理功能等。网络内容纷繁复杂，尤其在普适性的网站或移动应用程序中，可能会出现不适宜未成年人接触的内容。鉴于此，有必要安装未成年人网络保护软件，以及在未成年人使用的移动应用程序中选择适用于未成年人的服务模式。虽然相关企业可以提供相应技术手段，但是最重要的一环还在于监护人的监督和执行。由此，实现对应的监护目的，即避免未成年人接触危害或者可能影响其身心健康的网络信息，合理控制电子产品使用和合理安排未成年人使用网络的时间，有效预防未成年人沉迷网络等。比如，2018 年 8 月 30 日，教育部、国家卫生健康委员会等八部门联合印发的《综合防控儿童青少年近视实施方案》指出，父母或者其他监护人应当有意识地控制学龄前儿童使用电子产品，非学习目的的电子产品使用单次不宜超过 15 分钟，每天累计不宜超过 1 小时，使用电子产品学习 30～40 分钟后，应休息远眺放松10分钟，年龄越小，连续使用电子产品的时间应越短。

第七十二条　【未成年人个人信息保护】信息处理者通过网络处理未成年人个人信息的，应当遵循合法、正当和必要的原则。处理不满十四周岁未成年人个人信息的，应当征得未成年人的父母或者其他监护人同意，但法律、行政法规另有规定的除外。

未成年人、父母或者其他监护人要求信息处理者更正、删除未成年人个人信息的，信息处理者应当及时采取措施予以更正、删除，但法律、行政法规另有规定的除外。

条文主旨

本条是关于未成年人个人信息保护的规定。

条文释义

未成年人个人信息被非法处理通常是当前未成年人个人信息面临各种安全隐患的风险源。一方面，未成年人个人信息蕴含着巨大的商业利益，这诱发使用各种手段收集、窃取未成年人个人信息，导致海量的未成年人个人信息流入公民个人信息黑灰产业链，面临被二次加工和非法买卖，使得大规模的信息滥用和信息犯罪成为可能。另一方面，未成年人的面部信息、生活习惯、个人喜好、行踪轨迹等隐私内容暴露在网络之下后，很容易诱发利用未成年人个人信息的违法犯罪，直接威胁未成年人及其监护人的人身和财产安全，对未成人的心理健康和成长发育造成潜在的负面影响。比如，以未成年人为对象的网络诈骗犯罪已经呈现出较为严峻的态势。《2018 年上半年中国互联网安全报告》显示，2018 年上半年，“00 后”在网络诈骗受害者中的比例占到 38.6%。[①] 基于未成年人认知能力、危险识别能力和自我保护能力相对薄弱，本条对加强未成年人个人信息保护作出了具体要求。

一是通过网络处理未成年人个人信息需要遵守的原则。信息处理者通过网络处理未成年人个人信息的，应当遵循合法、正当和必要的原则。根据网络安全法第七十六条第一项的规定，网络是指由计算机或者其他信息终端及相关设备组成的按照一定的规则和程序对信息进行收集、存储、传输、交换、处理的系统。根据民法典第一千零三十四条的规定，个人信息是以电子或者其他方式记录的能够单独或者与其他信息结合识别特定自然人的各种信息，包括自然人的姓名、出生日期、身份证件号码、生物识别

① 《2018 年上半年中国网络安全报告》，载瑞星网，http：//it. rising. com. cn/dongtai/19507. html，最后访问时间：2020 年 11 月 10 日。

信息、住址、电话号码、电子邮箱、健康信息、行踪信息等。根据民法典第一千零三十五条的规定，个人信息的处理包括个人信息的收集、存储、使用、加工、传输、提供、公开等。也就是说，处理未成年人个人信息，涉及未成年人个人信息全生命周期的保护。根据网络安全法第四十一条的规定，网络运营者收集、使用个人信息，应当遵循合法、正当、必要的原则，公开收集、使用规则，明示收集、使用信息的目的、方式和范围。根据民法典第一千零三十五条的规定，处理个人信息的，应当遵循合法、正当、必要原则，不得过度处理，并符合下列条件："（一）征得该自然人或者其监护人同意，但是法律、行政法规另有规定的除外；（二）公开处理信息的规则；（三）明示处理信息的目的、方式和范围；（四）不违反法律、行政法规的规定和双方的约定。"根据《儿童个人信息网络保护规定》的规定，网络运营者收集、存储、使用、转移、披露儿童个人信息的，应当遵循正当必要、知情同意、目的明确、安全保障、依法利用的原则。具体要求包括：设置专门的儿童个人信息保护规则和用户协议；征得同意时应当同时提供拒绝选项，并明确告知收集、存储、使用、转移、披露儿童个人信息的目的、方式和范围，儿童个人信息存储的地点、期限和到期后的处理方式，儿童个人信息的安全保障措施，拒绝的后果，投诉、举报的渠道和方式，更正、删除儿童个人信息的途径和方法；不得收集与其提供的服务无关的儿童个人信息；不得超过实现其收集、使用目的所必需的期限；应当以最小授权为原则，严格设定信息访问权限，控制儿童个人信息知悉范围；向第三方转移儿童个人信息的，应当自行或者委托第三方机构进行安全评估；等等。

二是知情同意补全规则，即处理不满十四周岁未成年人个人信息的，还应当征得未成年人的父母或者其他监护人同意，但法律、行政法规另有规定的除外。民法典、网络安全法、电子商务法、消费者权益保护法以及个人信息保护法均明确收集、处理个人信息需要经过信息主体的同意，此即为知情—同意规则。由于不满十四周岁的未成年人尚不具备完全的民事行为能力，对其自身权利的认知不足，处分自身权益的意思表示存在瑕疵，需要监护人的补全，因此域外普遍在立法中规定了由其监护人代行同意的措施。我国《儿童个人信息网络保护规定》吸收了这一做法，要求网络运营者收集、使用、转移、披露未满十四周岁未成年人个人信息的，应当以显著、清晰的方式告知其监护人，并应当征得监护人的同意。同时，当特定的告知事项发生实质性变化时，应当再次征得未满十四周岁未成年人监护人的同意。网络运营者因业务需要，确需超出约定的目的、范围使用未满十四周岁未成年人个人信息的，应当再次征得其监护人的同意。为了严格限制例外情形，应当明确网络运营者处理未成年人个人信息可以不经过监护人明示同意的情形：为维护国家安全或者公共利益或者为消除未成年人人身或者财产上的紧急危险。

三是通知更正删除个人信息规则，即未成年人、父母或者其他监护人要求信息处理者更正、删除未成年人个人信息的，信息处理者应当及时采取措施予以更正、删除，但法律、行政法规另有规定的除外。民法典第一千零三十七条和网络安全法第四十三条赋予用户对其个人信息进行更正、删除的权利。民法典规定，自然人可以依法向信息处理者查阅或者复制其个人信息；发现信息有错误的，有权提出异议并请求及时采取更正等必要措施。自然人发现信息处理者违反法律、行政法规的规定或者双方约定处理其个人信息的，有权请求信息处理者及时删除。网络安全法规定，个人发现网络运营者违反法律、行政法规的规定或者双方的约定收集、使用其个人信息的，有权要求网络运营者删除其个人信息；发现网络运营者收集、存储的其个人信息有错误的，有权要求网络运营者予以更正。网络运营者应当采取措施予以删除或者更正。结合本条的规定，涉及未成年人个人信息的更正和删除，增加了三项新的要求：未成年人、父母或者其他监护人其中任何一方都可以提出相关通知；通知更正的情形，不限于有错误的，换言之，只要未成年人、父母或者其他监护人认为相关个人信息不适当，均可以通知更正；通知删除的情形，不限于违反法律、行政法规的规定或者双方的约定，换言之，未成年人、父母或者其他监护人通知删除个人信息时不用解释和提供任何理由。可见，本条实质上赋予了未成年人或其监护人对于未成年人个人信息享有更广泛的更正权、删除权，即当未成年人或其监护人认为确有必要时，即可根据本条内容要求信息处理者更正、删除未成年人个人信息。比如，《儿童个人信息网络保护规定》已经作出了类似的规定，其第二十条规定，儿童或者其监护人要求网络运营者删除其收集、存储、使用、披露的儿童个人信息的，网络运营者应当及时采取措施予以删除，包括但不限于以下情形：网络运营者违反法律、行政法规的规定或者双方的约定收集、存储、使用、转移、披露儿童个人信息的；超出目的范围或者必要期限收集、存储、使用、转移、披露儿童个人信息的；儿童监护人撤回同意的；儿童或者其监护人通过注销等方式终止使用产品或者服务的。

第七十三条　【未成年人私密信息提示和保护】网络服务提供者发现未成年人通过网络发布私密信息的，应当及时提示，并采取必要的保护措施。

条文主旨

本条是关于未成年人私密信息提示和保护的规定。

条文释义

现代社会是信息社会，要维护自然人的私生活安宁和私生活秘密不受侵害，就必须保护自然人的私密信息不被随意收集、公开或者被滥用。现代隐私权的一项重要功能就是保护自然人的私密信息。民法典第一千零三十二条第二款规定，隐私是自然人的私人生活安宁和不愿为他人知晓的私密空间、私密活动、私密信息。自然人的私密信息的范围十分广泛，凡是自然人不愿意为他人知晓的信息，无论是婚姻信息、财产信息、健康信息、家庭住址、病历资料、犯罪记录、个人人生经历、嗜好、日记、私人信件以及其他个人不愿公开的信息等，都可以纳入私密信息的范围。例如，民法典第一千二百二十六条规定的患者隐私和个人信息，传染病防治法第十二条第一款第二句规定的涉及个人隐私的有关信息、资料，精神卫生法第四条第三款规定的精神障碍患者的姓名、肖像、住址、工作单位、病历资料以及其他可能推断出其身份的信息，《艾滋病防治条例》第三十九条第二款规定的艾滋病病毒感染者、艾滋病病人及其家属的姓名、住址、工作单位、肖像、病史资料以及其他可能推断出其具体身份的信息等，都属于这里的私密信息范围。

民法典第一千零三十四条规定，个人信息是以电子或者其他方式记录的能够单独或者与其他信息结合识别特定自然人的各种信息，包括自然人的姓名、出生日期、身份证件号码、生物识别信息、住址、电话号码、电子邮箱、健康信息、行踪信息等。在此基础上，民法典第一千零三十四条第三款区分了个人信息中的私密信息与非私密信息，前者是自然人不愿意为他人知晓的信息，且该信息也与公共利益等无关，后者并非是自然人不愿意为他人知晓的信息，这些信息有些已经处于公开状态，有些是自然人愿意且往往必须为他人所知才能使得自然人更好地参与社会交往活动。由于个人信息中私密信息与非私密信息存在以上根本区别，在区分私密信息和非私密信息的基础上，需要明确隐私权与个人信息保护的适用关系：个人信息中的私密信息，适用有关隐私权的规定；没有规定的，适用有关个人信息保护的规定。

由于未成年人对个人信息中的私密信息自我保护意识较弱，缺乏必要的敏感和警觉，而且一旦泄露或者公开后，会对其造成不可弥补的负面影响。因此，本条在民法典的基础上对未成年人私密信息保护作出了更高的要求。一方面，未成年人私密信息既受到隐私权保护，也受到个人信息保护规则的保护。在处理私密信息时，首先要适用的是民法典关于隐私权的规定，然后才能适用民法典关于个人信息保护的规定。依据民法典第一千零三十三条第五项，处理未成年人的私密信息要么是取得未成年人本人的“明确同意”，要么是依据法律的规定。否则，任何组织或者个人实施的处理未成年人私密信息的行为都构成侵害隐私权。但是，对于处理未成年人非私密的个人信息，依据民法典第一千零三十五条，要么是依据法律、行政法规的规定，要么是得到该未成年人或者其监护人的“同意”。另一方面，在未成年人成为网络信息发布者的情况下，由于他们可能发布涉及私密内容的个人信息，需要从未成年人网络保护的角度，对此作专门规定，对未成年人私密信息的保护更为严密。当其通过网络发布私密信息，网络服务提供者发现后应当及时提示，告知这些私密信息可能给其带来的影响，请其慎重考虑，并采取必要的保护措施，如通过技术手段暂缓发布、暂时屏蔽或者隐匿、通知其监护人，等等。

第七十四条　【网络产品和服务预防沉迷网络的措施】网络产品和服务提供者不得向未成年人提供诱导其沉迷的产品和服务。

网络游戏、网络直播、网络音视频、网络社交等

网络服务提供者应当针对未成年人使用其服务设置相应的时间管理、权限管理、消费管理等功能。

以未成年人为服务对象的在线教育网络产品和服务，不得插入网络游戏链接，不得推送广告等与教学无关的信息。

条文主旨

本条是关于网络产品和服务提供者预防未成年人沉迷网络措施的规定。

条文释义

网络产品和服务提供者是预防未成年人网络沉迷的关键主体。数量众多的未成年网络使用者是网络经营者的客户，也是行业竞争争夺的对象。为了强化网络产品和服务提供者预防未成年人沉迷网络的法律责任，避免其逃避应尽的义务，本条就此作出了明确要求。

本条第一款从内容防沉迷的角度，规定了所有网络产品和服务提供者的未成年人保护义务，要求其不得向未成年人提供诱导其沉迷的产品和服务。当然，如何判断“诱导其沉迷的产品和服务”，这就要求网络产品和服务提供者制定本行业相应的具体标准，在开发相关产品和服务的过程中进行预防未成年人沉迷的伦理审查。发现存在诱导因素时，网络产品和服务的开发者、提供者应当进行相应的技术改造或者采取其他预防性措施。

本条第二款从功能防沉迷的角度，要求网络产品和服务提供者应当设置相应的管理功能。首先，以网络游戏、网络直播、网络音视频、网络社交等为代表的网络服务提供者应当注重履行这一义务。当然，适用的服务类型不应局限于列举的四种网络服务。该款规定以顿号和“等”列举了四种网络服务类型，意味着除此之外，其他网络服务提供者也应视情况提供相应未成年人保护的管理功能。这也是不同类型的网络服务提供者所应承担的未成年人网络保护义务的应有之义，与第一款要求所有网络产品和服务提供者在内容层面履行相应义务相协调。其次，应当针对未成年人使用其服务设置相应的管理功能。网络产品和服务提供者应当针对未成年人这部分群体使用其服务，设置相应的管理功能，并非要求针对所有用户群体都设置这些功能。最后，网络服务提供者应当结合其网络服务的特殊性，确定其所应提供的管理功能的类型。关于网络服务提供者如何提供管理功能，需结合条文以顿号与“等”列举三种管理功能的规定，从以下两方面理解：一方面，网络服务提供者应结合各自对应网络服务的特点，确定所要提供的管理功能的种类，原则上要包括所明确列举的时间管理、权限管理、消费管理这三种管理功能。另一方面，网络服务提供者所能提供的管理功能，不应限于条文明确列举的三种情形。此外，应当结合自身网络服务类型的特点，基于预防沉迷网络的需要，应当采取其他与其服务类型相适应的管理功能。就时间管理功能而言，结合“过度使用”问题的担忧来看，时间管理既应包括时长管理，也应包括时段管理。时长管理是指对未成年人的每日累计使用时长进行控制管理，超过时长标准的，应当限制未成年人的使用。时段管理是指对未成年人的晚上休息的特定时段，进行网络使用的管理控制。就权限管理功能而言，不同网络产品和服务所对应的权限管理功能有所不同，主要可以从功能使用权限、内容访问权限等角度，设置权限管理，为未成年人用户提供合适的网络产品和服务。就消费管理功能而言，未成年人的自制力确有不足，缺乏足够的金钱观念，可能会在网游或者打赏中进行过度消费，这需要采取措施防止超出与其年龄相匹配的消费或者大额消费，网络服务提供者设置消费管理。如果国家在这方面已经出台了具体规定，网络服务提供者在设置相关管理功能时，应当严格遵守国家规定。比如，根据国家新闻出版署印发的《关于防止未成年人沉迷网络游戏的通知》，网络游戏企业须采取有效措施，限制未成年人使用与其民事行为能力不符的付费服务。网络游戏企业不得为未满八周岁的用户提供游戏付费服务。同一网络游戏企业所提供的游戏付费服务，八周岁以上未满十六周岁的用户，单次充值金额不得超过50元人民币，每月充值金额累计不得超过200元人民币；十六周岁以上未满十八周岁的用户，单次充值金额不得超过100元人民币，每月充值金额累计不得超过400元人民币。根据国家广电总局发布的《关于加强网络秀场直播和电商直播管理的通知》，网络秀场直播平台要对网络主播和“打赏”用户实行实名制管理，未成年用户不能打赏。

本条第三款对未成年人经常使用的在线教育作出了防沉迷的规定。近年来，学习教育类网站平台和APP已成为未成年人居家学习的主要渠道。但一些网站平台无视社会责任，屡屡利用网课推广网游、交友信息，甚至散布色情、暴力、诈骗信息，极大地危害了广大学生特别是未成年人身心健康。目前，国家网信办已经对相关平台视违规情节和问题性质，依法分别采取约谈、责令限期整改、暂停相关频道栏目更新、全面下架，停止互联网接入服务、严肃处理相关责任人等处罚措施。由于在线教育某种程度上是在网络空间为未成年人提供了一个虚拟的教育环境，在线教育产品和服务相当于提供了虚拟的教师，因此对在校教育营造的虚拟学习环境应当作出与线下校园环境、线下教师职业道德相类似的要求。为进一步强化以未成年人为服务对象的在线教育网络产品和服务这方面的职责，本款明确要求其不得插入任何类型的网络游戏的链接，也不得推送广告、娱乐直播等任何与教学无关的信息。

第七十五条 【网络游戏服务提供者的保护职责】 网络游戏经依法审批后方可运营。

国家建立统一的未成年人网络游戏电子身份认证系统。网络游戏服务提供者应当要求未成年人以真实身份信息注册并登录网络游戏。

网络游戏服务提供者应当按照国家有关规定和标准，对游戏产品进行分类，作出适龄提示，并采取技术措施，不得让未成年人接触不适宜的游戏或者游戏功能。

网络游戏服务提供者不得在每日二十二时至次日八时向未成年人提供网络游戏服务。

条文主旨

本条是关于网络游戏服务提供者保护未成年人措施的规定。

条文释义

近年来，网络游戏行业在满足群众休闲娱乐需要、丰富人民精神文化生活的同时，也出现一些值得高度关注的问题，特别是未成年人沉迷网络游戏、过度消费等现象，对未成年人身心健康和正常学习生活造成不良影响，社会反映强烈。为规范网络游戏服务，引导网络游戏企业切实把社会效益放在首位，有效遏制未成年人沉迷网络游戏、过度消费等行为，保护未成年人身心健康成长，同时促进网络游戏繁荣沿着健康有序的方向发展，本条规定了网络游戏服务提供者保护未成年人的职责。

一是所有网络游戏须经依法审批后方可运营。基于《出版管理条例》和《网络出版服务管理规定》的规定，网络游戏上网出版前，必须向所在地省、自治区、直辖市出版行政主管部门提出申请，经审核同意后，报国家出版行政主管部门审批。该条在此以法律的形式对此作出专门规定。与此同时，国家新闻出版署正在开展国产网络游戏属地审批试点，并制定网络游戏监管专门立法。如何理解“经依法审批后方可运营”规定中，“审批”与“备案”、“运营”与“出版”“经营”的关系，应根据我国网络游戏审批制度的改革作出相应理解。

二是落实未成年人实名注册网络游戏用户账号。国家建立统一的未成年人网络游戏电子身份认证系统，以此解决实名认证、身份识别等基础性难题。2007 年以来，网络游戏主管部门已经提出防沉迷要求。网络游戏运营接入身份证验证系统，但基于当时的技术水平和能力，该系统仅判断是否关联了身份证号，甚至只作身份证号的特征判断，并未真正与官方数据库关联，难以判断账号注册是否真正实名。2010 年《网络游戏管理暂行办法》（已失效）出台，明确要求网络游戏应当实名注册，网络游戏行业逐渐引入公安部的身份证验证系统，判断是否实名。但仍面临着无法判断账号注册者与账号使用者是否真正一致的问题。2017 年以来，网络游戏领域的未成年人保护问题越来越引起重视，网游行业针对上述账号注册者与账号使用者是否一致的问题不断探索，先行先试一些技术方案，但又碰到未成年人个人信息处理等新问题。为破解这些难题，亟须由国家建立统一的未成年人网络游戏电子身份认证系统。在该系统建立后，所有网络游戏用户均须使用有效身份信息方可进行游戏账号注册，网络游戏企业应建立并实施用户实名注册系统，要求已有用户全部完成实名注册，对未完成实名注册的用户停止提供游戏服务，发现未成年人用户使用成年人信息和名义注册的应当及时告知以真实的身份注册登录，不得以任何形式为未实名注册的新增用户提供游戏服务。

三是网络游戏分类与适龄提示限制。区别于国外以行业自律为主的游戏分级制度，该款要求网络游戏服务提供者应当按照国家有关规定，从游戏内容和功能的心理接受程度、对抗激烈程度、可能引起认知混淆程度、可能导致危险模仿程度、付费消费程度等多维度综合衡量，对游戏产品进行分类。在合法出版的网络游戏中，再结合未成年人的年龄，对适合该年龄段的未成年人接触的网络游戏进行提示，并在用户下载、注册、登录页面等位置显著标明。网络游戏服务提供者应当分析并根据未成年人沉迷的成因，采取修改游戏内容、功能或者规则等技术措施，防止让未成年人接触不适宜的游戏或者游戏功能。

四是网络游戏使用时段限制。考虑到未成年人健康成长，保障他们获得足够的休息，应当对其使用网络游戏的时段予以限制，即网络游戏服务提供者不得在每日二十二时至次日八时向未成年人提供网络游戏服务，也称为“游戏宵禁”。

第七十六条　【网络直播服务提供者的保护职责】网络直播服务提供者不得为未满十六周岁的未成年人提供网络直播发布者账号注册服务；为年满十六周岁的未成年人提供网络直播发布者账号注册服务时，应当对其身份信息进行认证，并征得其父母或者其他监护人同意。

条文主旨

本条规定了网络直播服务提供者保护未成年人的职责。

条文释义

近年来，随着网络直播平台的迅速发展，未成年人网络直播异军突起，呈现出逐年增长的态势。新浪微博数据中心发布的《2016年直播行业洞察报告》显示，全国共产生了200家直播平台，11岁至16岁的网络主播占到总数的12%。[①] 由于网络经营者只关注经济利益，罔顾社会影响，未成年人网络直播引发了一系列的社会问题。比如，接受义务教育的未成年人进行网络直播，很大程度上会影响他们正常的学习和生活。在进行网络直播时，正在接受义务教育的未成年人长时间面对电脑或手机，必然造成视力下降和身体劳累，并且很容易形成网络依赖，沉溺其中难以自拔。此外，网络的虚拟性必然会影响到未成年人在现实生活中的正常人际交往，甚至有可能导致人际交往障碍，有的未成年人为了吸引粉丝，甚至会在直播平台进行脱衣、露体直播，滋生未成年人恋爱、怀孕、生子等这些乱象。从网络直播行为性质来看，其属于民事法律范畴。从我国民法典关于自然人民事行为能力的规定来看，未成年人分为无民事行为能力人和限制民事行为能力人，而十六周岁通常是未成年人完成义务教育的年龄，已经可以从事相关劳动和工作，包括

---

① 《2016年直播行业洞察报告》，载新浪微博，https：//data. weibo. com/report/reportDetail? id＝328，最后访问时间：2020年12月5日。

进行网络直播。虽然以自己劳动收入为生活来源的年满十六周岁的未成年人可以被视为完全民事行为能力人，但其依然处于监护人的监护之下。基于此，为保障不满十六周岁的未成年人接受义务教育，避免他们沉迷于网络直播，保障年满十六周岁未成年人以网络直播为工作的权利，监督和引导年满十六周岁未成年人合理合法进行网络直播，本条规定网络直播服务提供者不得为未满十六周岁的未成年人提供网络直播发布者账号注册服务，为年满十六周岁的未成年人提供网络直播发布者账号注册服务时，应当对其身份信息进行认证，并征得其父母或者其他监护人同意。

在履行该条规定的义务时，网络直播服务提供者应当通过实名验证、人脸识别、人工审核等措施，确保实名制要求落到实处。同时，应当认识到，网络虚拟社会已成为日常学习、生活和工作不可分离的一部分，未成年人参与网络直播在某种程度上是其展现自我、体现自我价值的渠道。因此，在坚持不得为未满十六周岁的未成年人提供网络直播发布者账号注册服务的同时，并没有否认和剥夺未成年人参与网络直播的行为。相反，对于未成年人通过参与网络直播向社会传递正能量、展示才艺等行为，应当予以尊重。这就要求建立健全未成年人参与网络直播的相关管理规定和行业自律准则，以规范直播行为、明晰直播法律责任，让未成年人可以依法参与直播。

第七十七条　【网络欺凌防治】任何组织或者个人不得通过网络以文字、图片、音视频等形式，对未成年人实施侮辱、诽谤、威胁或者恶意损害形象等网络欺凌行为。

遭受网络欺凌的未成年人及其父母或者其他监护人有权通知网络服务提供者采取删除、屏蔽、断开链接等措施。网络服务提供者接到通知后，应当及时采取必要的措施制止网络欺凌行为，防止信息扩散。

条文主旨

本条是关于防治对未成年人进行网络欺凌的规定。

条文释义

日常生活中，网络欺凌的表现形式多样，通过电子邮件、短信、QQ、MSN 或其他通讯方式持续发送威胁性的或者侮辱性的信息骚扰他人，通过公开个人信息或发布视频、图文等使人尴尬、受侮辱，更改他人图片进行诽谤、中伤，在论坛、博客、社交网站上公开辱骂、侮辱、嘲笑、恐吓或孤立他人，强制传递暴力、色情等垃圾信息，或者反复拨通电话后却保持静默等。当未成年人遭遇网络欺凌时，会给未成年人的心理造成巨大压力，使他们产生厌学、自杀等消极情绪，严重侵害未成年人的身心健康。

基于此，本条对网络欺凌未成年人的防治作出明确规定。

一方面，禁止对未成年人进行网络欺凌。任何组织或者个人不得通过网络以文字、图片、音视频等形式，对未成年人实施侮辱、诽谤、威胁或者恶意损害形象等网络欺凌行为。网络欺凌行为可以根据地理位置分为三种形式：在校园内用学校设备实施的网络欺凌、在校园内用自己的设备（手机等）实施的网络欺凌、在校园外实施的网络欺凌。网络欺凌行为主要表现为谩骂、骚扰、诋毁、伪装、揭私或诱导暴露隐私、排斥、盯梢等。网络欺凌通常使用的媒介主要有手机短信、电子邮件、网站、博客、聊天室、即时信息和社交网络等。与理论界强调网络欺凌需要具有重复性、持续性和发生损害不同，本条出于更好地保护未成年人，零容忍对未成年人实施网络欺凌，并没有限定这些条件。换言之，只要通过网络以文字、图片、音视频等形式，对未成年人实施侮辱、诽谤、威胁或者恶意损害形象等行为，即使只有一次，也是网络欺凌行为。

另一方面，当未成年人遇到网络欺凌时，网络服务提供者应当及时采取保护措施。遭受网络欺凌的未成年人及其父母或者其他监护人任何一方都有权通知网络服务提供者，网络服务提供者接到通知后应当及时采取删除、屏蔽、断开链接等措施制止网络欺凌行为，防止信息在得到通知后进一步扩散。

第七十八条　【投诉和举报制度】网络产品和服务提供者应当建立便捷、合理、有效的投诉和举报渠道，公开投诉、举报方式等信息，及时受理并处理涉及未成年人的投诉、举报。

条文主旨

本条是关于网络产品和服务提供者建立投诉举报制度的规定。

条文释义

根据网络安全法第四十九条规定，网络运营者应当建立网络信息安全投诉、举报制度，公布投诉、举报方式等信息，及时受理并处理有关网络信息安全的投诉和举报。本条在此基础上，明确要求投诉和举报渠道必须是便捷、合理、有效的。所谓便捷，必须方便用户包括未成年用户识别和发现，投诉举报的步骤应当简练，避免繁琐或者人为设置各种障碍。所谓合理，必须在用户特别是未成年用户能力范围内作出要求，不能对其提出其不可能或者难以完成的要求。所谓有效，必须在接到涉及未成年人的投诉和举报时及时、优先受理和处理，并应当在受理时和处理的每个阶段及时向投诉人和举报人反馈进度情况。

第七十九条　【对网络危害信息的投诉和举报】任何组织或者个人发现网络产品、服务含有危害未成年人身心健康的信息，有权向网络产品和服务提供者或者网信、公安等部门投诉、举报。

条文主旨

本条是关于对网络危害信息投诉和举报的规定。

条文释义

网络中危害未成年人身心健康的信息，通常也称为网络违法信息。根据本法规定，包括含有宣扬淫秽、色情、暴力、邪教、迷信、赌博、引诱自杀、恐怖主义、分裂主义、极端主义等危害未成年人身心健康内容的信息。根据网络安全法的规定，包含危害国家安全、荣誉和利益，煽动颠覆国家政权、推翻社会主义制度，煽动分裂国家、破坏国家统一，宣扬恐怖主义、极端主义，宣扬民族仇恨、民族歧视，传播暴力、淫秽色情，编造、传播虚假信息扰乱经济秩序和社会秩序，以及侵害他人名誉、隐私、知识产权和其他合法权益的信息。根据《互联网信息服务管理办法》的规定，包括含有下列内容的信息：反对宪法所确定的基本原则的；危害国家安全，泄露国家秘密，颠覆国家政权，破坏国家统一的；损害国家荣誉和利益的；煽动民族仇恨、民族歧视，破坏民族团结的；破坏国家宗教政策，宣扬邪教和封建迷信的；散布谣言，扰乱社会秩序，破坏社会稳定的；散布淫秽、色情、赌博、暴力、凶杀、恐怖或者教唆犯罪的；侮辱或者诽谤他人，侵害他人合法权益的；含有法律、行政法规禁止的其他内容的。根据《网络信息内容生态治理规定》的规定，包括含有下列内容的违法信息：反对宪法所确定的基本原则的；危害国家安全，泄露国家秘密，颠覆国家政权，破坏国家统一的；损害国家荣誉和利益的；歪曲、丑化、亵渎、否定英雄烈士事迹和精神，以侮辱、诽谤或者其他方式侵害英雄烈士的姓名、肖像、名誉、荣誉的；宣扬恐怖主义、极端主义或者煽动实施恐怖活动、极端主义活动的；煽动民族仇恨、民族歧视，破坏民族团结的；破坏国家宗教政策，宣扬邪教和封建迷信的；散布谣言，扰乱经济秩序和社会秩序的；散布淫秽、色情、赌博、暴力、凶杀、恐怖或者教唆犯罪的；侮辱或者诽谤他人，侵害他人名誉、隐私和其他合法权益的；法律、行政法规禁止的其他内容。以上网络信息都含有危害未成年人身心健康的内容。为了最大限度为未成年人创造良好的网络环境，本条赋予任何组织或者个人投诉和举报权，当其发现网络产品、服务含有以上内容的，有权向网络产品和服务提供者或者网信、公安等部门投诉、举报。

第八十条　【网络不良信息、危害信息和侵害未成年人违法犯罪的处置】网络服务提供者发现用户发布、传播可能影响未成年人身心健康的信息且未作显著提示的，应当作出提示或者通知用户予以提示；未作出提示的，不得传输相关信息。

网络服务提供者发现用户发布、传播含有危害未成年人身心健康内容的信息的，应当立即停止传输相关信息，采取删除、屏蔽、断开链接等处置措施，保存有关记录，并向网信、公安等部门报告。

网络服务提供者发现用户利用其网络服务对未成年人实施违法犯罪行为的，应当立即停止向该用户提供网络服务，保存有关记录，并向公安机关报告。

条文主旨

本条是关于网络服务提供者对网络不良信息、危害信息和侵害未成年人违法犯罪处置的规定。

条文释义

可能影响未成年人身心健康内容的信息是网络不良信息，区别于危害未成年人身心健康的网络危害信息。如何处理网络服务平台中这类信息，属于平台责任在未成年人网络保护中的新内容。显然，这类信息以发布者、传播者承担标识义务为前提。首先，应当由主管部门制定相应判断标准，明确哪些信息属于网络不良信息。实际上，这一标准制定时，还应考虑发布者、传播者与网络服务提供者的身份差异，区别对待。其次，用户发布或传播这类信息的，应当承担以显著方式作出适当提示的义务。最后，在此基础上，再确定用户利用网络服务平台发布、传播这类信息的处理规则。当发布者、传播者未履行以显著方式作出适当提示的义务时，对网络服务提供者设置以下具体要求：网络服务提供者应当发现用户发布或传播了网络不良信息。网络服务提供者应根据主管部门制定的标准，判断发现用户发布或传播的信息中是否有此类信息。当网络服务提供者发现用户没有对此信息作显著提示时，应当采取后续措施。或者网络服务提供者作出提示，或者网络服务提供者通知用户予以提示。当用户对网络不良信息未作出提示时，不得传输相关信息。

对于用户发布、传播的含有危害未成年人身心健康内容的信息，多部法律法规已经作出列举。对于这类网络违法信息，网络服务提供者发现后，应当立即停止传输相关信息，采取删除、屏蔽等处置措施，保存有关记录，并向网信、公安等部门报告。这一规定与网络安全法第十二条第二款和第四十七条的规定保持了一致。其中，向网信部门、公安机关等部门报告，可以是实时报告，也可以是定期报告。至于选择何种报告，应当根据所处置的网络违法信息的具体情况决定。

对于用户利用网络服务提供者的网络服务对未成年人实施违法犯罪行为的，网络服务提供者发现后，应当立即停止向该用户提供网络服务，保存有关记录，并向公安机关报告。这也与刑事诉讼法第一百一十条的规定相协调，即任何单位和个人发现有犯罪事实或者犯罪嫌疑人，有权利也有义务向公安机关、人民检察院或者人民法院报案或者举报。

第六章　政府保护

※ 本章导读 ※

我国宪法规定，儿童受国家保护，国家培养儿童、少年、青年在德智体等方面全面发展。根据本法总则第三条的规定，国家保障未成年人的生存权、发展权、受保护权、参与权等权利，而且要保障未成年人依法平等地享有各项权利。这些规定旗帜鲜明地表明了未成年人保护的国家责任。落实国家责任，最重要的环节之一就是明确政府及有关部门的职责，有效保障和不断促进未成年人福利。本章从政府及有关部门如何保障和促进未成年人在家庭、学校、社会等领域享有的福利出发，分别规定了政府保护的工作机制、家庭教育促进、义务教育保障、学前教育和婴幼儿照护服务发展、职业教育和特殊教育促进、校园安全及周边治安保障、适合未成年人活动场所的促进、卫生保健服务、困境未成年人分类保障、民政监护、未成年人保护热线、社会支持服务等措施。

第八十一条　【政府保护工作机制】县级以上人民政府承担未成年人保护协调机制具体工作的职能部门应当明确相关内设机构或者专门人员，负责承担未成年人保护工作。

乡镇人民政府和街道办事处应当设立未成年人保护工作站或者指定专门人员，及时办理未成年人相关事务；支持、指导居民委员会、村民委员会设立专人专岗，做好未成年人保护工作。

条文主旨

本条是关于各级人民政府开展未成年人保护工作机制的规定。

条文释义

各级人民政府开展未成年人保护工作，既需要明确特定机构或者专门人员负责具体事务性工作，又需要打通未成年人保护工作“最后一公里”。这是关系政府保护落地的关键问题。因此，本条分别规定了县级以上人民政府、乡镇人民政府和街道办事处的未成年人保护工作机制。

根据第九条的规定，国务院承担未成年人保护协调机制具体工作的是民政部。根据《民政部职能配置、内设机构和人员编制规定》，民政部设立儿童福利司，职责主要是拟订儿童福利、孤弃儿童保障、儿童收养、儿童救助保护政策、标准，健全农村留守儿童关爱服务体系和困境未成年人保障制度。可见，民政部的儿童福利司可以承担国务院层面未成年人保护协调机制具体工作，同时对儿童福利司的职责进行适当调整，在其下增设专门处室。与此相对应，县级以上地方人民政府需要进行类似的匹配设置，在民政部门或者省级人民政府指定的其他部门根据情况明确内设机构或者指定专门人员。

乡镇人民政府和街道办事处是政府系统的末梢端，直接关系着政府保护工作的落地。《国务院关于加强困境儿童保障工作的意见》《国务院关于加强农村留守儿童关爱保护工作的意见》《民政部关于进一步健全农村留守儿童和困境未成年人关爱服务体系的意见》在乡镇人民政府和街道办事处未成年人保护工作机制方面进行了一定的探索，实践中具备了较好的基础。本条将有关经验上升为立法。首先，在工作机构方面，既可以设立未成年人保护工作站，也可以指定专门人员，如“儿童督导员”。其次，在工作内容方面，主要是及时办理未成年人相关事务，畅通与县级人民政府及其民政部门、妇儿工委办公室和教育、卫生计生、人力资源社会保障等部门以及公安机关、残联组织的联系，并依托上述部门或者组织在乡镇或者街道的办事（派出）机构，及时办理未成年人及其家庭社会救助、社会福利、安全保护等事务。最后，在工作联系方面，加强与居民委员会、村民委员会的联系，为居民委员会、村民委员会开展未成年人保护工作提供政策指导，为其设立专人专岗提供支持。

第八十二条　【家庭教育促进】各级人民政府应当将家庭教育指导服务纳入城乡公共服务体系，开展家庭教育知识宣传，鼓励和支持有关人民团体、企业事业单位、社会组织开展家庭教育指导服务。

条文主旨

本条是关于政府促进家庭教育指导服务的规定。

条文释义

家庭是社会的基本细胞。注重家庭、注重家教、注重家风，对于国家发展、民族进步、社会和谐具有十分重要的意义。家庭是孩子的第一个课堂，父母是孩子的第一任老师。家庭教育是终身教育，它开始于孩子出生之日（甚至可上溯到胎儿期），婴幼儿时期的家庭教育是“人之初”的教育，在人的一生中起着奠基的作用。未成年人上了小学、中学后，家庭教育既是学校教育的基础，又是学校教育的补充和延伸。家庭教育工作开展得如何，关系到孩子的终身发展，关系到千家万户的切身利益，关系到国家和民族的未来。近年来，经过各地不断努力探索，家庭教育工作取得了积极进展，但还存在认识不到位、教育水平不高、相关资源缺乏等问题，导致一些家庭出现了重智轻德、重知轻能、过分宠爱、过高要求等现象，影响了孩子的健康成长和全面发展。当前，我国家庭教育指导服务很多时候处于零散的而非系统的、民间的而非官方的、单一的而非多元化的阶段，起步晚，发展慢。主要依托代际经验的传递、大众媒体的传播、偶发性的学校讲座等方式实施，内容零散、缺乏长远规划。数据表明，未成年人出现问题多数源于其父母，要么是没有监护意识，要么是监护方式和教育方法不当。为从根源上弥补这些不足，解决有关问题，需要多渠道创造机会使公民了解、学习相关知识，本条从政府职责的角度规定了如何促进家庭教育指导服务。

一是将家庭教育指导服务纳入城乡公共服务体系。这项要求有两个基本点：一是服务提供的主体是政府，是社会公益事业；二是服务的对象是广大家长，内容是最广泛、最贴近百姓的基本内容。积极推动将家庭教育纳入基本公共服务体系，一方面争取专门经费支持，通过家委会、家长学校、家长课堂、购买服务等形式，形成政府、家庭、学校、社会联动的家庭教育工作体系。另一方面推动家庭教育指导服务体系的建立。家庭教育指导服务体系是以提升家长教育素质、改善家长教育行为，提高家庭教育的质量，促进未成年人健康发展为目的，以政府为主导，以公共服务阵地和公共财政为基础，以专业技术为支撑，各条块系统充分履行职能，社会力量共同参与，向家庭提供指导和服务的，全覆盖、多方位、多层次、多样化的高质量系统。

二是开展家庭教育知识宣传。积极搭建新媒体服务平台，在广播、电视、报刊等传统媒体设立家庭教育专栏、专题，开展公益宣传，探索建立远程家庭教育服务网络。大力拓展微博、微信和手机客户端等新媒体服务平台，借势借力有影响力的自媒体平台，基本搭建覆盖城乡、传统媒体与新媒体深度融合的家庭教育信息共享服务平台。进一步加快网络家长学校建设，提升网络服务的可及性及有效性。积极开发各类数字化的家庭教育服务产品，组织开展线上线下互动的家庭教育公益文化活动，为家长提供便捷的家庭教育知识。

三是鼓励和支持有关人民团体、企业事业单位、社会组织开展家庭教育指导服务。积极引导多元社会主体参与家庭教育指导服务，利用各类社会资源单位开展家庭教育指导和实践活动，扩大活动覆盖面，推动有条件的地方由政府购买公益岗位。推动有条件的机关、社会团体、企事业单位创办家长学校，开展规范化的家庭教育指导服务活动，为家长提供及时便利的公益性家庭教育指导服务。推进家庭教育公共文化服务，鼓励公共图书馆、博物馆、文化馆、纪念馆、美术馆、科技馆等公共文化服务阵地，积极开展公益性的家庭教育讲座或家庭教育亲子活动，积极开发家庭教育公共文化服务产品，提升儿童和家长科学文化素养。培育专业化的指导服务机构，指导鼓励相关社会组织为儿童和家庭提供常态化、规范化的家庭教育指导服务，完善准入和监管评估机制，建立健全行业规范，加强行业自律，推进家庭教育社会组织规范有序发展，逐步培育形成家庭教育社会支持体系。

第八十三条　【义务教育的保障】各级人民政府应当保障未成年人受教育的权利，并采取措施保障留守未成年人、困境未成年人、残疾未成年人接受义务教育。

对尚未完成义务教育的辍学未成年学生，教育行政部门应当责令父母或者其他监护人将其送入学校接受义务教育。

条文主旨

本条是关于政府保障未成年人接受义务教育的规定。

条文释义

义务教育是国家统一实施的所有适龄未成年人必须接受的教育，是教育工作的重中之重，是国家必须予以保障的基础性、公益性事业。近年来，建立了城乡统一、重在农村的义务教育经费保障机制，实现了城乡免费义务教育，义务教育覆盖面、入学率、巩固率持续提高。但受办学条件、地理环境、家庭经济状况和思想观念等多种因素影响，我国在区域之间、城乡之间、学校之间办学水平和教育质量还存在明显差距，一些地区特别是老少边穷岛地区仍不同程度存在失学辍学现象，初中学生辍学、流动和留守儿童失学辍学问题仍然较为突出，一些地区防止学生辍学新增和反弹的任务依然十分艰巨。因此，本条就政府如何保障基于教育均衡发展、保障适龄未成年人接受义务教育作出了规定。

一是各级人民政府应当保障未成年人受教育的权利。其中最为关键的就是接受并完成义务教育的权利。义务教育是教育工作的重中之重，是国家必须保障的公益性事业。当前，我国正处于新型城镇化深入发展的关键时期，这对整体提升义务教育办学条件和教育质量提出了新要求。同时，户籍制度改革、计划生育政策调整、人口及学生流动给城乡义务教育学校规划布局和城镇学位供给带来了巨大挑战。在许多地方，城乡二元结构矛盾仍然突出，乡村优质教育资源紧缺，教育质量亟待提高；城镇教育资源配置不适应新型城镇化发展，大班额问题严重。为促进义务教育事业持续健康发展，需要统筹推进城乡义务教育一体化改革发展，合理规划城乡义务教育学校布局建设，完善城乡义务教育经费保障机制，统筹城乡教育资源配置，向乡村和城乡接合部倾斜，大力提高乡村教育质量，适度稳定乡村生源，增加城镇义务教育学位和乡镇学校寄宿床位，推进城镇义务教育公共服务常住人口全覆盖，着力解决“乡村弱”和“城镇挤”问题，巩固和均衡发展九年义务教育，每一所学校符合国家办学标准，办学经费得到保障，教育资源满足学校教育教学需要，开齐国家规定课程，教师配置更加合理，学校班额符合国家规定标准，消除“大班额”现象。

二是采取措施保障重点未成年人群体接受义务教育。为保障留守未成年人接受义务教育，政府优先满足留守未成年人教育基础设施建设，通过科学规划在留守未成年人集中的地区建设农村寄宿制学校，提高义务教育阶段农村寄宿制学校公用经费，加快建立农村寄宿制学校经费保障机制，使农村寄宿制学校的教室、宿舍、食堂、厕所、浴室等办学条件得到明显改善。为保障困境未成年人接受义务教育，应加大省级统筹力度，落实城市低保家庭和农村家庭经济困难的寄宿学生生活费补助政策，落实社会救助政策措施，保障必要的生活条件和教育条件，全面落实义务教育“两免一补”政策，依照有关规定将义务教育阶段建档立卡等家庭经济困难非寄宿学生全部纳入生活补助范围，实施农村义务教育学生营养改善计划，保证城乡适龄孤儿进入寄宿生活设施完善的学校就读。为保障残疾未成年人接受义务教育，政府应当根据特殊教育学校学生实际制定学生人均公用经费标准，加大对特殊教育的投入力度，对符合资助政策的残疾学生和残疾人子女优先予以资助，建立完善残疾学生特殊学习用品、教育训练、交通费等补助政策，采取措施落实特殊教育教师待遇。同时，在普通学校开办特殊教育班或提供随班就读条件，接收具有接受普通教育能力的残疾未成年人学习。

三是教育行政部门加强控辍保学，对尚未完成义务教育的辍学未成年学生，责令父母或者其他监护人将其送入学校接受义务教育。省级人民政府要全面负责区域内义务教育控辍保学工作，完善政策措施，健全控辍保学目标责任制，突出重点地区，加强分类指导，督促各县（市、区）做好义务教育各项工作，实现控辍保学目标。县级人民政府要履行控辍保学主体责任，组织和督促适龄儿童少年入学，帮助他们解决接受义务教育的困难，采取措施防止辍学。各地政府应当全面掌握辖区内适龄未成年人情况，加强宣传教育，督促父母或者其他法定监护人依法送适龄未成年人入学并完成义务教育。教育行政部门要依托全国中小学生学籍信息管理系统建立控辍保学动态监测机制，加强对农村、边远、贫困、民族等重点地区，初中等重点学段，以及流动留守未成年人、家庭经济贫困未成年人等重点群体的监控。学校应当建立和完善辍学学生劝返复学、登记与书面报告制度，加强家校联系，配合政府部门做好辍学学生劝返复学工作。对于无正当理由父母或者其他法定监护人未送适龄儿童少年入学接受义务教育或造成辍学的，教育行政部门给予批评教育，责令父母或者其他监护人将其送入学校接受义务教育；逾期不改的，由司法部门依法发放相关司法文书，敦促其保证辍学学生尽早复学；情节严重或构成犯罪的，依法追究法律责任。

第八十四条　【婴幼儿照护服务和学前教育促进】各级人民政府应当发展托育、学前教育事业，办好婴幼儿照护服务机构、幼儿园，支持社会力量依法兴办母婴室、婴幼儿照护服务机构、幼儿园。

县级以上地方人民政府及其有关部门应当培养和培训婴幼儿照护服务机构、幼儿园的保教人员，提高其职业道德素质和业务能力。

条文主旨

本条是关于政府促进婴幼儿照护服务和学前教育事业发展的规定。

条文释义

三岁以下婴幼儿（以下简称婴幼儿）照护服务是生命全周期服务管理的重要内容，事关婴幼儿健康成长，事关千家万户。学前教育是终身学习的开端，是国民教育体系的重要组成部分，是重要的社会公益事业。办好学前教育、实现幼有所育，是党的十九大作出的重大决策部署，是党和政府为老百姓办实事的重大民生工程，关系亿万儿童健康成长，关系社会和谐稳定，关系党和国家事业未来。党的十八大以来，我国学前教育事业快速发展，资源迅速扩大、普及水平大幅提高、管理制度不断完善，“入园难”问题得到有效缓解。同时也要看到，由于底子薄、欠账多，目前学前教育仍是整个教育体系的短板，发展不平衡不充分问题十分突出，“入园难”“入园贵”依然是困扰老百姓的烦心事之一。主要表现为：学前教育资源尤其是普惠性资源不足，政策保障体系不完善，教师队伍建设滞后，监管体制机制不健全，保教质量有待提高，存在“小学化”倾向，部分民办园过度逐利、幼儿安全问题时有发生。为进一步完善托育、学前教育公共服务体系，本条对政府发展托育、学前教育事业的职责作出了规定。

政府应当将婴幼儿照护服务纳入经济社会发展规划，加快完善相关政策，强化政策引导和统筹引领，充分调动社会力量积极性，大力推动婴幼儿照护服务发展，优先支持普惠性婴幼儿照护服务机构。政府应当规范发展多种形式的婴幼儿照护服务机构，将需要独立占地的婴幼儿照护服务设施和场地建设布局纳入相关规划，新建、扩建、改建一批婴幼儿照护服务机构和设施。充分发挥市场在资源配置中的决定性作用，梳理社会力量进入的堵点和难点，采取多种方式鼓励和支持社会力量举办婴幼儿照护服务机构。鼓励地方政府通过采取提供场地、减免租金等政策措施，加大对社会力量开展婴幼儿照护服务、用人单位内设婴幼儿照护服务机构的支持力度。

政府应当充分考虑人口变化和城镇化发展趋势，制定幼儿园布局规划，切实把普惠性幼儿园建设纳入城乡公共管理和公共服务设施统一规划，列入本地区控制性详细规划和土地招拍挂建设项目成本，选定具体位置，明确服务范围，确定建设规模，确保优先建设。公办园资源不足的城镇地区，新建改扩建一批公办园。大力发展农村学前教育，每个乡镇原则上至少办好一所公办中心园，大村独立建园或设分园，小村联合办园，人口分散地区根据实际情况可举办流动幼儿园、季节班等，配备专职巡回指导教师，完善县乡村三级学前教育公共服务网络。把发展普惠性学前教育作为重点任务，着力构建以普惠性资源为主体的办园体系，大力发展公办园，充分发挥公办园保基本、兜底线、引领方向、平抑收费的主渠道作用，同时鼓励引导规范社会力量办园，特别是加大扶持力度引导社会力量更多举办普惠性幼儿园，通过购买服务、综合奖补、减免租金、派驻公办教师、培训教师、教研指导等方式，支持普惠性民办园发展，并将提供普惠性学位数量和办园质量作为奖补和支持的重要依据。

政府应当采取措施鼓励和支持高等院校和职业院校（含技工院校）要根据需求开设婴幼儿照护相关专业，合理确定招生规模、课程设置和教学内容，将安全照护等知识和能力纳入教学内容，加快培养婴幼儿照护相关专业人才；将婴幼儿照护服务人员作为急需紧缺人员纳入培训规划，切实加强婴幼儿照护服务相关法律法规培训，增强从业人员法治意识；大力开展职业道德和安全教育、职业技能培训，提高婴幼儿照护服务能力和水平，建设一支品德高尚、富有爱心、敬业奉献、素质优良的婴幼儿照护服务队伍。

政府应当采取措施办好一批幼儿师范专科学校和若干所幼儿师范学院，支持师范院校设立并办好学前教育专业；健全教师培训制度，出台幼儿园教师培训课程指导标准，实行幼儿园园长、教师定期培训和全员轮训制度。创新培训模式，支持师范院校与优质幼儿园协同建立培训基地，强化专业学习与跟岗实践相结合，增强培训针对性和实效性，切实提高教师专业水平和科学保教能力；强化师德师风建设，通过加强师德教育、完善考评制度、加大监察监督、建立信用记录、完善诚信承诺和失信惩戒机制等措施，提高教师职业素养，培养热爱幼教、热爱幼儿的职业情怀。

第八十五条　【发展职业教育】各级人民政府应当发展职业教育，保障未成年人接受职业教育或者职业技能培训，鼓励和支持人民团体、企业事业单位、社会组织为未成年人提供职业技能培训服务。

条文主旨

本条是关于政府发展职业教育、保障未成年人接受职业教育的规定。

条文释义

职业教育是国民教育体系的重要环节，是很多未成年学生走向成年、个性形成、自主发展的关键时期，肩负着为各类人才成长奠基、培养高素质技术技能型人才的使命，也关系未成年人的发展权的实现。但是，与未成年人实现充分发展的需求相比，与建设现代化经济体系、建设教育强国的要求相比，我国职业教育还存在体系建设不够完善、有利于未成年人接受职业教育的配套政策尚待完善等问题。因此，本条规定了政府促进和保障未成年人接受职业教育的职责。

一是提高中等职业教育发展水平，积极招收初高中毕业未升学未成年学生。政府应当优化教育结构，把发展中等职业教育作为普及高中阶段教育和建设中国特色职业教育体系的重要基础，保持高中阶段教育职普比大体相当，使绝大多数城乡新增劳动力接受高中阶段教育。指导优化中等职业学校布局结构，科学配置并做大做强职业教育资源。完善招生机制，建立中等职业学校和普通高中统一招生平台，精准服务区域发展需求。积极招收初高中毕业未升学学生接受中等职业教育。鼓励中等职业学校联合中小学开展劳动和职业启蒙教育，将动手实践内容纳入中小学相关课程和学生综合素质评价。

二是推进高等职业教育高质量发展，吸引未成年人报考高等职业院校。建立“职教高考”制度，完善“文化素质+职业技能”的考试招生办法，提高生源质量，为学生接受高等职业教育提供多种入学方式和学习方式。在学前教育、护理、养老服务、健康服务、现代服务业等领域，扩大对初中毕业生实行中高职贯通培养的招生规模。

三是鼓励和支持人民团体、企业事业单位、社会组织为未成年人提供职业技能培训服务。

第八十六条　【特殊教育保障】各级人民政府应当保障具有接受普通教育能力、能适应校园生活的残疾未成年人就近在普通学校、幼儿园接受教育；保障不具有接受普通教育能力的残疾未成年人在特殊教育学校、幼儿园接受学前教育、义务教育和职业教育。

各级人民政府应当保障特殊教育学校、幼儿园的办学、办园条件，鼓励和支持社会力量举办特殊教育学校、幼儿园。

条文主旨

本条是关于政府促进和保障特殊教育发展的规定。

条文释义

发展特殊教育是保障身心障碍未成年人受教育权的重要举措，是推进教育公平、实现教育现代化的重要内容，是坚持以人为本理念、弘扬人道主义精神的重要举措。多年来，我国特殊教育事业取得较大发展，各级政府投入明显增加，残疾未成年人义务教育普及水平显著提高，非义务教育阶段特殊教育办学规模不断扩大，残疾学生在国家助学体系中得到优先保障。但总体上看，我国特殊教育整体发展依然不平衡不充分。农村残疾未成年人义务教育普及率不高，非义务教育阶段特殊教育发展水平偏低，特殊教育学校办学条件有待改善，特殊教育条件保障机制还不够完善。从进一步保障残疾未成年人受教育权利，帮助未成年残疾人全面发展和更好融入社会，本条规定了政府发展和保障特殊教育的职责。

一是应当坚持统筹推进，普特结合，形成以普通学校和幼儿园随班就读为主体、以特殊教育学校和幼儿园为骨干、以送教上门和远程教育为补充的融合教育格局。随班就读是保障残疾未成年人平等接受教育的重要途径，是提高社会文明水平的重要体现。政府应当大力实施融合教育，采取措施支持在普通学校、幼儿园开办特殊教育班或提供随班就读条件，接收具有接受普通教育能力的残疾未成年人学习。政府应当发挥特殊教育学校、幼儿园在保障未成年人教育中的骨干作用，根据特殊教育学校和幼儿园学生实际制定学生人均公用经费标准，加大对特殊教育的投入力度，保障市（地）和30万人口以上、残疾未成年人较多的县（市）都有一所特殊教育学校。对不能到校就读、需要专人护理的适龄残疾未成年人，采取送教进社区、进儿童福利机构、进家庭的方式实施教育，完善送教上门和远程教育制度，为残疾学生提供规范、有效的教育服务。

二是加快发展非义务教育阶段特殊教育。政府应当采取措施，支持普通幼儿园接收残疾未成年人，设置专门招收残疾未成年人的特殊幼儿园，在特殊教育学校和有条件的儿童福利机构、残疾儿童康复机构普遍增加学前部或附设幼儿园，鼓励整合资源为残疾未成年人提供半日制、小时制、亲子同训等多种形式的早期康复教育服务。政府应当保障普通高中和中等职业学校通过随班就读、举办特教班等扩大招收残疾学生的规模，依托现有特殊教育和职业教育资源，集中力量办好盲人高中（部）、聋人高中（部）和残疾人中等职业学校，支持校企合作，使完成义务教育且有意愿的残疾学生都能接受适宜的中等职业教育。

三是保障特殊教育学校、幼儿园的办学、办园条件。首先，加强特殊教育基础能力建设，可根据需要设立专项补助资金，改善办学条件。保障承担随班就读残疾学生较多的普通学校设立特殊教育资源教室（中心），配备基本的教育教学和康复设备，为残疾学生提供个别化教育和康复训练。保障特殊教育学校配备必要的教育教学、康复训练等仪器设备，开展“医教结合”实验，探索教育与康复相结合的特殊教育模式。其次，健全特殊教育经费投入机制。政府应当采取措施根据学校招收重度、多重残疾学生的比例，适当增加年度预算，根据残疾学生类别多、程度重、教育成本高等特点，在制定学前、高中阶段和高等教育的人均财政拨款标准时，重点向特殊教育倾斜。再次，加强专业化特殊教育教师队伍建设。支持师范类院校和其他高校扩大特殊教育专业招生规模，提高培养质量。进一步加大培训力度，对特殊教育教师实行定期定时定量的全员培训。结合实际制定特殊教育学校教职工编制标准，加强康复医生、康复治疗师、康复训练人员及其他专业技术人员的配备，并对招收重度、多重残疾学生较多的学校，适当增加教职工配备。最后，大力推进特殊教育课程教学改革。加强特殊教育信息化建设和应用，重视教具、学具和康复辅助器具的开发与应用。创新随班就读教育教学与管理模式，建立全面的质量保障体系。完善特殊教育质量监测制度，探索适合残疾学生发展的考试评价体系。

四是鼓励和支持社会力量举办特殊教育学校、幼儿园，支持符合条件的非营利性社会福利机构向残疾未成年人提供特殊教育。

第八十七条　【校园安全保障】 **地方人民政府及其有关部门应当保障校园安全，监督、指导学校、幼儿园等单位落实校园安全责任，建立突发事件的报告、处置和协调机制。**

条文主旨

本条是关于政府保障校园安全职责的规定。

条文释义

校园应当是最阳光、最安全的地方。加强中小学、幼儿园安全工作是全面贯彻党的教育方针，保障学生健康成长、全面发展的前提和基础，关系广大师生的人身安全，事关亿万家庭的幸福和社会的和谐稳定。长期以来，政府高度重视学校安全工作，采取了一系列措施维护学校安全，学校安全形势总体稳定。但是，受各种因素影响，学校安全工作还存在相关制度不完善、不配套，预防风险、处理事故的机制不健全、意识和能力不强等问题。基于此，本条从政府职责的角度规定了如何保障和促进校园安全。

一是政府应当重视学校安全风险防控工作，将学校安全作为经济社会发展的重要指标和社会治理的重要内容，建立政府主导、相关部门和单位参加的学校安全风险防控体系建设协调机制，定期研究和及时解决学校安全工作中的突出问题。

二是政府各相关部门要切实承担起学校安全日常管理的职责，制定具体细则或办法，加强沟通协调，协同推动防控机制建设，形成各司其职、齐抓共管的工作格局：教育行政部门、公安机关应当明确归口负责学校安全风险防控的专门机构，指导、监督学校依法健全各项安全管理制度和安全应急机制，使其承担起校内安全管理的主体责任，对校园安全实行校长（园长）负责制，健全校内安全工作领导机构，加强校内日常安全管理。教育行政部门、应急管理部门应当指导学校建立突发事件处置预案，健全学校突发事件的报告、处置和部门协调机制。财政部门应当按规定将学校安全风险防控经费纳入一般公共预算，保障合理支出。卫生计生部门应当加强对学校卫生防疫和卫生保健工作的监督指导，对于学校出现的疫情或者学生群体性健康问题，要及时指导教育部门或者学校采取措施。食品药品监管部门对学校食堂和学校采购的学生集体使用的食品、药品要加强监督检查，指导、监督学校落实责任，保障食品、药品符合相关标准和规范。住房城乡建设部门应当加强对学校工程建设过程的监管。环保部门应当加强对学校及周边大气、土壤、水体环境安全的监管。交通运输部门应当加强对提供学生集体用车服务的道路运输企业的监管，综合考虑学生出行需求，合理规划城市公共交通和农村客运线路，为学生和家长选择公共交通出行提供安全、便捷的交通服务。特种设备质量监督部门应当对学校特种设备实施重点监督检查，配合教育部门加强对学校采购产品的质量监管，在学校建立产品质量安全风险信息监测采集机制。公安消防部门应当依法加强对学校的消防安全检查，指导学校落实消防安全责任，消除火灾隐患。市场监管、文化和旅游、新闻出版、广播电视、城市管理等部门要落实职责，加强对校园周边特别是学生安全区域内有关经营服务场所、经营活动的管理和监督，消除安全隐患。

三是政府教育督导机构应当将学校安全工作作为教育督导的重要内容，加强对政府及各有关部门、学校落实安全风险防控职责的监督、检查。

第八十八条 【校园周边治安和交通秩序保障】公安机关和其他有关部门应当依法维护校园周边的治安和交通秩序，设置监控设备和交通安全设施，预防和制止侵害未成年人的违法犯罪行为。

条文主旨

本条是关于政府保障校园周边治安和交通秩序的规定。

条文释义

近年来，学校、幼儿园周边时有发生学生安全事故，严重危害未成年人生命安全。为切实加强学校周边安全风险防控工作，有效减少安全事故发生，确保未成年人生命安全，本条规定了政府维护学校和幼儿园周边治安和交通秩序的职责。

一是公安机关、教育行政部门和学校应当在信息沟通、应急处置等方面健全协作联动机制，加强校园周边综合治理，在学校周边探索实行学生安全区域制度。在此区域内，依法分别提出禁止新建对环境造成污染的企业、设施，禁止设立提供上网服务、娱乐、彩票专营等营业场所，禁止设立存在安全隐患的场所等相应要求。

二是公安机关应当进一步完善与维护校园安全相适应的组织机构设置形式和警力配置，加强学校周边“护学岗”或者警务室建设，健全日常巡逻防控制度，完善高峰勤务机制，派出经验丰富的民警加强学校安全防范工作指导。

三是公安交管部门要加强交通秩序管理，完善交通管理设施。在其负责路段的小学、幼儿园上学、放学时，派民警或协管员维护校园门口道路的交通秩序。在学校、幼儿园周边道路设置完善的警告、限速、慢行、让行等交通标志及安全设施，在学校门前的道路上施划人行横道线，有条件的设置人行横道信号灯。在城市学校、幼儿园周边有条件的道路设置上学、放学时段的临时停车泊位，方便接送学生车辆停放。

四是公安机关、教育行政部门应当联合建立学校周边治安形势研判预警机制，推进校园周边地区公共安全视频监控系统全覆盖，加大视频图像集成应用力度，实现侵害未成年人违法犯罪活动的预测预警、实时监控、轨迹追踪及动态管控。对涉及学校和学生安全的违法犯罪行为和犯罪团伙，要及时组织开展专项打击整治行动，防止其发展蔓延。

第八十九条 【适合未成年人活动场所和设施的促进】地方人民政府应当建立和改善适合未成年人的活动场所和设施，支持公益性未成年人活动场所和设施的建设和运行，鼓励社会力量兴办适合未成年人的活动场所和设施，并加强管理。

地方人民政府应当采取措施，鼓励和支持学校在国家法定节假日、休息日及寒暑假期将文化体育设施对未成年人免费或者优惠开放。

地方人民政府应当采取措施，防止任何组织或者个人侵占、破坏学校、幼儿园、婴幼儿照护服务机构等未成年人活动场所的场地、房屋和设施。

条文主旨

本条是关于政府保障和促进适合未成年人活动场所和设施的规定。

条文释义

联合国《儿童权利公约》第三十一条要求缔约国确认儿童有享有休息和闲暇，从事和儿童年龄相宜的游戏和娱乐活动，以及自由参加文化和艺术活动的权利。缔约国应尊重并促进儿童参加文化和艺术生活的相关权利，并采取措施鼓励提供从事此类活动的适当和均等的机会。1996年，联合国儿童基金会发起了“儿童友好”城市倡议，指出政府应当全方位履行《儿童权利公约》，不管是规模大小不一的城市还是社区，都应该充分尊重和保障儿童体能和智能、身体和心理充分发展的权利，保证儿童对城市环境及环境中教育资源的合理使用权，并尊重儿童参与社区生活、参与社区公共事务的权利。2010年，国务院妇女儿童工作委员会办公室制定了《中国“儿童友好城市”的创建目标与策略措施》。目前，已有深圳、北京、长沙、成都和浙江海宁等多个城市将建设儿童友好型城市作为未来城市发展规划的重要组成部分。① 2016年，我国“儿童友好社区工作委员会”成立，出台了《中国儿童友好示范社区建设指南》从政策友好、环境友好、服务友好三个维度

---

① 《首届中国儿童友好行动研讨会召开 聚焦儿童友好型城市建设》，载搜狐网，https：//www. sohu. com/a/433486298_ 260616，最后访问时间：2020年12月5日。

来构建和评估“中国儿童友好社区生态体系”。本条根据儿童友好城市和友好社区建设的要求，对政府如何保障和促进适合未成年人活动场所和设施提出了三项最基本的要求。

一是促进适合未成年人的活动场所和设施建设。地方人民政府应当将适合未成年人的公益性活动场所建设纳入国民经济和社会发展规划，将管理和使用经费纳入政府财政预算。大中城市应当逐步建立“布局合理、规模适当、经济实用、功能配套”的未成年人校外活动场所。在城市的旧区改建或新区开发建设中，配套建设未成年人校外活动场所。社区文化活动中心（站）中都要开辟专门供未成年人活动的场地。因地制宜加强农村未成年人校外活动场所建设，依托基础设施较好的乡镇中心学校或其他社会资源，配备必要的设施设备，建立乡村少年儿童活动场所，为农村未成年人就近就便参加校外活动提供条件。农村现有的宣传文化中心（站）、科技活动站等要开辟未成年人活动场地。由各级政府投资建设的专门为未成年人提供公共服务的青少年宫、青少年学生活动中心、儿童活动中心和科技馆等场所，这些公益性事业单位，应当始终坚持把社会效益放在首位。鼓励社会力量兴办适合未成年人的活动场所和设施，特别是进一步拓宽渠道鼓励支持社会力量兴办公益性未成年人校外活动场所，并加强管理。鼓励社会各界通过捐赠、资助等方式，支持未成年人校外活动场所建设。

二是鼓励和支持学校在国家法定节假日、休息日及寒暑假期将文化体育设施向未成年人免费或者优惠开放。

三是地方人民政府应当采取措施，防止任何组织或者个人侵占、破坏学校、幼儿园、婴幼儿照护服务机构等未成年人活动场所的场地、房屋和设施。将婴幼儿照护服务机构和设施建设用地纳入土地利用总体规划、城乡规划和年度用地计划并优先予以保障，鼓励利用低效土地或闲置土地建设婴幼儿照护服务机构和设施。自然资源、住房城乡建设部门要将城镇小区和新农村配套幼儿园必要建设用地及时纳入相关规划，会同教育部门加强对配套幼儿园的建设、验收、移交等环节的监管落实。

第九十条　【卫生保健服务促进】 各级人民政府及其有关部门应当对未成年人进行卫生保健和营养指导，提供卫生保健服务。

卫生健康部门应当依法对未成年人的疫苗预防接种进行规范，防治未成年人常见病、多发病，加强传染病防治和监督管理，做好伤害预防和干预，指导和监督学校、幼儿园、婴幼儿照护服务机构开展卫生保健工作。

教育行政部门应当加强未成年人的心理健康教育，

建立未成年人心理问题的早期发现和及时干预机制。卫生健康部门应当做好未成年人心理治疗、心理危机干预以及精神障碍早期识别和诊断治疗等工作。

条文主旨

本条是关于政府促进未成年人卫生保健服务的规定。

条文释义

在中小学期间的未成年人处于成长发育的关键阶段。加强中小学生健康关注与指导，增强他们的体质，是促进中小学生健康成长和全面发展的需要。此外，随着成长发育，中小学生自我意识逐渐增强，认知、情感、意志、个性发展逐渐成熟，人生观、世界观、价值观逐渐形成。因此，在此期间有效保护并积极促进其身心健康成长意义重大。因此，为保障未成年人健康成长的权益，本条规定了政府促进未成年人卫生保健服务的职责。

一是对未成年人进行卫生保健和营养指导，提供卫生保健服务。比如，政府及其有关部门应当完善农村义务教育学生营养改善工作机制，进一步落实农村义务教育学生营养改善计划管理责任和配套政策，切实加强资金使用和食品安全管理。因地制宜新建或改扩建农村义务教育学校伙房或食堂等设施，逐步以学校供餐替代校外供餐。加强对中小学幼儿园教师、食堂从业人员及学生家长的营养知识宣传教育，引导学生及其家庭形成健康的饮食习惯。建立未成年人营养健康状况监测评估制度，加强对各级妇幼保健机构、计划生育服务机构、疾病预防控制机构和基层医疗卫生机构人员的营养改善技能培训，提高预防儿童营养性疾病指导能力。鼓励社会团体和公益组织积极参与儿童营养改善行动。政府及其有关部门应当完善未成年人健康检查制度，对其生理状况、营养状况和常见病进行常规检查，建立体检档案，定期对身高、体重、贫血状况等进行监测分析。同时将入学前儿童健康体检纳入基本公共卫生服务，由基层医疗卫生机构免费提供；对义务教育阶段学生按中小学生健康检查基本标准进行体检，所需费用纳入学校公用经费开支范围。

二是卫生健康部门应当依法做好未成年人医疗卫生保健工作。比如，加强儿童疾病预防控制，切实落实国家免疫规划，为适龄儿童免费提供国家免疫规划疫苗接种服务，开展针对重点地区重点人群国家免疫规划疫苗补充免疫或查漏补种工作。加强与教育部门的沟通和联系，夯实学校传染病防控主体责任，落实各项防控措施，指导学校建立“两案九制”传染病防控制度，即传染病防控工作方案和应急处置预案，传染病疫情报告制度、晨午检制度、因病缺课/缺勤追踪登记制度、复课证明查验制度、健康管理制度、传染病防控健康教育制度、通风消毒制度、环境卫生检查制度和免疫预防接种查验制度。加大传染病防治法和《学校卫生工作条例》等法律法规及标准的执法监督力度，认真排查辖区各级各类学校传染病防控措施落实情况，督促学校切实落实传染病防控要求。疾控机构应当定期到学校进行技术指导，开展传染病防控知识和技能宣讲，对校医、保健老师、健康教育人员、体育教师、后勤和餐饮相关人员进行培训，提高其业务知识技能水平。以肺炎、腹泻、贫血、哮喘、龋齿、视力不良、心理行为问题等为重点，推广儿童疾病综合管理适宜技术，预防和减少儿童常见多发疾病的发生。监督和指导学校做好学生卫生保健工作，包括但不限于加强儿童视力、听力和口腔保健工作，预防和控制视力不良、听力受损、龋齿等疾病发生。

三是加强心理健康教育和心理问题诊治。教育行政部门应当建立健全儿童心理健康教育制度，重点加强对留守儿童、孤儿、残疾儿童和自闭症儿童的心理辅导。加强班主任和专业教师心理健康教育能力建设，使每一所学校都有专职或兼职的心理健康教育教师。在农村义务教育学校教师特设岗位计划和中小学教师国家级培训计划中，加大心理健康教育骨干教师的补充和培训力度。建立未成年人心理问题的早期发现和及时干预机制，对疑似有心理行为问题或精神障碍的学生，教育行政部门要指导家长陪同学生到医疗机构寻求专业帮助。对患有精神障碍的学生，教育行政部门应当协助家庭和相关部门做好心理服务，建立健全病情稳定患者复学机制。卫生健康部门应当通过平安医院创建等，推动儿童专科医院、妇幼保健院、二级以上综合医院等开设精神（心理）科，鼓励有条件的精神卫生医疗机构提供未成年人门诊和住院诊疗服务，建立学校、社区、社会心理服务机构等向医疗卫生机构的转介通道，做好未成年人心理治疗、心理危机干预以及精神障碍早期识别和诊断治疗等工作。卫生健康应当依托精神卫生医疗机构、学校、科研院所等针对未成年人常见的心理行为问题与精神障碍，开展早期识别与干预研究，推广应用效果明确的心理干预技术和方法。

第九十一条　【困境未成年人分类保障】各级人民政府及其有关部门对困境未成年人实施分类保障，采取措施满足其生活、教育、安全、医疗康复、住房等方面的基本需要。

条文主旨

本条是关于政府实施分类保障困境未成年人的规定。

条文释义

近年来，一些未成年人因家庭经济贫困、自身残疾、缺乏有效监护等原因，面临生存、发展和安全困境，甚至发生了个别冲击社会道德底线的极端事件，不仅侵害未成年人权益，也影响社会和谐稳定。为加强困境未成年人保障工作，确保困境未成年人生存、发展、安全权益得到有效保障，本条规定政府应当对困境未成年人进行分类保障。

困境未成年人包括因家庭贫困导致生活、就医、就学等困难的未成年人，因自身残疾导致康复、照料、护理和融入社会等困难的未成年人，以及因家庭监护缺失或监护不当遭受虐待、遗弃、意外伤害、不法侵害等导致人身安全受到威胁或侵害的未成年人。保障困境未成年人的合法权益，由政府主导制定配套政策措施，健全工作机制，统筹各方资源，针对困境未成年人监护、生活、教育、医疗、康复、服务和安全保障等方面的突出问题，根据困境未成年人自身和家庭情况分类施策，促进困境未成年人健康成长。针对困境未成年人生存发展面临的突出问题和困难，完善落实社会救助、社会福利等保障政策，合理拓展保障的范围和内容，实现制度的有效衔接，形成困境未成年人保障政策合力。

一是保障基本生活。将无法定抚养人的儿童，纳入孤儿保障范围。将无劳动能力、无生活来源、法定抚养人无抚养能力的未满十六周岁的儿童，纳入特困人员救助供养范围。将法定抚养人有抚养能力但家庭经济困难的儿童，符合最低生活保障条件的纳入保障范围并适当提高救助水平。对于遭遇突发性、紧迫性、临时性基本生活困难家庭的儿童，按规定实施临时救助时要适当提高对儿童的救助水平。对于其他困境未成年人，也要做好基本生活保障工作。

二是保障基本医疗。对于困难的重病、重残儿童，城乡居民基本医疗保险和大病保险给予适当倾斜，医疗救助对符合条件的适当提高报销比例和封顶线。落实将儿童行为听力测试、儿童听力障碍语言训练等医疗康复项目纳入基本医疗保障范围政策。对于最低生活保障家庭儿童、重度残疾儿童参加城乡居民基本医疗保险的个人缴费部分给予补贴。对于纳入特困人员救助供养范围的儿童参加城乡居民基本医疗保险给予全额资助。加强城乡居民基本医疗保险、大病保险、医疗救助、疾病应急救助和慈善救助的有效衔接，实施好基本公共卫生服务项目，形成困境未成年人医疗保障合力。

三是强化教育保障。对于家庭经济困难儿童，要落实教育资助政策和义务教育阶段“两免一补”政策。对于残疾儿童，要建立随班就读支持保障体系，为其中家庭经济困难的学生提供包括义务教育、高中阶段教育在内的十二年免费教育。对于农业转移人口及其他常住人口随迁子女，要将其义务教育纳入各级政府教育发展规划和财政保障范畴，全面落实在流入地参加升学考试政策和接受中等职业教育免学费政策。支持特殊教育学校、取得办园许可的残疾儿童康复机构和有条件的儿童福利机构开展学前教育。支持儿童福利机构特教班在做好机构内残疾儿童特殊教育的同时，为社会残疾儿童提供特殊教育。完善义务教育“控辍保学”工作机制，确保困境未成年人入学和不失学，依法接受义务教育。

四是落实监护责任。将失去父母、查找不到生父母的儿童纳入孤儿安置渠道，采取亲属抚养、机构养育、家庭寄养和依法收养的方式妥善安置。对于父母没有监护能力且无其他监护人的儿童，以及人民法院指定由民政部门担任监护人的儿童，由民政部门设立的儿童福利机构收留抚养。对于儿童生父母或收养关系已成立的养父母不履行监护职责且经公安机关教育不改的，由民政部门设立的儿童福利机构、救助保护机构临时监护，并依法追究生父母、养父母法律责任。对于决定执行行政拘留的被处罚人或采取刑事拘留等限制人身自由刑事强制措施的犯罪嫌疑人，公安机关应当询问其是否有未成年子女需要委托亲属、其他成年人或民政部门设立的儿童福利机构、救助保护机构监护，并协助其联系有关人员或民政部门予以安排。对于服刑人员、强制隔离戒毒人员的缺少监护人的未成年子女，执行机关应当为其委托亲属、其他成年人或民政部门设立的儿童福利机构、救助保护机构监护提供帮助。对于依法收养儿童，民政部门要完善和强化监护人抚养监护能力评估制度，落实妥善抚养监护要求。

五是加强残疾未成年人福利服务。对于六周岁以下的视力、听力、言语、智力、肢体残疾儿童和孤独症儿童，加快建立康复救助制度，逐步实现免费接受手术、康复辅助器具配置和康复训练等服务。将社会散居残疾孤儿纳入“残疾孤儿手术康复明天计划”对象范围。支持儿童福利机构在做好机构内孤残儿童服务的同时，为社会残疾儿童提供替代照料、养育辅导、康复训练等服务。纳入基本公共服务项目的残疾人康复等服务要优先保障残疾儿童需求。

第九十二条　【民政临时监护的情形】具有下列情形之一的，民政部门应当依法对未成年人进行临时监护：

（一）未成年人流浪乞讨或者身份不明，暂时查找不到父母或者其他监护人；

（二）监护人下落不明且无其他人可以担任监护人；

（三）监护人因自身客观原因或者因发生自然灾

害、事故灾难、公共卫生事件等突发事件不能履行监护职责，导致未成年人监护缺失；

（四）监护人拒绝或者怠于履行监护职责，导致未成年人处于无人照料的状态；

（五）监护人教唆、利用未成年人实施违法犯罪行为，未成年人需要被带离安置；

（六）未成年人遭受监护人严重伤害或者面临人身安全威胁，需要被紧急安置；

（七）法律规定的其他情形。

条文主旨

本条是关于民政负责临时监护的情形的规定。

条文释义

对未成年人实行监护，既关系到被监护人的个人利益，也关系到社会利益，是国家应当承担的重要职责。近年来，未成年人受到虐待的事件时有曝光，一方面，体现了传统家庭监护可能存在的不足与缺陷；另一方面，也折射出我国对未成年人保护中公权力要加强“补位”。未成年人国家监护制度包括临时监护和长期监护。当未成年人暂时处于无监护保护状态或者暂时不宜由监护人继续监护时，民政部门出于对未成年人的保护代表国家负责临时监护。基于此，本条明确了民政部门临时监护的情形。归纳起来，这些情形主要是由于各种因素导致未成年人暂时处于无人监护的状态，可以分为三类：

第一类是监护人暂时不明：未成年人流浪乞讨或者身份不明，暂时查找不到父母或者其他监护人，这种情形主要是指民政部等五部委《关于进一步加强城市街头流浪乞讨人员救助管理和流浪未成年人解救保护工作的通知》所规定的未成年人。监护人下落不明且无其他人可以担任监护人，主要是指根据民法典的规定，监护人处于下落不明状态尚未被宣告死亡且没有其他人可以担任监护人的情形。

第二类是有明确的监护人但因主客观原因导致监护缺失：监护人因自身客观原因或者因发生自然灾害、事故灾难、公共卫生事件等突发事件不能履行监护职责，导致未成年人监护缺失，这是一种客观不能所导致的暂时性监护缺失，待客观障碍消除后监护人可以继续履行监护职责；监护人拒绝或者怠于履行监护职责，导致未成年人处于无人照料的状态，这是一种主观监护失职导致的风险状态，未成年人处于无人照料之中。

第三类是有明确的监护人但需要紧急带离未成年人：监护人教唆、利用未成年人实施违法犯罪行为，未成年人需要被带离安置。未成年人遭受监护人严重伤害或者面临人身安全威胁，需要被紧急安置。这两种情况实际上是发生监护侵害行为达到一定程度需要紧急带离安置的情形。监护侵害行为，是指父母或者其他监护人性侵害、出卖、遗弃、虐待、暴力伤害未成年人，教唆、利用未成年人实施违法犯罪行为，胁迫、诱骗、利用未成年人乞讨，以及不履行监护职责严重危害未成年人身心健康等行为。公安机关在出警过程中，发现未成年人身体受到严重伤害、面临严重人身安全威胁或者处于无人照料等危险状态的，应当将其带离实施监护侵害行为的监护人，没有其他适合的临时照料人时由政府负责临时监护。

至于法律规定的其他情形，包括但不限于民法典第三十一条规定的情形，即对监护人的确定有争议的，在依法指定监护人前，被监护人的人身权利、财产权利以及其他合法权益处于无人保护状态的，由被监护人住所地的居民委员会、村民委员会、法律规定的有关组织或者民政部门担任临时监护人。其中，就包括民政部门。

第九十三条　【民政临时监护的方式】对临时监护的未成年人，民政部门可以采取委托亲属抚养、家庭寄养等方式进行安置，也可以交由未成年人救助保护机构或者儿童福利机构进行收留、抚养。

临时监护期间，经民政部门评估，监护人重新具

备履行监护职责条件的，民政部门可以将未成年人送回监护人抚养。

条文主旨

本条是关于民政临时监护方式的规定。

条文释义

临时监护是一种暂时性的照料和安置。从最有利于未成年人原则出发，临时监护最佳的形式依然是家庭环境。因此，民政部门在安置临时监护的未成年人时，应当首先选择委托与未成年人具有一定情感联系的亲属抚养，或者委托符合条件的家庭寄养，只有不具备亲属抚养或者家庭寄养的条件时，才考虑交由未成年人救助保护机构或者儿童福利机构收留、抚养。待导致临时监护的原因消失后，经民政部门评估，监护人具备履行监护职责条件的，民政部门可以将未成年人送回监护人抚养。

第九十四条　【民政长期监护的情形】具有下列情形之一的，民政部门应当依法对未成年人进行长期监护：

（一）查找不到未成年人的父母或者其他监护人；

（二）监护人死亡或者被宣告死亡且无其他人可

以担任监护人；

（三）监护人丧失监护能力且无其他人可以担任监护人；

（四）人民法院判决撤销监护人资格并指定由民政部门担任监护人；

（五）法律规定的其他情形。

条文主旨

本条是关于民政负责长期监护的情形的规定。

条文释义

民政长期监护指的是民政部门已经取得监护资格，作为未成年人的监护人依法履行对未成年人抚养、教育和保护的职责。根据本条的规定，由民政部门长期监护的情形主要分为两类：

第一类是经过法定程序确定查找不到未成年人的父母或者其他监护人，即无法查明和知晓未成年人的父母或者其他监护人，这种情况并不包括知晓但联系不到未成年人的父母或者其他监护人的情形。

第二类是监护关系终止后没有其他人可以担任监护人的情形。根据民法典第三十九条的规定，出现监护人丧失监护能力、被监护人或者监护人死亡，或者人民法院认定撤销监护资格等监护关系终止的其他情形时，监护关系终止；监护关系终止后，被监护人仍然需要监护的，应当依法另行确定监护人。根据民法典第三十二条的规定，没有依法具有监护资格的人的，监护人由民政部门担任，也可以由具备履行监护职责条件的被监护人住所地的居民委员会、村民委员会担任。因此，当出现本条规定的第二项至第四项情形时，原则上应当由民政部门担任监护人，负责长期监护，除非由具备履行监护职责条件的被监护人住所地的居民委员会、村民委员会担任监护人更有利于未成年人时，才考虑后者。因此，当被监护人住所地的居民委员会、村民委员会不具备条件或者不符合最有利于未成年人原则时，民政部门应当依据民法典的规定担任监护人。

第九十五条　【民政长期监护未成年人的收养】民政部门进行收养评估后，可以依法将其长期监护的未成年人交由符合条件的申请人收养。收养关系成立后，民政部门与未成年人的监护关系终止。

条文主旨

本条是关于民政长期监护的未成年人被收养的规定。

条文释义

根据民法典第一千零九十三条的规定，下列未成年人，可以被收养：丧失父母的孤儿；查找不到生父母的未成年人；生父母有特殊困难无力抚养的子女。可见，民法典规定的可以被收养的未成年人范围并不能全部涵盖未成年人保护法第九十四条规定的政府长期监护的未成年人，比如就无法涵盖第三项和第四项情形下的未成年人。因此，本条在民法典规定的可以被收养的未成年人范围基础之上，明确了由民政部门担任监护人的未成年人也可以依法被收养。当然，收养应当履行法定的程序，收养人需要符合法定的条件，例如，收养应当向县级以上人民政府民政部门登记；收养之前应当经民政部门进行收养评估；收养查找不到生父母的未成年人的，办理登记的民政部门应当在登记前予以公告；收养关系自登记之日起成立，同时民政部门与未成年人的监护关系终止。

第九十六条　【民政监护的执行】民政部门承担临时监护或者长期监护职责的，财政、教育、卫生健康、公安等部门应当根据各自职责予以配合。

县级以上人民政府及其民政部门应当根据需要设

立未成年人救助保护机构、儿童福利机构，负责收留、抚养由民政部门监护的未成年人。

条文主旨

本条是关于民政监护执行的规定。

条文释义

民政部门监护未成年人的，负责对未成年人的生活照料、关爱保护。在涉及未成年人的教育、医疗、健康、住房、就业、安全、康复等问题时，需要政府其他有关部门根据各自职责予以配合，不得推诿。民政部门负责监护的未成年人，需要进行机构养育和照料时，应当由其设立的未成年人救助保护机构、儿童福利机构负责收留、抚养。通常来说，未成年人救助保护机构负责临时监护，儿童福利机构负责长期监护。

第九十七条　【全国统一未成年人保护热线】县级以上人民政府应当开通全国统一的未成年人保护热线，及时受理、转介侵犯未成年人合法权益的投诉、举报；鼓励和支持人民团体、企业事业单位、社会组织参与建设未成年人保护服务平台、服务热线、服务站点，提供未成年人保护方面的咨询、帮助。

条文主旨

本条是关于开设全国统一未成年人保护热线的规定。

条文释义

为进一步拓宽未成年人保护工作渠道，及时发现侵害未成年人的情形，更加方便、快捷、有效地保护未成年人，解决未成年人保护线索发现难、报告难、干预难、联动难、监督难的问题，本条规定了县级以上人民政府开通全国统一的未成年人保护热线的职责。

开通未成年人保护热线，及时受理、转介侵犯未成年人合法权益的投诉、举报，形成报告、受理、登记、移送、核实、处理、反馈、监督的未成年人保护机制。按照“统一平台、一号对外、集中受理、分级介入、限时办理、统一回复”的原则，打造服务流程闭环化、服务体系网络化、资源链接高效化、系统功能智能化的“一站式”未成年人保护综合平台。未成年人保护热线工作涉及多部门、多领域，需要多方协调、统筹推进，充分发挥政府未成年人保护工作协调机制的作用，明确民政、公安、教育、司法、卫生健康、人力资源和社会保障、文化和旅游、共青团、妇联等单位和组织的职责，打通未成年人保护全链条、上下游各环节，形成工作闭环。开通全国统一的未成年人保护热线，应当充分保障资金、场所、设施设备、人员队伍等投入，可以建立或明确由专门机构及团队全面负责热线运行工作，也可以依托未成年人救助保护机构负责热线受理和运营工作，还可以采取购买服务或委托社会组织负责热线受理等多种方式，推动建立法律、心理、社工等领域专家和志愿者队伍，参与个案受理、咨询、处置等工作。

第九十八条　【特定违法犯罪人员信息查询系统】国家建立性侵害、虐待、拐卖、暴力伤害等违法犯罪人员信息查询系统，向密切接触未成年人的单位提供免费查询服务。

条文主旨

本条是关于建立特定违法犯罪人员信息查询系统的规定。

条文释义

近年来，侵害未成年人人身权利的违法犯罪案件时有发生，一些从业人员利用职业便利所实施的侵害行为，更是严重危害未成年人身心健康及家长、社会公众的安全感，同时也严重损害了相关行业的社会形象。一般来说，性侵害、虐待等违法犯罪行为具有极高的再犯可能性，而且利用职业便利实施的上述行为隐蔽性更强，再犯预防的必要性非常突出。因此，在密切接触未成年人的行业中尽快构筑从业禁止的预防体系显得十分必要且紧迫。虽然我国刑法和相关行业性法律法规已经为从业禁止制度提供了基本法律依据，但仍然存在可操作性不足、强制性不够、系统性欠缺等诸多机制层面的瓶颈问题。因此，本条规定了国家建立性侵害、虐待、拐卖、暴力伤害等违法犯罪人员信息查询系统，向密切接触未成年人的单位提供免费查询服务，以落实密切接触未成年人从业查询和限制制度。首先，由国家建立信息查询系统，以打破违法犯罪记录的地域壁垒。其次，查询的是性侵害、虐待、拐卖、暴力伤害等违法犯罪记录，违法犯罪记录所指的被害人不限于未成年人，包括成年人和未成年人。最后，国家应当采取措施，保障向密切接触未成年人的单位提供免费查询服务。

第九十九条　【政府保护的社会支持体系】地方人民政府应当培育、引导和规范有关社会组织、社会工作者参与未成年人保护工作，开展家庭教育指导服务，为未成年人的心理辅导、康复救助、监护及收养评估等提供专业服务。

条文主旨

本条是关于政府开展未成年人保护社会支持体系建设的规定。

条文释义

未成年人保护工作的核心内容是为未成年人提供专业服务，这就需要依靠专业的社会力量。一方面，政府应当通过委托、项目合作、重点推介、孵化扶持等多种方式，积极培育未成年人服务类的社会组织，支持相关社会组织加强专业化、精细化、精准化服务能力建设，在场地提供、水电优惠、食宿保障等方面提供优惠便利条件；另一方面，推进政府购买服务，建立有效的监督评价机制，引导和规范社会组织、社会工作者提供专业服务，包括但不限于家庭教育指导、心理辅导、康复救助、监护及收养评估。

第七章　司法保护

※ 本章导读 ※

由于未成年人身心较为脆弱，理解能力、心理承受能力以及表达能力尚不完全成熟，当其涉入各类诉讼活动时，公安机关、人民检察院、人民法院和司法行政部门应当采取措施给予特殊保护、优先保护。本章根据全面综合未成年人司法保护的理念，按照我国未成年人司法的全貌，规定了四大类内容：一是所有诉讼活动中保护未成年人的一般性要求和制度，包括办案专门化、办案方式特殊性、个人信息和隐私保护、法律援助、司法救助、检察机关的法律监督、检察机关督促支持起诉和提起公益诉讼。二是特定家事案件中对未成年人的保护措施。三是刑事案件中对未成年人的保护措施，包括询问讯问的特殊规则、被害人综合保护措施、违法犯罪未成年人的处理方针与原则等。四是办理涉及未成年人案件的特殊性，也可以理解为未成年人司法的特殊性，即需要以提出建议的方式督促改进未成年人保护社会治理，开展未成年人法治宣传教育工作，引导和规范社会专业力量提升办案质效。

第一百条 【司法保护的机关及其职责】公安机关、人民检察院、人民法院和司法行政部门应当依法履行职责，保障未成年人合法权益。

条文主旨

本条是关于司法保护的机关及其职责的规定。

条文释义

通常来说，司法活动包括刑事诉讼、民事诉讼、行政诉讼等，司法活动涉及的机关包括公安机关、人民检察院、人民法院和司法行政部门。未成年人涉入司法活动或者参与诉讼时，由于其身心发展尚不完全成熟，抗压能力和语言表达能力存在不足，很容易受到负面影响甚至是伤害。为保障未成年人涉入或者参与诉讼时的合法权益，需要公安机关、人民检察院、人民法院和司法行政部门根据相关法律规定采取相应的保护措施。基于此，本条对负责司法保护的机关及其职责作出界定。

第一百零一条　【办案专门化】公安机关、人民检察院、人民法院和司法行政部门应当确定专门机构或者指定专门人员，负责办理涉及未成年人案件。办理涉及未成年人案件的人员应当经过专门培训，熟悉未成年人身心特点。专门机构或者专门人员中，应当有女性工作人员。

公安机关、人民检察院、人民法院和司法行政部门应当对上述机构和人员实行与未成年人保护工作相适应的评价考核标准。

条文主旨

本条是关于办理涉及未成年人案件专门化的规定。

条文释义

办理涉及未成年人案件专门化，是指公安机关、人民检察院、人民法院和司法行政部门设立专门的机构、组织或者指定特定人员，遵照特定理念、依照特定程序专门办理涉及未成年人的案件，包括办案主体、办案范围、办案机制、办案程序和办案理念的专门化等。其中，未成年人司法机构和队伍的专门化是前提和基础，有了相应的机构、组织或专门人员，才能保障未成年人司法的理念、程序、机制切实落地。此外，只有未成年人司法的专门化，才能进一步谈专业化、规范化问题。基于此，本条从三个方面对办理涉及未成年人案件专门化作出规定。

一是确定专门机构或者指定专门人员。办理涉及未成年人案件是一项专业性很强的工作，除传统的证据审查判断和适用法律外，还需要落实法律规定的特别程序和保护措施，在与未成年人接触过程中注重方式方法和技巧。办理涉及未成年人案件要实现法律效果和社会效果，对办案人员提出了更高的专业化要求，必然需要确定专门机构或者指定专门人员。办理涉及未成年人案件专门化，不是要求各级公安司法机关都要成立专门机构，而是各地各级公安司法机关应当结合实际，充分论证、科学决策，采取多元化保障措施，比如集中管辖、成立专门的审判团队和检察官办案组等。具体来说，公安部内部可以研究论证整合设立“未成年人警务局”，主要职责是统一指导、监督地方公安机关依法办理未成年人涉嫌违法的治安案件和涉嫌犯罪的刑事案件、未成年人被侵害的案件，组织和指导地方公安机关开展未成年人网络安全保护、禁毒等未成年人保护和犯罪预防工作；参照公安部的设置，省级、州市级公安部门建立相应机制和专门机构，承担相关职责；在涉及未成年人案件数量较多的区县，公安（分）局成立未成年人警务大队，承担相关职责；在暂不具备条件或者案件数量不多的区县，公安（分）局成立专门的中队或者指定专人负责相关工作。编制在50人以上的区县级人民检察院，原则上设立独立的未成年人检察工作机构，保障有科学合理数量的编制与员额；在案件量小的基层检察院，可以设立未检检察官办公室，直接对接主管检察长；具备条件的地区，可以授权探索设立未成年人检察院。最高人民法院、高级人民法院、中级人民法院以及具备条件的基层人民法院成立专门审理未成年人案件的机构，坚持未成年人案件综合审判；在案件量有限的基层法院，可以设立独立的审判组织，专职负责审理相关案件；在时机成熟、条件具备的地区，可以探索试点专门法院——未成年人及家事法院，下设未成年人案件审判庭和家事案件审判庭。司法行政部门可以研究论证在原有机构基础上优化整合设立“未成年人教育矫治和事务服务局”，负责指导和管理全国未成年人的法律援助和司法救助工作，指导和管理全国未成年犯管教所的教育矫治工作、指导和管理收容教养工作的执行以及未成年人社区矫正的执行；各地方司法行政机关参照设立相应处室，承担相应的职能。①

二是办案人员需经过专门培训，熟悉未成年人身心特点。办理涉及未成年人案件，办案人员会经常接触未成年

① 苑宁宁：《未成年人的司法专门化》，载中国社会科学网，http：//www.cssn.cn/fx/201805/t20180523_ 4285756.shtml，最后访问时间：2020年12月5日。

人，不仅需要有效、顺畅的沟通，而且需要保护他们相对脆弱的身心。这就要求办案人员需要具备专业知识，熟悉未成年人的身心特点。比如，办理未成年人犯罪的案件，公安、司法机关不仅要依法查明事实、收集或核实证据，还要延伸出两项重要工作：预防未成年人犯罪和帮助涉罪的未成年人顺利回归社会。一方面，通常来说，心理行为偏常是一个由轻及重、不断恶化的过程，很多未成年人的犯罪行为是从一些不良行为或严重不良行为、轻微违法开始的。要有效预防未成年人犯罪，应当注重早期介入，建立分层级的干预措施和体系。另一方面，办理未成年人犯罪案件，终极目标是矫正涉罪未成年人的心理行为偏常，帮助其顺利回归社会。公安、司法机关需要进行大量的案外工作，包括跟踪帮教以及链接资源等。再比如，办理未成年人遭受犯罪侵害的案件，办案人员需要熟悉未成年人的身心特点和具备一定的专业知识，开展一些延伸性工作。以未成年人遭受性侵为例，研究表明性侵会对儿童产生持久影响，可能直到他们成年以后都难以消除。如果未接受适当的干预和治疗，在未来的很长时间都会表现出严重的症状，到青少年时期会用外化的不良行为来表达内心的痛苦，比如吸毒、违法甚至自残，进而出现抑郁及反社会行为。这需要办案人员具备法律之外的专业知识和能力，投入更多的时间和精力。

三是实行与未成年人保护工作相适应的评价考核标准。办理涉及未成年人案件在很多方面与办理未成年人案件有重大区别，工作内容、工作方式、工作理念都有较大差异，为全面、客观衡量和评价办理涉未成年人案件的质与量，需要实行与未成年人保护工作相适应的评价考核标准。

第一百零二条　【办案方式】公安机关、人民检察院、人民法院和司法行政部门办理涉及未成年人案件，应当考虑未成年人身心特点和健康成长的需要，使用未成年人能够理解的语言和表达方式，听取未成年人的意见。

条文主旨

本条是关于涉及未成年人案件办理方式特殊性的规定。

条文释义

未成年人身心尚未成熟，对很多事物以及法律用语缺乏足够的理解能力。因此，在司法活动中，应当考虑未成年人的身心特点和理解能力，避免司法活动给其带来不必要的心理压力甚至是伤害，使用他们能够理解的语言和表达方式，并充分听取他们的意见。以未成年证人为例，未成年人的记忆储存、检索和提取过程更容易受到自身因素和外界干扰而影响证言的准确性与完整性。当询问未成年证人时，应当考虑其承受能力，使用与其年龄相适应的语言，使用对未成年人友好的表达方式，就开展询问的地点、环境、时间等事项听取未成年人的意见，充分尊重未成年人的真实想法。

第一百零三条　【个人信息和隐私保护】公安机关、人民检察院、人民法院、司法行政部门以及其他组织和个人不得披露有关案件中未成年人的姓名、影像、住所、就读学校以及其他可能识别出其身份的信息，但查找失踪、被拐卖未成年人等情形除外。

条文主旨

本条是关于涉及未成年人案件个人信息和隐私保护的规定。

条文释义

近年来，低龄未成年人暴力、未成年人遭受性侵、虐童等事件屡见报端，确实引起了相关部门的重视，对于问题及时得到解决发挥了一定的积极作用，但是在播报相关新闻的同时，很容易忽视对未成年人个人信息及隐私的保护，给未成年人造成负面影响。国家互联网信息办公室针对这一问题，曾专门发布《关于进一步加强对网上未成年人犯罪和欺凌事件报道管理的通知》，对网站采编、登载相关内容作出规定，要求不得出现姓名、住所、照片及可能推断出该未成年人的资料等。最高人民法院、最高人民检察院、公安部和司法部联合发布的《关于依法惩治性侵害未成年人犯罪的意见》也明确要求，办理性侵害未成年人犯罪案件，对于涉及未成年被害人、未成年犯罪嫌疑人和未成年被告人的身份信息及可能推断出其身份信息的资料和涉及性侵害的细节等内容，审判人员、检察人员、侦查人员、律师及其他诉讼参与人应当予以保密。对外公开的诉讼文书，不得披露未成年被害人的身份信息及可能推断出其身份信息的其他资料，对性侵害的事实注意以适当的方式叙述。因此，本条在吸收相关规范性文件的基础上以法律的形式专门作出规定。公安机关、人民检察院、人民法院、司法行政部门以及其他任何组织和个人应当履行保密义务，不得披露有关案件中未成年人的姓名、影像、住所、就读学校以及其他可能识别出其身份的信息，特别是新闻媒体在报道案件时涉及未成年人有关信息的应当进行技术处理。同时，本条设置了例外规定，考虑到查找失踪、被拐卖未成年人等情形的需要，可以依法披露未成年人的特定信息。

第一百零四条 【法律援助和司法救助】 对需要法律援助或者司法救助的未成年人，法律援助机构或者公安机关、人民检察院、人民法院和司法行政部门应当给予帮助，依法为其提供法律援助或者司法救助。

法律援助机构应当指派熟悉未成年人身心特点的律师为未成年人提供法律援助服务。

法律援助机构和律师协会应当对办理未成年人法律援助案件的律师进行指导和培训。

条文主旨

本条是关于对未成年人进行法律援助和司法救助的规定。

条文释义

未成年人法律援助是指国家为保证法律赋予的未成年人各项权利的实现，对因经济困难无力支付法律服务费用的案件以及某些特殊案件的未成年人提供免费法律服务的一项法律救济制度。它是国家维护司法公正的需要，也是保护未成年人健康成长的需要。未成年人法律援助彰显了法律人文关怀与对实质正义的追求，是我国未成年人保护的进步与法治文明建设发展的重要标志之一。依据我国现有法律法规的规定，国家为未成年人提供法律援助的范围可大致分为两类，一类是法律援助机构应当提供法律援助的范围，主要指在未成年人犯罪的刑事案件中，在人民法院审判阶段，没有委托辩护人的，人民法院为其指定辩护时，应当提供法律援助。另一类是法律援助机构可以提供法律援助的范围，一是未成年人犯罪的刑事案件中因经济困难没有聘请律师的；二是未成年人需要代理的事项，因经济困难没有委托代理人的，包括：依法请求国家赔偿的；请求给予社会保险待遇或者最低生活保障待遇的；请求发给抚恤金、救济金的；请求支付抚养费的；请求支付劳动报酬的；主张因见义勇为行为产生的民事权益的。对于未成年人犯罪的刑事案件予以法律援助，有助于切实从司法角度保障未成年人权益，有利于教育、感化和挽救未成年人，使失足的未成年人得到正确的引导，日后重新回归社会。对于民事诉讼与行政诉讼中的未成年人给予法律援助，则体现了人道主义精神，因为未成年人一般在经济上缺乏生活自理能力，法律援助有助于使其有机会获得平等的权利，有助于促成未成年人司法权利由法定形式转为现实。从以上规定可以看出，未成年人法律援助范围仍不能涵盖所有未成年人权利受到侵害的情况。现实生活中，由于父母虐待、遗弃、教师体罚等原因造成的未成年人人身受到伤害的案件时有发生，未成年人往往因为没有独立的经济来源，无力自行聘请律师，其权利很难得到有效保障，从而很容易造成一部分侵害未成年人权利的案件在现实生活中成为隐性案件。因此，本条通过概括性规定为扩大未成年人法律援助范围预留了足够的空间，可以理解为，所有合法权益受到侵害、不能享受收费法律服务的未成年人，都可以依法向国家申请法律援助。

为保障未成年人获得法律援助的质量，切实发挥法律援助保护未成年人的作用，确保未成年人法律援助律师具备专业能力和积极态度，本条要求指派熟悉未成年人身心特点的律师为未成年人提供法律援助服务，并且要对办理未成年人法律援助案件的律师进行指导和培训。通过这一规定，以保证未成年人法律援助案件的承办人员，不仅要熟悉和掌握各种法律法规中有关未成年人的专门规定，而且要具备一定的心理学、社会学等方面的知识，能够遵循未成年人身心发展的客观规律，有效地维护未成年人的合法权益。

司法救助工作是在办理案件过程中，对遭受犯罪侵害或者民事侵权，无法通过诉讼获得有效赔偿，生活面临急迫困难的当事人采取的辅助性救济措施。开展国家司法救助是中国特色社会主义司法制度的内在要求，是改善民生、健全社会保障体系的重要组成部分。随着越来越多的矛盾以案件形式进入司法领域，一些涉及未成年人的刑事犯罪案件、民事侵权案件，因案件无法侦破、被告人没有赔偿能力或赔偿能力不足，致使未成年受害人及其家庭无法依法得到赔偿，生活陷入困境的情况不断增多。由于涉及未成年人的司法救助工作总体上仍处于起步阶段，发展还有待进一步平衡，在救助资金保障、明确救助对象、标准统一、工作规范等方面有待进一步完善，否则一些未成年人无法得到国家的司法救助，甚至出现生活无着、学业难继等问题，将严重损害未成年人合法权益，妨害未成年人健康成长。笔者认为，依据本条规定，对于处于以下情况的未成年人应当给予司法救助：受到犯罪侵害致使身体出现伤残或者心理遭受严重创伤，因不能及时获得有效赔偿，造成生活困难的；受到犯罪侵害急需救治，其家庭无力承担医疗救治费用的；抚养人受到犯罪侵害致死，因不能及时获得有效赔偿，造成生活困难的；家庭财产受到犯罪侵害遭受重大损失，因不能及时获得有效赔偿，且未获得合理补偿、救助，造成生活困难的；因举报、作证受到打击报复，致使身体受到伤害或者家庭财产遭受重大损失，因不能及时获得有效赔偿，造成生活困难的；追索抚育费，因被执行人没有履行能力，造成生活困难的；因道路交通事故等民事侵权行为造成人身伤害，无法通过诉讼获得有效赔偿，造成生活困难的；其他因案件造成生活困难，认为需要救助的。同时，在司法救助方式上应当注重多元化。未成年人健康快乐成长，既需要物质帮助，也需要精神抚慰和心理疏导；既需要解决生活面临的急迫困难，也需要安排好未来学习成长。在开展未成年人国家司法救助工作中，要增强对未成年人的特殊、优先保护意识，避免“给钱了事”的简单化做法，针对未成年人的具体情况，依托有关单位，借助专业力量，因人施策，精准帮扶，切实突出长远救助效果。例如，对因案件陷入困境的未成年人，可以给予相应方式帮助：对遭受性侵害、监护侵害以及其他身体伤害的，进行心理安抚和疏导；对出现心理创伤或者精神损害的，实施心理治疗。对没有监护人、监护人没有监护能力或者原监护人被撤销资格的，协助开展生活安置、提供临时照料、指定监护人等相关工作。对未完成义务教育而失学辍学的，帮助其重返学校；对因经济困难可能导致失学辍学的，推动落实相关学生资助政策；对需要转学的，协调办理相关手续。对因身体伤残出现就医、康复困难的，帮助落实医疗、康复机构，促进身体康复。对因身体伤害或者财产损失提起附带民事诉讼的，帮助获得法律援助；对单独提起民事诉讼的，协调减免相关诉讼费用。对适龄未成年人有劳动、创业等意愿但缺乏必要技能的，协调有关部门提供技能培训等帮助。对符合社会救助条件的，给予政策咨询、帮扶转介，帮助协调其户籍所在地有关部门按规定纳入相关社会救助范围。

第一百零五条　【检察机关的未成年人保护的法律监督】人民检察院通过行使检察权，对涉及未成年人的诉讼活动等依法进行监督。

条文主旨

本条是关于检察机关对未成年人保护工作实行法律监督的规定。

条文释义

检察机关是国家法律监督机关，在司法活动中发挥着不可替代的重要作用。自20世纪80年代中期起，我国检察机关立足自身定位和职能，开始探索中国的未成年人检察工作道路。从少年起诉组到独立建制的未检科，从地方三级独立未检机构，到最高人民检察院第九检察厅的成立，未检机构独立化程度的每一次提升，不仅带来了未检工作的跨越式发展，而且推动了我国少年警务、未成年人犯罪预防等事业的发展，同时检察机关通过未检参与社会治理取得了良好的效果。为了将我国实践发展中的有效探索制度化，本条规定了检察机关对未成年人保护工作的法律监督职能。

检察官作为公共利益的代表，肩负着重要职责。检察机关是国家的法律监督机关，是保护国家利益和社会公共利益的一支重要力量。少年强则中国强，未成年人的健康成长事关每个家庭的核心利益，是最重要的国家利益和最大的社会公共利益。因此，检察机关针对未成年人保护工作实行法律监督，不仅要对涉及未成年人案件的诉讼活动实行诉讼监督，而且要从促进社会治理现代化的角度主动行使检察权，通过处理涉及未成年人的刑事、民事、行政等检察业务和公益诉讼，发现未成年人保护的问题线索和薄弱环节，运用检察建议等多种手段来实行法律监督。

第一百零六条　【检察机关督促支持起诉和公益诉讼】未成年人合法权益受到侵犯，相关组织和个人未代为提起诉讼的，人民检察院可以督促、支持其提起诉讼；涉及公共利益的，人民检察院有权提起公益诉讼。

条文主旨

本条是关于检察机关督促支持起诉和提起公益诉讼的规定。

条文释义

未成年人一般不具备独立的诉权，当其合法权益受到侵害时，需要监护人作为法定代理人帮助其提起诉讼。但是，实践中经常会出现两种情况，导致未成年人难以通过诉讼来维护自己的合法权益。第一种情况是监护人侵害未成年人合法权益时，比如未成年人遭受监护人的虐待，实施虐待行为的监护人当然不会起诉自己，其他监护人或者近亲属出于种种原因，比如难以收集证据，怕惹麻烦等，也往往无法或者不愿意提供帮助。第二种情况是未成年人的合法权益受到侵害，监护人、相关组织和个人不愿意、不敢或者怠于代为起诉，无法有效维护未成年人的合法权益。为了解决这些问题，本条赋予了检察机关督促、支持相关组织和个人代为提起诉讼的权力。例如，发生监护侵害行为且具备法定情形时，未成年人的其他监护人，祖父母、外祖父母，兄、姐，关系密切的其他亲属、朋友，未成年人住所地的村（居）民委员会，未成年人父、母所在单位，民政部门及其设立的未成年人救助保护机构，共青团、妇联、关工委（中国关心下一代工作委员会）、学校等团体和单位，都有权向人民法院申请撤销监护人资格。如果上述组织和个人不提起申请，但确有必要撤销监护人资格，检察机关可以督促他们提出申请，并可以根据情况出具支持起诉的书面材料。再比如，有关组织和个人出现怠于追索抚养费、怠于保护未成年人人格身份权利、保障未成年人受教育权利等情形时，检察机关可以通过督促、支持起诉的方式，维护未成年人的合法权益。

公益诉讼包括民事公益诉讼、行政公益诉讼。根据民事诉讼法第五十五条第二款的规定，人民检察院在履行职责中发现破坏生态环境和资源保护、食品药品安全领域侵害众多消费者合法权益等损害社会公共利益的行为，在没有该条第一款规定的机关和组织或者该条第一款规定的机关和组织不提起诉讼的情况下，可以向人民法院提起诉讼。根据行政诉讼法第二十五条的规定，人民检察院在履行职责中发现生态环境和资源保护、食品药品安全、国有财产保护、国有土地使用权出让等领域负有监督管理职责的行政机关违法行使职权或者不作为，致使国家利益或者社会公共利益受到侵害的，应当向行政机关提出检察建议，督促其依法履行职责。行政机关不依法履行职责的，人民检察院依法向人民法院提起诉讼。从上述规定可以看出，公益诉讼列举了生态环境和资源保护、食品药品安全、国有财产保护、国有土地使用权出让这四大领域，但是并没有完全限定于上述领域，“等”字其实将民事领域中损害社会公共利益的情形、行政领域中其他负有监督管理职责的行政机关违法履职或者不履职致使国家利益或者社会公共利益受损的情形以兜底的形式涵盖了进去。可以看出，法律已经为公益诉讼范围的拓展预留了合法空间。未成年人的健康成长事关每个家庭的核心利益，是最重要的国家利益和最大的社会公共利益。当有关单位和个人侵害未成年人合法权益，包括负有未成年人保护监督管理的行政机关违法履职或者不履职，且涉及不特定多数未成年人时，这就是对国家利益和公共利益的侵犯，检察机关当然可以提起公益诉讼。实践中，检察机关办理涉及未成年人公益诉讼已经成为未检业务的一项重要内容，且取得了积极的效果。目前案件类型和工作开展主要体现在四个方面：一是聚焦未成年人食品药品安全、环境保护领域，重点围绕校园餐、校园周边食品卫生、校外培训机构食品卫生、儿童疫苗、校园周边污水和尾气排放、医疗废物垃圾堆放等方面的突出问题，办理了一批侵害未成年人身心健康的公益诉讼案件。二是结合刑事案件办理，开展刑事附带民事公益诉讼。对食品药品、环境领域侵害未成年人公共利益犯罪行为提起公诉的同时，一并提起民事公益诉讼，双管齐下，加大对犯罪的打击和震慑力度。三是遵循立法精神，积极、稳妥进行未成年人公益诉讼"等"外探索，办理了一批严重损害未成年人权益、社会关注强烈的公益诉讼案件，得到了人民群众的认可和赞誉。未检部门针对游泳场所安全隐患、童模活动欠缺规范、学生用品假冒伪劣、儿童玩具"三无"、有毒"水晶泥"等问题，积极进行公益诉讼案件探索办理，社会反响都很好。四是"公益诉讼＋其他检察监督方式"综合运用。未检部门发挥业务一体化优势，组合运用多种方式跟进监督、综合监督，推动损害未成年人公共利益问题彻底解决。基于此，本条在民事诉讼法和行政诉讼法的基础上，充分提炼实践经验并予以制度化，规定了一类新的公益诉讼类型，即涉未成年人公益诉讼。

第一百零七条　【继承案件和离婚案件中的保护】人民法院审理继承案件，应当依法保护未成年人的继承权和受遗赠权。

人民法院审理离婚案件，涉及未成年子女抚养问题的，应当尊重已满八周岁未成年子女的真实意愿，根据双方具体情况，按照最有利于未成年子女的原则依法处理。

条文主旨

本条是关于继承案件和离婚案件中未成年人保护的规定。

条文释义

根据民法典的规定，对生活有特殊困难的缺乏劳动能力的继承人，分配遗产时，应当予以照顾。遗产分割时，应当保留胎儿的继承份额。分割遗产，应当清偿被继承人依法应当缴纳的税款和债务；但是，应当为缺乏劳动能力又没有生活来源的继承人保留必要的遗产。遗嘱应当为缺乏劳动能力又没有生活来源的继承人保留必要的遗产份额。未成年人通常没有独立的生活来源，不具有成年人一样的劳动能力，为维持其生活和保障其健康成长，分配遗产的份额时，都要予以适当照顾。一般在遗嘱继承中，依法保护未成年人的继承权。对于以遗嘱剥夺未成年法定继承人应当继承的遗产份额的，应当宣告遗嘱无效或者部分无效，保证未成年继承人相应的遗产继承份额。

人民法院审理离婚案件时，涉及未成年子女抚养问题容易成为争议的焦点，有时候甚至会损害未成年人的合法权益。因此，法院应当本着最有利于未成年人的原则依法处理：第一，不满两周岁的子女，以由母亲直接抚养为原则；第二，已满两周岁的子女，由人民法院根据双方的具体情况，在尊重已满八周岁未成年子女的真实意愿的前提下，按照最有利于未成年子女的原则判决。

第一百零八条　【撤销监护人资格】 未成年人的父母或者其他监护人不依法履行监护职责或者严重侵犯被监护的未成年人合法权益的，人民法院可以根据有关人员或者单位的申请，依法作出人身安全保护令或者撤销监护人资格。

被撤销监护人资格的父母或者其他监护人应当依法继续负担抚养费用。

条文主旨

本条是关于撤销监护人资格的规定。

条文释义

依法撤销监护人资格，主要是依据民法典第三十六条的规定。即“监护人有下列情形之一的，人民法院根据有关个人或者组织的申请，撤销其监护人资格，安排必要的临时监护措施，并按照最有利于被监护人的原则依法指定监护人：（一）实施严重损害被监护人身心健康的行为；（二）怠于履行监护职责，或者无法履行监护职责且拒绝将监护职责部分或者全部委托给他人，导致被监护人处于危困状态；（三）实施严重侵害被监护人合法权益的其他行为。本条规定的有关个人、组织包括：其他依法具有监护资格的人，居民委员会、村民委员会、学校、医疗机构、妇女联合会、残疾人联合会、未成年人保护组织、依法设立的老年人组织、民政部门等。前款规定的有关个人和民政部门以外的组织未及时向人民法院申请撤销监护人资格的，民政部门应当向人民法院申请。”依法负担被监护人抚养费、赡养费、扶养费的父母、子女、配偶等，被人民法院撤销监护人资格后，应当继续履行负担的义务。

当未成年人遭遇家庭暴力，需要申请人身安全保护令时，主要是依据反家庭暴力法的规定。即当事人因遭受家庭暴力或者面临家庭暴力的现实危险，向人民法院申请人身安全保护令的，人民法院应当受理。当事人是无民事行为能力人、限制民事行为能力人，或者因受到强制、威吓等原因无法申请人身安全保护令的，其近亲属、公安机关、妇联、居民委员会、村民委员会、救助管理机构可以代为申请。人民法院受理申请后，应当在七十二小时内作出人身安全保护令或者驳回申请；情况紧急的，应当在二十四小时内作出。人身安全保护令可以包括下列措施：(1) 禁止被申请人实施家庭暴力；(2) 禁止被申请人骚扰、跟踪、接触申请人及其相关近亲属；(3) 责令被申请人迁出申请人住所；(4) 保护申请人人身安全的其他措施。

第一百零九条　【家事案件中的社会调查】人民法院审理离婚、抚养、收养、监护、探望等案件涉及未成年人的，可以自行或者委托社会组织对未成年人的相关情况进行社会调查。

条文主旨

本条是关于家事案件中社会调查的规定。

条文释义

未成年人家事案件社会调查制度，是指在涉及未成年人的家事案件中引入社会力量，对未成年人开展社会调查，为未成年人家事审判提供更为客观、全面的参考依据。这项制度在我国实践中已经探索多年，实践中有人将其称为“民事社会观护制度”。2006 年起，全国多地法院陆续成立涵盖刑事、民事、行政综合审判模式的未成年人案件综合审判部门，其中涉少民事案件的受理案件范围主要包括抚养费、变更抚养关系、探望权、同居关系子女抚养及未成年人侵权纠纷。2007 年，广东省广州市黄埔区法院在审理一起抚养费纠纷案件时首次引入了社会观护制度，拉开了全国法院探索实践涉少民事案件社会观护制度的序幕。[①] 2010 年，最高人民法院《关于进一步加强少年法庭工作的意见》第二十一条提出：“各级法院应当坚持‘特殊、优先’保护原则，大胆探索实践社会观护、圆桌审判、诉讼教育引导等未成年人民事和行政案件特色审判制度，不断开拓未成年人民事和行政案件审判的新思路、新方法。”此后，各地法院依据当地实际，围绕未成年人

---

① 《广州：未成年人民事案件首次出现“社会观护员”》，载搜狐网，http：//news.sohu.com/20070525/n250226158.shtml，最后访问时间：2020 年 12 月 1 日。

民事社会观护制度大胆探索，积累了丰富的经验，并逐渐确立相对成熟的机制。因此，本条吸收了实践中的有益做法，规定了涉及未成年人家事案件的社会调查制度。

相较其他成年人家事案件，涉未成年人家事案件具有特殊性，其主要基于血缘和婚姻关系，涉及亲情伦理和未成年人家庭成长环境。在该类案件中，未成年人的父母双方作为当事人处于对立面，未成年人容易成为父母利益争夺的筹码和工具，由于其缺乏自身利益的维护意识和能力，需要人民法院在遵从“最有利于未成年人”原则的基础上进行必要的司法干预，加强调查取证等工作的主动性，从而积极有效地维护未成年人的合法权益。作为社会参与的一种形式，社会调查制度由国家司法权以外的社会力量介入诉讼，使司法活动体现社会关于秩序、自由、公正等价值标准。在个案中，社会调查报告有助于更加科学地判断，以作出最有利于未成年人的判决。

第一百一十条　【讯问询问时的保护措施】公安机关、人民检察院、人民法院讯问未成年犯罪嫌疑人、被告人，询问未成年被害人、证人，应当依法通知其法定代理人或者其成年亲属、所在学校的代表等合适成年人到场，并采取适当方式，在适当场所进行，保障未成年人的名誉权、隐私权和其他合法权益。

人民法院开庭审理涉及未成年人案件，未成年被害人、证人一般不出庭作证；必须出庭的，应当采取保护其隐私的技术手段和心理干预等保护措施。

条文主旨

本条是关于讯问询问未成年人时采取保护措施的规定。

条文释义

一是讯问、询问未成年人，应当有合适的成年人在场。刑事诉讼法规定，对于未成年人刑事案件，在讯问和审判的时候，应当通知未成年犯罪嫌疑人、被告人的法定代理人到场。无法通知、法定代理人不能到场或者法定代理人是共犯的，也可以通知未成年犯罪嫌疑人、被告人的其他成年亲属，所在学校、单位、居住地基层组织或者未成年人保护组织的代表到场，并将有关情况记录在案。到场的法定代理人可以代为行使未成年犯罪嫌疑人、被告人的诉讼权利。到场的法定代理人或者其他人员认为办案人员在讯问、审判中侵犯未成年人合法权益的，可以提出意见。讯问笔录、法庭笔录应当交给到场的法定代理人或者其他人员阅读或者向他宣读。询问未成年被害人、证人，适用以上规定。

二是讯问、询问未成年人应当采取适当方式，在适当场所进行，保障未成年人的名誉权、隐私权和其他合法权益。一般而言，未成年人身心不成熟，心理也较为脆弱，这使得他们在接受讯问或者询问时，或者是对提问理解不够透彻，甚至误解；或者由于记忆能力的欠缺而缺乏对整个事件的完整记忆；或者由于语言能力的不完善而表达欠佳，从而导致被误解等。因此，讯问或者询问未成年人应由熟悉未成年人身心特点的人员进行，根据未成年人的特点和案件情况，制定详细的讯问提纲，采用符合未成年人身心特点的方式展开，用语应当准确易懂。例如，讯问或者询问时，可以不着制服，采取圆桌或座谈的方式进行，语言要符合未成年人的认知能力，能够被未成年人充分理解等；询问年幼的未成年被害人、证人时，可以借助玩偶、图画等辅助工具，聘请熟悉未成年人身心特点的专业人员陪同和协助。讯问、询问地点对未成年人的心理会产生不同的影响，既可以在专设的未成年人讯问室或者询问室进行，也可以在未成年人及其法定代理人的住所或者其他场所进行，如果后者具备条件且更为适宜则优先考虑。讯问、询问时，保障未成年人的名誉权、隐私权和其他合法权益，不得对未成年人诱供、训斥、讥讽或者威胁，避免在办案中造成“二次伤害”。

三是未成年被害人、证人一般不出庭作证。人民法院开庭审理涉及未成年人案件，未成年被害人、证人一般不出庭作证；必须出庭的，应当采取不暴露其外貌、真实声音等保护其隐私的技术手段和心理干预等保护措施。

第一百一十一条　【对遭受性侵害或者暴力伤害未成年人的综合保护】公安机关、人民检察院、人民法院应当与其他有关政府部门、人民团体、社会组织互相配合，对遭受性侵害或者暴力伤害的未成年被害人及其家庭实施必要的心理干预、经济救助、法律援助、转学安置等保护措施。

条文主旨

本条是关于遭受性侵害或者暴力伤害未成年人综合保护的规定。

条文释义

对未成年被害人的保护一直是司法实践中的薄弱环节。如果未成年被害人得不到及时、有效的保护，不但有失司法公平，而且极有可能给被害人造成终生难以摆脱的痛苦或阴影，有的甚至因此患上严重的心理疾病或者走上违法犯罪的道路。未成年被害人在遭受性侵害、暴力伤害后，司法机关对于犯罪分子的惩处，只能使他们得到一部分心理上的满足，很难真正修复侵害行为对其造成的生理和心理创伤。有的被害人因高额的医疗费用无法得到及时的医治；有的遭受监护人性侵害、暴力伤害的被害人面临无人监护的困境；等等。对未成年被害人的司法保护问题，需要在更深层次上去解决其因性侵害、暴力伤害行为而带来的生存、健康等现实问题，包括指定医疗机构提供人身救助，指定心理康复机构提供心理救助，民政部门、司法机关等提供监护救助。近年来，上海、宁波、淮安、昆明等地公安机关、检察机关已进行了一些有益探索，效果较好。基于此，本条规定了对未成年被害人的综合保护。

开展未成年被害人综合保护工作，法院、检察院、公安、司法行政部门之间应当加强衔接，与教育、民政、财政、人力资源和社会保障、卫生健康、共青团、妇联、关工委、工会、律协等部门和组织和学校、医院、社区等相关单位建立协调配合机制，引导社会组织尤其是未成年人保护组织、公益慈善组织、社会工作服务机构、志愿者队伍等社会力量积极参与。对遭受性侵害、暴力伤害的未成年被害人，根据需要开展一系列保护工作，包括但不限于：进行心理安抚和疏导，对出现心理创伤或者精神损害的实施心理治疗；对没有监护人、监护人没有监护能力或者原监护人被撤销资格的，协助开展生活安置、提供临时照料、指定监护人等相关工作；对未成年人及其家庭因案返贫致困情况的，落实司法救助资金，帮助其解决暂时的生活、医疗困难；对符合社会救助条件的，帮助协调其户籍所在地有关部门按规定纳入相关社会救助范围；对因身体伤残出现就医、康复困难的，帮助落实医疗、康复机构，促进身体康复；对因身体伤害或者财产损失提起附带民事诉讼的，帮助获得法律援助；对未完成义务教育而失学辍学的，帮助重返学校；对因经济困难可能导致失学辍学的，推动落实相关学生资助政策；对需要转学的，协调办理相关手续；对适龄未成年人有劳动、创业等意愿但缺乏必要技能的，协调有关部门提供技能培训等帮助；等等。通过采取这些综合保护措施，尽最大努力帮助未成年被害人恢复正常的生活和学习。

第一百一十二条　【对遭受性侵害或者暴力伤害未成年人询问的保护措施】 **公安机关、人民检察院、人民法院办理未成年人遭受性侵害或者暴力伤害案件，在询问未成年被害人、证人时，应当采取同步录音录像等措施，尽量一次完成；未成年被害人、证人是女性的，应当由女性工作人员进行。**

条文主旨

本条是关于询问遭受性侵害或者暴力伤害未成年人时采取特殊保护措施的规定。

条文释义

性侵害、暴力伤害案件的重要证据之一往往是未成年被害人的陈述或者未成年证人的证词。实践中，侦查人员询问未成年被害人、证人后案件移送到检察院。如果侦查过程中询问时很多细节并未弄清楚，则需要再次询问甚至多次询问，这很容易给未成年被害人、证人带来伤害。为避免出现这一问题，多地公安机关和检察机关持续推进“一站式”办案机制，案发后未检检察官和办理未成年人案件的警察共同研究询问提纲、重点、关键问题，尽可能一次询问，该问的都问到，把证据做细致，固定好证据，取得了良好的效果。基于此，本条规定了“一站式”办案机制的基本要求：同步录音录像、尽量一次完成。为此，公安机关与检察机关应当加强沟通，实现性侵害、暴力伤害未成年人案件提前介入，询问被害人同步录音录像全覆盖，切实提高一次询问的比例，减少和避免“二次伤害”。此外，还可以探索公安机关、人民检察院、妇联等部门会同推进集未成年被害人接受询问、生物样本提取、身体检查、心理疏导等于一体的“一站式”取证、救助机制建设。

未成年被害人、证人是女性的，询问应当由女性工作人员进行。未成年人遭受性侵害或者暴力伤害，很多时候涉及私密部位和案发情节的描述，为了减轻女性未成年被害人、证人的压力和思想负担，应当由女性工作人员进行。根据“一站式”办案机制和原则提出的一次询问的要求，询问之前已经制定了较为充分的询问提纲，直接的询问工作可以由包括司法辅助人员在内的女性工作人员进行，在询问室外其他办案人员通过技术措施可以实时同步观察、聆听，必要时引导或者指挥女性工作人员进行必要的追问。

第一百一十三条　【未成年人违法犯罪的处理】对违法犯罪的未成年人，实行教育、感化、挽救的方针，坚持教育为主、惩罚为辅的原则。

对违法犯罪的未成年人依法处罚后，在升学、就业等方面不得歧视。

条文主旨

本条是关于处理未成年人违法犯罪的规定。

条文释义

未成年人违法犯罪实质上是社会化遇到了障碍或者出现了问题。随着年龄的不断增长，未成年人的身心不断发生着变化，但尚未成熟，其认知能力、自控力、是非判断能力、理性决策能力都远不及成年人，而且较为薄弱，他们往往容易冲动、追求刺激、不计后果。因此，当未成年人的家庭监护出现问题、学校教育跟不上时，缺乏足够理性思考能力的未成年人很容易受到社会不良因素的影响，心理和行为出现偏差。一方面，未成年人违法犯罪的有责性不可比拟成年人，他们更需要有纠错的机会从而改过自新；另一方面，违法犯罪的未成年人处于可塑性很强的时期，通过积极的干预完全可以帮助其顺利回归社会，惩罚制裁往往容易使其形成反社会人格，不利于更长远地保护社会。因此，对未成年人违法犯罪"宜教不宜罚"已经成为一种国际共识。因此，本条明确了处理未成年人违法犯罪的方针和原则：实行教育、感化、挽救的方针，坚持"教育为主、惩罚为辅"的原则。至于二者的关系，可以从目标和手段的角度来理解，即教育、感化、挽救是处理未成年人违法犯罪的目标，为了实现这一目标，可以适用教育为主、惩罚为辅的手段和措施。教育的手段和措施规定于预防未成年人犯罪法中，惩罚的手段和措施规定于治安管理处罚法和刑法中。

为了保障违法犯罪的未成年人有机会回归社会，在其依法接受处罚后，国家应当出台制度或者措施保障其平等地接受教育、就业，防止其在升学、就业等方面受到歧视。

第一百一十四条　【未成年人保护社会治理的建议】公安机关、人民检察院、人民法院和司法行政部门发现有关单位未尽到未成年人教育、管理、救助、看护等保护职责的，应当向该单位提出建议。被建议单位应当在一个月内作出书面回复。

条文主旨

本条是关于公检法司促进未成年人保护社会治理的规定。

条文释义

通过办理未成年人违法犯罪或者未成年人受到违法犯罪侵害的案件，公安机关、人民检察院、人民法院和司法行政部门可以发现未成年人保护社会治理方面存在的薄弱环节和漏洞。比如，2018 年 10 月，最高人民检察院向教育部发出《中华人民共和国最高人民检察院检察建议书》（高检建〔2018〕1 号），分析校园安全中存在的突出问题，提出有针对性的意见和建议；各地检察机关结合办案实践，就治理营业性网吧、娱乐场所和宾馆等违法接待、容留未成年人问题发出检察建议，监督有关部门加强管理，堵塞漏洞，取得了不错的效果。为充分发挥公安机关、人民检察院、人民法院和司法行政部门办理案件的优势，更好地预防未成年人违法犯罪或者被侵害，本条借鉴实践中检察建议这一有效做法，赋予公安机关、人民检察院、人民法院和司法行政部发现有关单位未尽到未成年人教育、管理、救助、看护等保护职责时提出建议的职责。为保障这一建议的刚性，被建议单位应当在一个月内作出书面回复，以及时改进未成年人保护社会治理中的问题。

第一百一十五条　【法治宣教教育】公安机关、人民检察院、人民法院和司法行政部门应当结合实际，根据涉及未成年人案件的特点，开展未成年人法治宣传教育工作。

条文主旨

本条是关于公安机关、人民检察院、人民法院和司法行政部门开展未成年人法治宣传教育工作的规定。

条文释义

公安机关、人民检察院、人民法院和司法行政部门的办案人员有着处理案件的丰富经验，熟知相关法律法规，熟悉未成年人身心特点，他们在向未成年人开展法治教育方面具有不可比拟的优势。为加强未成年人的法治教育，根据国家机关“谁执法谁普法”的普法责任制要求，本条规定了公安机关、人民检察院、人民法院和司法行政部门开展未成年人法治宣传教育的职责。开展未成年人法治宣传教育工作，需要符合未成年人的身心特点和理解接受能力，采取灵活多样的形式。例如，担任法治副校长或者法治辅导员，组织定期化制度化的进校园的法治宣讲活动，共同建设未成年人法治教育体验基地，制作并推送相关主题影视剧、微电影、微视频等未成年人喜闻乐见的法治教育作品，编写未成年人法治教育图书，等等。

第一百一十六条　【社会支持体系】国家鼓励和支持社会组织、社会工作者参与涉及未成年人案件中未成年人的心理干预、法律援助、社会调查、社会观护、教育矫治、社区矫正等工作。

条文主旨

本条是关于办理涉及未成年人案件社会支持体系的规定。

条文释义

社会支持体系的完善，是衡量未成年人司法制度科学性的重要指标，是未成年人保护与犯罪预防体系和能力现代化的重要特征。办理成年人案件的司法人员从某种意义上讲可以只审查证据、认定事实、适用法律，但办理涉及未成年人案件的司法人员不能只审查证据、认定事实、适用法律，必须适用特殊的程序，涉及社会调查、心理干预、人格甄别、行为矫正、社会观护、技能培训、监督考察帮教等工作。可见，办理涉及未成年人案件，包括传统的司法工作和专业服务两部分，评价涉及未成年人案件的办理质量，强调政治效果、法律效果和社会效果的统一，同样需要衡量这两个部分。基于办理涉及未成年人案件专业化与社会化的规律，本条规定了国家鼓励和支持社会组织、社会工作者为办理涉及未成年人案件提供专业服务，包括但不限于心理干预、法律援助、社会调查、社会观护、教育矫治、社区矫正等领域。与此同时，有待于出台更多规范，进一步明确社会组织、社会工作者的参与方式、服务流程、质量标准、效果评估、责任承担等内容。

第八章　法律责任

※ 本章导读 ※

法律责任是保障法律得以实施、遵守的重要内容。本章根据第一章至第七章的规定，分别明确了相关主体违反法定义务时所承担的法律责任。

第一百一十七条　【违反强制报告义务的法律责任】违反本法第十一条第二款规定，未履行报告义务造成严重后果的，由上级主管部门或者所在单位对直接负责的主管人员和其他直接责任人员依法给予处分。

条文主旨

本条是关于违反强制报告义务后承担法律责任的规定。

条文释义

国家机关、居民委员会、村民委员会、密切接触未成年人的单位及其工作人员，在工作中发现未成年人身心健康受到侵害、疑似受到侵害或者面临其他危险情形的，没有向公安、民政、教育等有关部门报告造成严重后果的，由上级主管部门或者所在单位对直接负责的主管人员和其他直接责任人员依法给予处分。比如，执业医师法第三十七条规定，医师在执业活动中，患者涉嫌伤害事件或者非正常死亡，不按照规定报告的，由县级以上人民政府卫生行政部门给予警告或者责令暂停六个月以上一年以下执业活动；情节严重的，吊销其执业证书。

第一百一十八条　【父母或者其他监护人监护失职的法律责任】 未成年人的父母或者其他监护人不依法履行监护职责或者侵犯未成年人合法权益的，由其居住地的居民委员会、村民委员会予以劝诫、制止；情节严重的，居民委员会、村民委员会应当及时向公安机关报告。

公安机关接到报告或者公安机关、人民检察院、人民法院在办理案件过程中发现未成年人的父母或者其他监护人存在上述情形的，应当予以训诫，并可以责令其接受家庭教育指导。

条文主旨

本条是关于父母或者其他监护人监护失职法律责任的规定。

条文释义

未成年人的父母或者其他监护人不依法全面履行本法规定的监护职责或者存在侵犯未成年人合法权益行为的，承担法律责任的途径有两种：第一种是先由其居住地的居民委员会、村民委员会予以劝诫、制止，如果存在屡教不改等严重情节的，居民委员会、村民委员会应当及时向公安机关报告，由公安机关依法处理。第二种是公安机关、人民检察院、人民法院在办理案件过程中发现的，直接予以训诫，并可以责令其接受家庭教育指导。

第一百一十九条　【学校保护失职的法律责任】学校、幼儿园、婴幼儿照护服务等机构及其教职员工违反本法第二十七条、第二十八条、第三十九条规定的，由公安、教育、卫生健康、市场监督管理等部门按照职责分工责令改正；拒不改正或者情节严重的，对直接负责的主管人员和其他直接责任人员依法给予处分。

条文主旨

本条是关于学校保护失职法律责任的规定。

条文释义

学校、幼儿园、婴幼儿照护服务等机构及其教职员工对未成年人实施体罚、变相体罚或者有其他侮辱人格尊严的行为的，违反国家规定开除、变相开除未成年学生的，对辍学未成年学生劝返无效未及时向教育行政部门书面报告的，未立即制止学生欺凌行为的，未依法处理学生欺凌事件和开展保护工作的，隐瞒严重欺凌行为的，由公安、教育、卫生健康、市场监督管理等部门按照职责分工责令改正。拒不改正或者情节严重的，对直接负责的主管人员和其他直接责任人员依法给予处分。比如，教师法第三十七条规定，教师有下列情形之一的，由所在学校、其他教育机构或者教育行政部门给予行政处分或者解聘：体罚学生，经教育不改的；品行不良、侮辱学生，影响恶劣的。

第一百二十条　【未给予未成年人免费或者优惠待遇的法律责任】违反本法第四十四条、第四十五条、第四十七条规定，未给予未成年人免费或者优惠

待遇的，由市场监督管理、文化和旅游、交通运输等部门按照职责分工责令限期改正，给予警告；拒不改正的，处一万元以上十万元以下罚款。

条文主旨

本条是关于未给予未成年人免费或者优惠待遇所承担法律责任的规定。

条文释义

爱国主义教育基地、图书馆、青少年宫、儿童活动中心、儿童之家未对未成年人免费开放的，博物馆、纪念馆、科技馆、展览馆、美术馆、文化馆、社区公益性互联网上网服务场所以及影剧院、体育场馆、动物园、植物园、公园等场所未按照有关规定对未成年人免费或者优惠开放的，城市公共交通以及公路、铁路、水路、航空客运等未按照有关规定对未成年人实施免费或者优惠票价的，以及其他任何组织或者个人违反有关规定限制未成年人享有照顾或者优惠的，由市场监督管理、文化和旅游、交通运输等部门按照职责分工责令限期改正，给予警告；拒不改正的，处一万元以上十万元以下罚款。

第一百二十一条　【违反危害影视信息禁止制度和不良影视信息提示制度的法律责任】 违反本法第五十条、第五十一条规定的，由新闻出版、广播电视、电影、网信等部门按照职责分工责令限期改正，给予警告，没收违法所得，可以并处十万元以下罚款；拒不改正或者情节严重的，责令暂停相关业务、停产停业或者吊销营业执照、吊销相关许可证，违法所得一百万元以上的，并处违法所得一倍以上十倍以下的罚款，没有违法所得或者违法所得不足一百万元的，并处十万元以上一百万元以下罚款。

条文主旨

本条是关于违反危害影视信息禁止制度和不良影视信息提示制度承担法律责任的规定。

条文释义

制作、复制、出版、发布、传播含有宣扬淫秽、色情、暴力、邪教、迷信、赌博、引诱自杀、恐怖主义、分裂主义、极端主义等危害未成年人身心健康内容的图书、报刊、电影、广播电视节目、舞台艺术作品、音像制品、电子出版物和网络信息的，出版、发布、传播包含可能影响未成年人身心健康内容的图书、报刊、电影、广播电视节目、舞台艺术作品、音像制品、电子出版物或者网络信息未以显著方式提示的，由新闻出版、广播电视、电影、网信等部门按照职责分工责令限期改正，给予警告，没收违法所得，可以并处十万元以下罚款；拒不改正或者情节严重的，责令暂停相关业务、停产停业或者吊销营业执照、吊销相关许可证，违法所得一百万元以上的，并处违法所得一倍以上十倍以下的罚款，没有违法所得或者违法所得不足一百万元的，并处十万元以上一百万元以下罚款。

第一百二十二条　【有关场所未履行特殊保障和注意义务的法律责任】场所运营单位违反本法第五十六条第二款规定、住宿经营者违反本法第五十七条规定的，由市场监督管理、应急管理、公安等部门按照职责分工责令限期改正，给予警告；拒不改正或者造成严重后果的，责令停业整顿或者吊销营业执照、吊销相关许可证，并处一万元以上十万元以下罚款。

条文主旨

本条是关于有关场所未履行特殊保障和注意义务承担法律责任的规定。

条文释义

大型的商场、超市、医院、图书馆、博物馆、科技馆、游乐场、车站、码头、机场、旅游景区景点等场所运营单位未设置搜寻走失未成年人的安全警报系统，或者场所运营单位接到求助后未立即启动安全警报系统以及组织人员进行搜寻的，旅馆、宾馆、酒店等住宿经营者未经询问未成年人的父母或者其他监护人的联系方式、入住人员的身份关系等有关情况即接待未成年人入住或者接待未成年人和成年人共同入住的，或者发现有违法犯罪嫌疑未立即向公安机关报告，或者未及时联系未成年人的父母、其他监护人的，由市场监督管理、应急管理、公安等部门按照职责分工责令限期改正，给予警告；拒不改正或者造成严重后果的，责令停业整顿或者吊销营业执照、吊销相关许可证，并处一万元以上十万元以下罚款。

第一百二十三条　【相关经营者违反未成年人保护义务的法律责任】相关经营者违反本法第五十八条、第五十九条第一款、第六十条规定的，由文化和旅游、市场监督管理、烟草专卖、公安等部门按照职责分工责令限期改正，给予警告，没收违法所得，可以并处五万元以下罚款；拒不改正或者情节严重的，责令停业整顿或者吊销营业执照、吊销相关许可证，可以并处五万元以上五十万元以下罚款。

条文主旨

本条是关于相关经营者违反未成年人保护义务承担法律责任的规定。

条文释义

在学校、幼儿园周边设置营业性娱乐场所、酒吧、互联网上网服务营业场所等不适宜未成年人活动的场所的，营业性歌舞娱乐场所、酒吧、互联网上网服务营业场所等不适宜未成年人活动场所的经营者允许未成年人进入的，游艺娱乐场所设置的电子游戏设备违法向未成年人提供的，经营者未在显著位置设置未成年人禁入、限入标志的，在学校、幼儿园周边设置烟、酒、彩票销售网点的，向未成年人销售烟、酒、彩票或者兑付彩票奖金的，未在显著位置设置不向未成年人销售烟、酒或者彩票的标志的，向未成年人提供、销售管制刀具或者其他可能致人严重伤害的器具等物品的，对难以判明是否是未成年人时未要求其出示身份证件的，由文化和旅游、市场监督管理、烟草专卖、公安等部门按照职责分工责令限期改正，给予警告，没收违法所得，可以并处五万元以下罚款；拒不改正或者情节严重的，责令停业整顿或者吊销营业执照、吊销相关许可证，可以并处五万元以上五十万元以下罚款。

第一百二十四条　【在禁止场所吸烟饮酒的法律责任】违反本法第五十九条第二款规定，在学校、幼儿园和其他未成年人集中活动的公共场所吸烟、饮酒的，由卫生健康、教育、市场监督管理等部门按照职责分工责令改正，给予警告，可以并处五百元以下罚款；场所管理者未及时制止的，由卫生健康、教育、市场监督管理等部门按照职责分工给予警告，并处一万元以下罚款。

条文主旨

本条是关于在禁止场所吸烟饮酒承担法律责任的规定。

条文释义

任何人在学校、幼儿园和其他未成年人集中活动的公共场所吸烟、饮酒的，由卫生健康、教育、市场监督管理等部门按照职责分工责令改正，给予警告，可以并处五百元以下罚款。学校、幼儿园和其他未成年人集中活动的公共场所管理者发现有人吸烟、饮酒未及时制止的，由卫生健康、教育、市场监督管理等部门按照职责分工给予警告，并处一万元以下罚款。

第一百二十五条 【违法招用未成年人的法律责任】 违反本法第六十一条规定的，由文化和旅游、人力资源和社会保障、市场监督管理等部门按照职责分工责令限期改正，给予警告，没收违法所得，可以并处十万元以下罚款；拒不改正或者情节严重的，责令停产停业或者吊销营业执照、吊销相关许可证，并处十万元以上一百万元以下罚款。

条文主旨

本条是关于违法招用未成年人承担法律责任的规定。

条文释义

违反国家有关规定招用未满十六周岁未成年人的，营业性娱乐场所、酒吧、互联网上网服务营业场所等不适宜未成年人活动的场所招用已满十六周岁的未成年人的，招用已满十六周岁未成年人的单位和个人不执行国家在工种、劳动时间、劳动强度和保护措施等方面的规定，安排其从事过重、有毒、有害等危害未成年人身心健康的劳动或者危险作业的，组织未成年人进行危害其身心健康的表演等活动的，活动组织方未根据国家有关规定保障参与演出、节目制作等活动的未成年人的合法权益的，由文化和旅游、人力资源和社会保障、市场监督管理等部门按照职责分工责令限期改正，给予警告，没收违法所得，可以并处十万元以下罚款；拒不改正或者情节严重的，责令停产停业或者吊销营业执照、吊销相关许可证，并处十万元以上一百万元以下罚款。

第一百二十六条　【违反密切接触未成年人行业查询和限制制度的法律责任】 **密切接触未成年人的单位违反本法第六十二条规定，未履行查询义务，或者招用、继续聘用具有相关违法犯罪记录人员的，由教育、人力资源和社会保障、市场监督管理等部门按照职责分工责令限期改正，给予警告，并处五万元以下罚款；拒不改正或者造成严重后果的，责令停业整顿或者吊销营业执照、吊销相关许可证，并处五万元以上五十万元以下罚款，对直接负责的主管人员和其他直接责任人员依法给予处分。**

条文主旨

本条是关于违反密切接触未成年人行业查询和限制制度承担法律责任的规定。

条文释义

密切接触未成年人的单位招聘工作人员时，未向公安机关、人民检察院查询应聘者是否具有性侵害、虐待、拐卖、暴力伤害等违法犯罪记录的，或者发现其具有前述行为记录依然予以录用的，未每年定期对工作人员是否具有上述违法犯罪记录进行查询的，或者通过查询等其他方式发现其工作人员具有上述行为时未及时解聘的，由教育、人力资源和社会保障、市场监督管理等部门按照职责分工责令限期改正，给予警告，并处五万元以下罚款；拒不改正或者造成严重后果的，责令停业整顿或者吊销营业执照、吊销相关许可证，并处五万元以上五十万元以下罚款，对直接负责的主管人员和其他直接责任人员依法给予处分。

第一百二十七条　【网络企业和服务平台违反网络保护义务的法律责任】信息处理者违反本法第七十二条规定，或者网络产品和服务提供者违反本法第七十三条、第七十四条、第七十五条、第七十六条、第七十七条、第八十条规定的，由公安、网信、电信、新闻出版、广播电视、文化和旅游等有关部门按照职责分工责令改正，给予警告，没收违法所得，违法所得一百万元以上的，并处违法所得一倍以上十倍以下罚款，没有违法所得或者违法所得不足一百万元的，并处十万元以上一百万元以下罚款，对直接负责的主

管人员和其他责任人员处一万元以上十万元以下罚款；拒不改正或者情节严重的，并可以责令暂停相关业务、停业整顿、关闭网站、吊销营业执照或者吊销相关许可证。

条文主旨

本条是关于网络企业和服务平台违反网络保护义务承担法律责任的规定。

条文释义

信息处理者违反本法通过网络处理未成年人个人信息的，或者未按照未成年人、父母或者其他监护人的要求及时采取措施更正、删除未成年人个人信息的，网络服务提供者发现未成年人通过网络发布私密信息后未及时提示或者采取必要保护措施的，网络产品和服务提供者向未成年人提供诱导其沉迷的产品和服务的，网络游戏、网络直播、网络音视频、网络社交等网络服务提供者未针对未成年人使用其服务设置相应的时间管理、权限管理、消费管理等功能的，以未成年人为服务对象的在线教育网络产品和服务得插入网络游戏链接或者推送广告等与教学无关的信息的，网络游戏未经依法审批即运营的，网络游戏服务提供者未要求未成年人以真实身份信息注册并登录网络游戏的，网络游戏服务提供者未按照国家有关规定和标准对游戏产品进行分类并作出适龄提示的，或者未采取技术措施避免让未成年人接触不适宜的游戏或者游戏功能的，在每日二十二时至次日八时向未成年人提供网络游戏服务的，网络直播服务提供者为未满十六周岁的未成年人提供网络直播发布者账号注册服务的，未经身份信息认证和征得其父母或者其他监护人同意即为年满十六周岁的未成年人提供网络直播发布者账号注册服务的，网络服务提供者接到遭受网络欺凌的未成年人及其父母或者其他监护人的通知后未采取删除、屏蔽、断开链接等措施的或者未及时采取必要措施制止网络欺凌行为、防止信息扩散的，网络服务提供者发现用户发布、传播未予显著提示的不良信息却未进行提示或者未通知用户予以提示即传输相关信息的，网络服务提供者发现用户发布、传播危害信息却未立即停止传输相关信息或者采取删除、屏蔽、断开链接等处置措施的，网络服务提供者发现用户利用其网络服务对未成年人实施违法犯罪行为后未立即停止向该用户提供网络服务的，网络服务提供者发现有关情况未向网信、公安等部门报告的，由公安、网信、电信、文化和旅游等有关部门按照职责分工责令改正，给予警告，没收违法所得，违法所得一百万元以上的，并处违法所得一倍以上十倍以下罚款，没有违法所得或者违法所得不足一百万元的，并处十万元以上一百万元以下罚款，对直接负责的主管人员和其他责任人员处一万元以上十万元以下罚款；拒不改正或者情节严重的，并可以责令暂停相关业务、停业整顿、关闭网站、吊销营业执照或者吊销相关许可证。

第一百二十八条 【国家机关工作人员失职的法律责任】 **国家机关工作人员玩忽职守、滥用职权、徇私舞弊，损害未成年人合法权益的，依法给予处分。**

条文主旨

本条是关于国家机关工作人员失职承担法律责任的规定。

条文释义

国家机关工作人员违反本法规定的未成年人保护职责，存在玩忽职守、滥用职权、徇私舞弊，且损害未成年人合法权益的，依法给予处分。

第一百二十九条 【民事责任、行政责任和刑事责任】 **违反本法规定，侵犯未成年人合法权益，造成人身、财产或者其他损害的，依法承担民事责任。**

违反本法规定，构成违反治安管理行为的，依法

给予治安管理处罚；构成犯罪的，依法追究刑事责任。

条文主旨

本条是关于承担民事责任、行政责任和刑事责任的一般规定。

条文释义

任何组织和个人侵犯未成年人合法权益，造成人身、财产或者其他损害的，构成侵权行为，依法承担民事责任。任何组织和个人违反本法规定的义务，构成违反治安管理行为的，依法给予治安管理处罚，构成犯罪的，依法追究刑事责任。

第九章　附　　则

※ 本章导读 ※

附则是一部法律不可或缺的重要组成部分，本章主要解释相关术语、明确依照适用的范围、规定法律施行日期等技术性问题。

第一百三十条　【术语解释】 本法中下列用语的含义：

（一）密切接触未成年人的单位，是指学校、幼儿园等教育机构；校外培训机构；未成年人救助保护机构、儿童福利机构等未成年人安置、救助机构；婴幼儿照护服务机构、早期教育服务机构；校外托管、临时看护机构；家政服务机构；为未成年人提供医疗服务的医疗机构；其他对未成年人负有教育、培训、监护、救助、看护、医疗等职责的企业事业单位、社会组织等。

（二）学校，是指普通中小学、特殊教育学校、中等职业学校、专门学校。

（三）学生欺凌，是指发生在学生之间，一方蓄意或者恶意通过肢体、语言及网络等手段实施欺压、侮辱，造成另一方人身伤害、财产损失或者精神损害的行为。

条文主旨

本条是关于相关术语解释的规定。

条文释义

解释密切接触未成年人的单位时，一方面，列举了最常见的机构或者组织；另一方面，作出了兜底性规定，即其他对未成年人负有教育、培训、监护、救助、看护、医疗等职责的企业事业单位、社会组织等。这有利于实践操作，以保障密切接触未成年人行业从业查询和限制制度的落实。

对于学校的范围有不同理解，根据未成年人保护的实际需要，本法所称学校包括普通中小学、特殊教育学校、中等职业学校、专门学校，并不包括幼儿园、高等学校。

学生欺凌的概念有四个要件：一是主体，即发生在学生之间；二是过错，即一方蓄意或者恶意；三是方式，即通过肢体、语言及网络等手段实施欺压、侮辱；四是后果，即造成另一方人身伤害、财产损失或者精神损害。可见，只要同时符合以上四个要件，无论是一次还是多次，不管是否具有反复性或者持续性，都构成学生欺凌。

第一百三十一条　【依照适用】对中国境内未满十八周岁的外国人、无国籍人，依照本法有关规定予以保护。

条文主旨

本条是关于外国人、无国籍人依照适用本法的规定。

条文释义

本法第二条规定，本法所称未成年人是指未满十八周岁的公民。这里的“公民”指具有中华人民共和国国籍，并根据宪法和法律规定享有权利和承担义务的自然人。这是未成人保护的属人原则。随着我国对外开放的不断深入，必然会涉及境内未成年外国人、无国籍人的保护问题。根据《中华人民共和国出境入境管理法》的规定，在中国境内的外国人应当遵守中国法律，其合法权益受法律保护。因此，基于属地原则，对境内未满十八周岁的外国人、无国籍人，同样应当依照本法的有关规定予以保护。

第一百三十二条　【施行日期】本法自2021年6月1日起施行。

条文主旨

本条是关于法律施行日期的规定。

条文释义

本法此次修订是一次全面系统的修改，增加了诸多新的规定，这需要各方为法律的贯彻落实做好充分准备，特规定本法自2021年6月1日起生效实施。

附录

中华人民共和国未成年人保护法

（1991年9月4日第七届全国人民代表大会常务委员会第二十一次会议通过　2006年12月29日第十届全国人民代表大会常务委员会第二十五次会议第一次修订　根据2012年10月26日第十一届全国人民代表大会常务委员会第二十九次会议《关于修改〈中华人民共和国未成年人保护法〉的决定》修正　2020年10月17日第十三届全国人民代表大会常务委员会第二十二次会议第二次修订　2020年10月17日中华人民共和国主席令第57号公布　自2021年6月1日起施行）

目　　录

第一章　总　　则

第一条　为了保护未成年人身心健康，保障未成年人合法权益，促进未成年人德智体美劳全面发展，培养有理想、有道德、有文化、有纪律的社会主义建设者和接班人，培养担当民族复兴大任的时代新人，根据宪法，制定本法。

第二条　本法所称未成年人是指未满十八周岁的公民。

第三条　国家保障未成年人的生存权、发展权、受保护权、参与权等权利。

未成年人依法平等地享有各项权利，不因本人及其父母或者其他监护人的民族、种族、性别、户籍、职业、宗教信仰、教育程度、家庭状况、身心健康状况等受到歧视。

第四条　保护未成年人，应当坚持最有利于未成年人的原则。处理涉及未成年人事项，应当符合下列要求：

（一）给予未成年人特殊、优先保护；

（二）尊重未成年人人格尊严；

（三）保护未成年人隐私权和个人信息；

（四）适应未成年人身心健康发展的规律和特点；

（五）听取未成年人的意见；

（六）保护与教育相结合。

第五条　国家、社会、学校和家庭应当对未成年人进行理想教育、道德教育、科学教育、文化教育、法治教育、国家安全教育、健康教育、劳动教育，加强爱国主义、集体主义和中国特色社会主义的教育，培养爱祖国、爱人民、爱劳动、爱科学、爱社会主义的公德，抵制资本主义、封建主义和其他腐朽思想的侵蚀，引导未成年人树立和践行社会主义核心价值观。

第六条 保护未成年人，是国家机关、武装力量、政党、人民团体、企业事业单位、社会组织、城乡基层群众性自治组织、未成年人的监护人以及其他成年人的共同责任。

国家、社会、学校和家庭应当教育和帮助未成年人维护自身合法权益，增强自我保护的意识和能力。

第七条 未成年人的父母或者其他监护人依法对未成年人承担监护职责。

国家采取措施指导、支持、帮助和监督未成年人的父母或者其他监护人履行监护职责。

第八条 县级以上人民政府应当将未成年人保护工作纳入国民经济和社会发展规划，相关经费纳入本级政府预算。

第九条 县级以上人民政府应当建立未成年人保护工作协调机制，统筹、协调、督促和指导有关部门在各自职责范围内做好未成年人保护工作。协调机制具体工作由县级以上人民政府民政部门承担，省级人民政府也可以根据本地实际情况确定由其他有关部门承担。

第十条 共产主义青年团、妇女联合会、工会、残疾人联合会、关心下一代工作委员会、青年联合会、学生联合会、少年先锋队以及其他人民团体、有关社会组织，应当协助各级人民政府及其有关部门、人民检察院、人民法院做好未成年人保护工作，维护未成年人合法权益。

第十一条 任何组织或者个人发现不利于未成年人身心健康或者侵犯未成年人合法权益的情形，都有权劝阻、制止或者向公安、民政、教育等有关部门提出检举、控告。

国家机关、居民委员会、村民委员会、密切接触未成年人的单位及其工作人员，在工作中发现未成年人身心健康受到侵害、疑似受到侵害或者面临其他危险情形的，应当立即向公安、民政、教育等有关部门报告。

有关部门接到涉及未成年人的检举、控告或者报告，应当依法及时受理、处置，并以适当方式将处理结果告知相关单位和人员。

第十二条　国家鼓励和支持未成年人保护方面的科学研究，建设相关学科、设置相关专业，加强人才培养。

第十三条　国家建立健全未成年人统计调查制度，开展未成年人健康、受教育等状况的统计、调查和分析，发布未成年人保护的有关信息。

第十四条　国家对保护未成年人有显著成绩的组织和个人给予表彰和奖励。

第二章　家庭保护

第十五条　未成年人的父母或者其他监护人应当学习家庭教育知识，接受家庭教育指导，创造良好、和睦、文明的家庭环境。

共同生活的其他成年家庭成员应当协助未成年人的父母或者其他监护人抚养、教育和保护未成年人。

第十六条　未成年人的父母或者其他监护人应当履行下列监护职责：

（一）为未成年人提供生活、健康、安全等方面的保障；

（二）关注未成年人的生理、心理状况和情感需求；

（三）教育和引导未成年人遵纪守法、勤俭节约，养成良好的思想品德和行为习惯；

（四）对未成年人进行安全教育，提高未成年人的自我保护意识和能力；

（五）尊重未成年人受教育的权利，保障适龄未成年人依法接受并完成义务教育；

（六）保障未成年人休息、娱乐和体育锻炼的时间，引导未成年人进行有益身心健康的活动；

（七）妥善管理和保护未成年人的财产；

（八）依法代理未成年人实施民事法律行为；

（九）预防和制止未成年人的不良行为和违法犯罪行为，并进行合理管教；

（十）其他应当履行的监护职责。

第十七条 未成年人的父母或者其他监护人不得实施下列行为：

（一）虐待、遗弃、非法送养未成年人或者对未成年人实施家庭暴力；

（二）放任、教唆或者利用未成年人实施违法犯罪行为；

（三）放任、唆使未成年人参与邪教、迷信活动或者接受恐怖主义、分裂主义、极端主义等侵害；

（四）放任、唆使未成年人吸烟（含电子烟，下同）、饮酒、赌博、流浪乞讨或者欺凌他人；

（五）放任或者迫使应当接受义务教育的未成年人失学、辍学；

（六）放任未成年人沉迷网络，接触危害或者可能影响其身心健康的图书、报刊、电影、广播电视节目、音像制品、电子出版物和网络信息等；

（七）放任未成年人进入营业性娱乐场所、酒吧、互联网上网服务营业场所等不适宜未成年人活动的场所；

（八）允许或者迫使未成年人从事国家规定以外的劳动；

（九）允许、迫使未成年人结婚或者为未成年人订立婚约；

（十）违法处分、侵吞未成年人的财产或者利用未成年人牟取不正当利益；

（十一）其他侵犯未成年人身心健康、财产权益或者不依法履行未成年人保护义务的行为。

第十八条　未成年人的父母或者其他监护人应当为未成年人提供安全的家庭生活环境，及时排除引发触电、烫伤、跌落等伤害的安全隐患；采取配备儿童安全座椅、教育未成年人遵守交通规则等措施，防止未成年人受到交通事故的伤害；提高户外安全保护意识，避免未成年人发生溺水、动物伤害等事故。

第十九条　未成年人的父母或者其他监护人应当根据未成年人的年龄和智力发展状况，在作出与未成年人权益有关的决定前，听取未成年人的意见，充分考虑其真实意愿。

第二十条　未成年人的父母或者其他监护人发现未成年人身心健康受到侵害、疑似受到侵害或者其他合法权益受到侵犯的，应当及时了解情况并采取保护措施；情况严重的，应当立即向公安、民政、教育等部门报告。

第二十一条　未成年人的父母或者其他监护人不得使未满八周岁或者由于身体、心理原因需要特别照顾的未成年人处于无人看护状态，或者将其交由无民事行为能力、限制民事行为能力、患有严重传染性疾病或者其他不适宜的人员临时照护。

未成年人的父母或者其他监护人不得使未满十六周岁的未成年人脱离监护单独生活。

第二十二条　未成年人的父母或者其他监护人因外出务工等原因在一定期限内不能完全履行监护职责的，应当委托具有照护能力的完全民事行为能力人代为照护；无正当理由的，不得委托他人代为照护。

未成年人的父母或者其他监护人在确定被委托人时，应当综合考虑其道德品质、家庭状况、身心健康状况、与未成年人生活情感上的联系等情况，并听取有表达意愿能力未成年人的意见。

具有下列情形之一的，不得作为被委托人：

（一）曾实施性侵害、虐待、遗弃、拐卖、暴力伤害等违法犯罪行为；

（二）有吸毒、酗酒、赌博等恶习；

（三）曾拒不履行或者长期怠于履行监护、照护职责；

（四）其他不适宜担任被委托人的情形。

第二十三条 未成年人的父母或者其他监护人应当及时将委托照护情况书面告知未成年人所在学校、幼儿园和实际居住地的居民委员会、村民委员会，加强和未成年人所在学校、幼儿园的沟通；与未成年人、被委托人至少每周联系和交流一次，了解未成年人的生活、学习、心理等情况，并给予未成年人亲情关爱。

未成年人的父母或者其他监护人接到被委托人、居民委员会、村民委员会、学校、幼儿园等关于未成年人心理、行为异常的通知后，应当及时采取干预措施。

第二十四条 未成年人的父母离婚时，应当妥善处理未成年子女的抚养、教育、探望、财产等事宜，听取有表达意愿能力未成年人的意见。不得以抢夺、藏匿未成年子女等方式争夺抚养权。

未成年人的父母离婚后，不直接抚养未成年子女的一方应当依照协议、人民法院判决或者调解确定的时间和方式，在不影响未成年人学习、生活的情况下探望未成年子女，直接抚养的一方应当配合，但被人民法院依法中止探望权的除外。

第三章　学校保护

第二十五条　学校应当全面贯彻国家教育方针，坚持立德树人，实施素质教育，提高教育质量，注重培养未成年学生认知能力、合作能力、创新能力和实践能力，促进未成年学生全面发展。

学校应当建立未成年学生保护工作制度，健全学生行为规范，培养未成年学生遵纪守法的良好行为习惯。

第二十六条　幼儿园应当做好保育、教育工作，遵循幼儿身心发展规律，实施启蒙教育，促进幼儿在体质、智力、品德等方面和谐发展。

第二十七条　学校、幼儿园的教职员工应当尊重未成年人人格尊严，不得对未成年人实施体罚、变相体罚或者其他侮辱人格尊严的行为。

第二十八条　学校应当保障未成年学生受教育的权利，不得违反国家规定开除、变相开除未成年学生。

学校应当对尚未完成义务教育的辍学未成年学生进行登记并劝返复学；劝返无效的，应当及时向教育行政部门书面报告。

第二十九条　学校应当关心、爱护未成年学生，不得因家庭、身体、心理、学习能力等情况歧视学生。对家庭困难、身心有障碍的学生，应当提供关爱；对行为异常、学习有困难的学生，应当耐心帮助。

学校应当配合政府有关部门建立留守未成年学生、困境未成年学生的信息档案，开展关爱帮扶工作。

第三十条 学校应当根据未成年学生身心发展特点，进行社会生活指导、心理健康辅导、青春期教育和生命教育。

第三十一条 学校应当组织未成年学生参加与其年龄相适应的日常生活劳动、生产劳动和服务性劳动，帮助未成年学生掌握必要的劳动知识和技能，养成良好的劳动习惯。

第三十二条 学校、幼儿园应当开展勤俭节约、反对浪费、珍惜粮食、文明饮食等宣传教育活动，帮助未成年人树立浪费可耻、节约为荣的意识，养成文明健康、绿色环保的生活习惯。

第三十三条 学校应当与未成年学生的父母或者其他监护人互相配合，合理安排未成年学生的学习时间，保障其休息、娱乐和体育锻炼的时间。

学校不得占用国家法定节假日、休息日及寒暑假期，组织义务教育阶段的未成年学生集体补课，加重其学习负担。

幼儿园、校外培训机构不得对学龄前未成年人进行小学课程教育。

第三十四条 学校、幼儿园应当提供必要的卫生保健条件，协助卫生健康部门做好在校、在园未成年人的卫生保健工作。

第三十五条 学校、幼儿园应当建立安全管理制度，对未成年人进行安全教育，完善安保设施、配备安保人员，保障未成年人在校、在园期间的人身和财产安全。

学校、幼儿园不得在危及未成年人人身安全、身心健康的校舍和其他设施、场所中进行教育教学活动。

学校、幼儿园安排未成年人参加文化娱乐、社会实践等集体活动，应当保护未成年人的身心健康，防止发生人身伤害事故。

第三十六条　使用校车的学校、幼儿园应当建立健全校车安全管理制度，配备安全管理人员，定期对校车进行安全检查，对校车驾驶人进行安全教育，并向未成年人讲解校车安全乘坐知识，培养未成年人校车安全事故应急处理技能。

第三十七条　学校、幼儿园应当根据需要，制定应对自然灾害、事故灾难、公共卫生事件等突发事件和意外伤害的预案，配备相应设施并定期进行必要的演练。

未成年人在校内、园内或者本校、本园组织的校外、园外活动中发生人身伤害事故的，学校、幼儿园应当立即救护，妥善处理，及时通知未成年人的父母或者其他监护人，并向有关部门报告。

第三十八条　学校、幼儿园不得安排未成年人参加商业性活动，不得向未成年人及其父母或者其他监护人推销或者要求其购买指定的商品和服务。

学校、幼儿园不得与校外培训机构合作为未成年人提供有偿课程辅导。

第三十九条　学校应当建立学生欺凌防控工作制度，对教职员工、学生等开展防治学生欺凌的教育和培训。

学校对学生欺凌行为应当立即制止，通知实施欺凌和被欺凌未成年学生的父母或者其他监护人参与欺凌行为的认定和处理；对相关未成年学生及时给予心理辅导、教育和引导；对相关未成年学生的父母或者其他监护人给予必要的家庭教育指导。

对实施欺凌的未成年学生，学校应当根据欺凌行为的性质和程度，依法加强管教。对严重的欺凌行为，学校不得隐瞒，应当及时向公安机关、教育行政部门报告，并配合相关部门依法处理。

第四十条 学校、幼儿园应当建立预防性侵害、性骚扰未成年人工作制度。对性侵害、性骚扰未成年人等违法犯罪行为，学校、幼儿园不得隐瞒，应当及时向公安机关、教育行政部门报告，并配合相关部门依法处理。

学校、幼儿园应当对未成年人开展适合其年龄的性教育，提高未成年人防范性侵害、性骚扰的自我保护意识和能力。对遭受性侵害、性骚扰的未成年人，学校、幼儿园应当及时采取相关的保护措施。

第四十一条 婴幼儿照护服务机构、早期教育服务机构、校外培训机构、校外托管机构等应当参照本章有关规定，根据不同年龄阶段未成年人的成长特点和规律，做好未成年人保护工作。

第四章 社会保护

第四十二条 全社会应当树立关心、爱护未成年人的良好风尚。

国家鼓励、支持和引导人民团体、企业事业单位、社会组织以及其他组织和个人，开展有利于未成年人健康成长的社会活动和服务。

第四十三条 居民委员会、村民委员会应当设置专人专岗负责未成年人保护工作，协助政府有关部门宣传未成年人保护方面的法律法规，指导、帮助和监督未成年人的父母或者其他监护人依法履行监护职责，建立留守未成年人、困境未成年人的信息档案并给予关爱帮扶。

居民委员会、村民委员会应当协助政府有关部门监督未成年人委托照护情况，发现被委托人缺乏照护能力、怠于履行照护职责等情况，应当及时向政府有关部门报告，并告知未成年人的父母或者其他监护人，帮助、督促被委托人履行照护职责。

第四十四条 爱国主义教育基地、图书馆、青少年宫、儿童活动中心、儿童之家应当对未成年人免费开放；博物馆、纪念馆、科技馆、展览馆、美术馆、文化馆、社区公益性互联网上网服务场所以及影剧院、体育场馆、动物园、植物园、公园等场所，应当按照有关规定对未成年人免费或者优惠开放。

国家鼓励爱国主义教育基地、博物馆、科技馆、美术馆等公共场馆开设未成年人专场，为未成年人提供有针对性的服务。

国家鼓励国家机关、企业事业单位、部队等开发自身教育资源，设立未成年人开放日，为未成年人主题教育、社会实践、职业体验等提供支持。

国家鼓励科研机构和科技类社会组织对未成年人开展科学普及活动。

第四十五条 城市公共交通以及公路、铁路、水路、航空客运等应当按照有关规定对未成年人实施免费或者优惠票价。

第四十六条 国家鼓励大型公共场所、公共交通工具、旅游景区景点等设置母婴室、婴儿护理台以及方便幼儿使用的坐便器、洗手台等卫生设施，为未成年人提供便利。

第四十七条 任何组织或者个人不得违反有关规定，限制未成年人应当享有的照顾或者优惠。

第四十八条 国家鼓励创作、出版、制作和传播有利于未成年人健康成长的图书、报刊、电影、广播电视节目、舞台艺术作品、音像制品、电子出版物和网络信息等。

第四十九条 新闻媒体应当加强未成年人保护方面的宣传，对侵犯未成年人合法权益的行为进行舆论监督。新闻媒体采访报道涉及未成年人事件应当客观、审慎和适度，不得侵犯未成年人的名誉、隐私和其他合法权益。

第五十条 禁止制作、复制、出版、发布、传播含有宣扬淫秽、色情、暴力、邪教、迷信、赌博、引诱自杀、恐怖主义、分裂主义、极端主义等危害未成年人身心健康内容的图书、报刊、电影、广播电视节目、舞台艺术作品、音像制品、电子出版物和网络信息等。

第五十一条 任何组织或者个人出版、发布、传播的图书、报刊、电影、广播电视节目、舞台艺术作品、音像制品、电子出版物或者网络信息，包含可能影响未成年人身心健康内容的，应当以显著方式作出提示。

第五十二条 禁止制作、复制、发布、传播或者持有有关未成年人的淫秽色情物品和网络信息。

第五十三条 任何组织或者个人不得刊登、播放、张贴或者散发含有危害未成年人身心健康内容的广告；不得在学校、幼儿园播放、张贴或者散发商业广告；不得利用校服、教材等发布或者变相发布商业广告。

第五十四条 禁止拐卖、绑架、虐待、非法收养未成年人，禁止对未成年人实施性侵害、性骚扰。

禁止胁迫、引诱、教唆未成年人参加黑社会性质组织或者从事违法犯罪活动。

禁止胁迫、诱骗、利用未成年人乞讨。

第五十五条 生产、销售用于未成年人的食品、药品、玩具、用具和游戏游艺设备、游乐设施等，应当符合国家或者行业标准，不得危害未成年人的人身安全和身心健康。上述产品的生产者应当在显著位置标明注意事项，未标明注意事项的不得销售。

第五十六条　未成年人集中活动的公共场所应当符合国家或者行业安全标准，并采取相应安全保护措施。对可能存在安全风险的设施，应当定期进行维护，在显著位置设置安全警示标志并标明适龄范围和注意事项；必要时应当安排专门人员看管。

大型的商场、超市、医院、图书馆、博物馆、科技馆、游乐场、车站、码头、机场、旅游景区景点等场所运营单位应当设置搜寻走失未成年人的安全警报系统。场所运营单位接到求助后，应当立即启动安全警报系统，组织人员进行搜寻并向公安机关报告。

公共场所发生突发事件时，应当优先救护未成年人。

第五十七条　旅馆、宾馆、酒店等住宿经营者接待未成年人入住，或者接待未成年人和成年人共同入住时，应当询问父母或者其他监护人的联系方式、入住人员的身份关系等有关情况；发现有违法犯罪嫌疑的，应当立即向公安机关报告，并及时联系未成年人的父母或者其他监护人。

第五十八条　学校、幼儿园周边不得设置营业性娱乐场所、酒吧、互联网上网服务营业场所等不适宜未成年人活动的场所。营业性歌舞娱乐场所、酒吧、互联网上网服务营业场所等不适宜未成年人活动场所的经营者，不得允许未成年人进入；游艺娱乐场所设置的电子游戏设备，除国家法定节假日外，不得向未成年人提供。经营者应当在显著位置设置未成年人禁入、限入标志；对难以判明是否是未成年人的，应当要求其出示身份证件。

第五十九条 学校、幼儿园周边不得设置烟、酒、彩票销售网点。禁止向未成年人销售烟、酒、彩票或者兑付彩票奖金。烟、酒和彩票经营者应当在显著位置设置不向未成年人销售烟、酒或者彩票的标志；对难以判明是否是未成年人的，应当要求其出示身份证件。

任何人不得在学校、幼儿园和其他未成年人集中活动的公共场所吸烟、饮酒。

第六十条 禁止向未成年人提供、销售管制刀具或者其他可能致人严重伤害的器具等物品。经营者难以判明购买者是否是未成年人的，应当要求其出示身份证件。

第六十一条 任何组织或者个人不得招用未满十六周岁未成年人，国家另有规定的除外。

营业性娱乐场所、酒吧、互联网上网服务营业场所等不适宜未成年人活动的场所不得招用已满十六周岁的未成年人。

招用已满十六周岁未成年人的单位和个人应当执行国家在工种、劳动时间、劳动强度和保护措施等方面的规定，不得安排其从事过重、有毒、有害等危害未成年人身心健康的劳动或者危险作业。

任何组织或者个人不得组织未成年人进行危害其身心健康的表演等活动。经未成年人的父母或者其他监护人同意，未成年人参与演出、节目制作等活动，活动组织方应当根据国家有关规定，保障未成年人合法权益。

第六十二条 密切接触未成年人的单位招聘工作人员时，应当向公安机关、人民检察院查询应聘者是否具有性侵害、虐待、拐卖、暴力伤害等违法犯罪记录；发现其具有前述行为记录的，不得录用。

密切接触未成年人的单位应当每年定期对工作人员是否具有上述违法犯罪记录进行查询。通过查询或者其他方式发现其工作人员具有上述行为的，应当及时解聘。

第六十三条 任何组织或者个人不得隐匿、毁弃、非法删除未成年人的信件、日记、电子邮件或者其他网络通讯内容。

除下列情形外，任何组织或者个人不得开拆、查阅未成年人的信件、日记、电子邮件或者其他网络通讯内容：

（一）无民事行为能力未成年人的父母或者其他监护人代未成年人开拆、查阅；

（二）因国家安全或者追查刑事犯罪依法进行检查；

（三）紧急情况下为了保护未成年人本人的人身安全。

第五章 网络保护

第六十四条 国家、社会、学校和家庭应当加强未成年人网络素养宣传教育，培养和提高未成年人的网络素养，增强未成年人科学、文明、安全、合理使用网络的意识和能力，保障未成年人在网络空间的合法权益。

第六十五条 国家鼓励和支持有利于未成年人健康成长的网络内容的创作与传播，鼓励和支持专门以未成年人为服务对象、适合未成年人身心健康特点的网络技术、产品、服务的研发、生产和使用。

第六十六条 网信部门及其他有关部门应当加强对未成年人网络保护工作的监督检查，依法惩处利用网络从事危害未成年人身心健康的活动，为未成年人提供安全、健康的网络环境。

第六十七条 网信部门会同公安、文化和旅游、新闻出版、电影、广播电视等部门根据保护不同年龄阶段未成年人的需要，确定可能影响未成年人身心健康网络信息的种类、范围和判断标准。

第六十八条 新闻出版、教育、卫生健康、文化和旅游、网信等部门应当定期开展预防未成年人沉迷网络的宣传教育，监督网络产品和服务提供者履行预防未成年人沉迷网络的义务，指导家庭、学校、社会组织互相配合，采取科学、合理的方式对未成年人沉迷网络进行预防和干预。

任何组织或者个人不得以侵害未成年人身心健康的方式对未成年人沉迷网络进行干预。

第六十九条 学校、社区、图书馆、文化馆、青少年宫等场所为未成年人提供的互联网上网服务设施，应当安装未成年人网络保护软件或者采取其他安全保护技术措施。

智能终端产品的制造者、销售者应当在产品上安装未成年人网络保护软件，或者以显著方式告知用户未成年人网络保护软件的安装渠道和方法。

第七十条 学校应当合理使用网络开展教学活动。未经学校允许，未成年学生不得将手机等智能终端产品带入课堂，带入学校的应当统一管理。

学校发现未成年学生沉迷网络的，应当及时告知其父母或者其他监护人，共同对未成年学生进行教育和引导，帮助其恢复正常的学习生活。

第七十一条 未成年人的父母或者其他监护人应当提高网络素养，规范自身使用网络的行为，加强对未成年人使用网络行为的引导和监督。

未成年人的父母或者其他监护人应当通过在智能终端产品

上安装未成年人网络保护软件、选择适合未成年人的服务模式和管理功能等方式，避免未成年人接触危害或者可能影响其身心健康的网络信息，合理安排未成年人使用网络的时间，有效预防未成年人沉迷网络。

第七十二条 信息处理者通过网络处理未成年人个人信息的，应当遵循合法、正当和必要的原则。处理不满十四周岁未成年人个人信息的，应当征得未成年人的父母或者其他监护人同意，但法律、行政法规另有规定的除外。

未成年人、父母或者其他监护人要求信息处理者更正、删除未成年人个人信息的，信息处理者应当及时采取措施予以更正、删除，但法律、行政法规另有规定的除外。

第七十三条 网络服务提供者发现未成年人通过网络发布私密信息的，应当及时提示，并采取必要的保护措施。

第七十四条 网络产品和服务提供者不得向未成年人提供诱导其沉迷的产品和服务。

网络游戏、网络直播、网络音视频、网络社交等网络服务提供者应当针对未成年人使用其服务设置相应的时间管理、权限管理、消费管理等功能。

以未成年人为服务对象的在线教育网络产品和服务，不得插入网络游戏链接，不得推送广告等与教学无关的信息。

第七十五条 网络游戏经依法审批后方可运营。

国家建立统一的未成年人网络游戏电子身份认证系统。网络游戏服务提供者应当要求未成年人以真实身份信息注册并登录网络游戏。

网络游戏服务提供者应当按照国家有关规定和标准，对游戏产品进行分类，作出适龄提示，并采取技术措施，不得让未成年人接触不适宜的游戏或者游戏功能。

网络游戏服务提供者不得在每日二十二时至次日八时向未成年人提供网络游戏服务。

第七十六条 网络直播服务提供者不得为未满十六周岁的未成年人提供网络直播发布者账号注册服务；为年满十六周岁的未成年人提供网络直播发布者账号注册服务时，应当对其身份信息进行认证，并征得其父母或者其他监护人同意。

第七十七条 任何组织或者个人不得通过网络以文字、图片、音视频等形式，对未成年人实施侮辱、诽谤、威胁或者恶意损害形象等网络欺凌行为。

遭受网络欺凌的未成年人及其父母或者其他监护人有权通知网络服务提供者采取删除、屏蔽、断开链接等措施。网络服务提供者接到通知后，应当及时采取必要的措施制止网络欺凌行为，防止信息扩散。

第七十八条 网络产品和服务提供者应当建立便捷、合理、有效的投诉和举报渠道，公开投诉、举报方式等信息，及时受理并处理涉及未成年人的投诉、举报。

第七十九条 任何组织或者个人发现网络产品、服务含有危害未成年人身心健康的信息，有权向网络产品和服务提供者或者网信、公安等部门投诉、举报。

第八十条 网络服务提供者发现用户发布、传播可能影响未成年人身心健康的信息且未作显著提示的，应当作出提示或者通知用户予以提示；未作出提示的，不得传输相关信息。

网络服务提供者发现用户发布、传播含有危害未成年人身心健康内容的信息的，应当立即停止传输相关信息，采取删除、屏蔽、断开链接等处置措施，保存有关记录，并向网信、公安等部门报告。

网络服务提供者发现用户利用其网络服务对未成年人实施

违法犯罪行为的，应当立即停止向该用户提供网络服务，保存有关记录，并向公安机关报告。

第六章 政府保护

第八十一条 县级以上人民政府承担未成年人保护协调机制具体工作的职能部门应当明确相关内设机构或者专门人员，负责承担未成年人保护工作。

乡镇人民政府和街道办事处应当设立未成年人保护工作站或者指定专门人员，及时办理未成年人相关事务；支持、指导居民委员会、村民委员会设立专人专岗，做好未成年人保护工作。

第八十二条 各级人民政府应当将家庭教育指导服务纳入城乡公共服务体系，开展家庭教育知识宣传，鼓励和支持有关人民团体、企业事业单位、社会组织开展家庭教育指导服务。

第八十三条 各级人民政府应当保障未成年人受教育的权利，并采取措施保障留守未成年人、困境未成年人、残疾未成年人接受义务教育。

对尚未完成义务教育的辍学未成年学生，教育行政部门应当责令父母或者其他监护人将其送入学校接受义务教育。

第八十四条 各级人民政府应当发展托育、学前教育事业，办好婴幼儿照护服务机构、幼儿园，支持社会力量依法兴办母婴室、婴幼儿照护服务机构、幼儿园。

县级以上地方人民政府及其有关部门应当培养和培训婴幼儿照护服务机构、幼儿园的保教人员，提高其职业道德素质和业务能力。

第八十五条 各级人民政府应当发展职业教育，保障未成年人接受职业教育或者职业技能培训，鼓励和支持人民团体、企业事业单位、社会组织为未成年人提供职业技能培训服务。

第八十六条 各级人民政府应当保障具有接受普通教育能力、能适应校园生活的残疾未成年人就近在普通学校、幼儿园接受教育；保障不具有接受普通教育能力的残疾未成年人在特殊教育学校、幼儿园接受学前教育、义务教育和职业教育。

各级人民政府应当保障特殊教育学校、幼儿园的办学、办园条件，鼓励和支持社会力量举办特殊教育学校、幼儿园。

第八十七条 地方人民政府及其有关部门应当保障校园安全，监督、指导学校、幼儿园等单位落实校园安全责任，建立突发事件的报告、处置和协调机制。

第八十八条 公安机关和其他有关部门应当依法维护校园周边的治安和交通秩序，设置监控设备和交通安全设施，预防和制止侵害未成年人的违法犯罪行为。

第八十九条 地方人民政府应当建立和改善适合未成年人的活动场所和设施，支持公益性未成年人活动场所和设施的建设和运行，鼓励社会力量兴办适合未成年人的活动场所和设施，并加强管理。

地方人民政府应当采取措施，鼓励和支持学校在国家法定节假日、休息日及寒暑假期将文化体育设施对未成年人免费或者优惠开放。

地方人民政府应当采取措施，防止任何组织或者个人侵占、破坏学校、幼儿园、婴幼儿照护服务机构等未成年人活动场所的场地、房屋和设施。

第九十条 各级人民政府及其有关部门应当对未成年人进行卫生保健和营养指导，提供卫生保健服务。

卫生健康部门应当依法对未成年人的疫苗预防接种进行规范，防治未成年人常见病、多发病，加强传染病防治和监督管理，做好伤害预防和干预，指导和监督学校、幼儿园、婴幼儿照护服务机构开展卫生保健工作。

教育行政部门应当加强未成年人的心理健康教育，建立未成年人心理问题的早期发现和及时干预机制。卫生健康部门应当做好未成年人心理治疗、心理危机干预以及精神障碍早期识别和诊断治疗等工作。

第九十一条　各级人民政府及其有关部门对困境未成年人实施分类保障，采取措施满足其生活、教育、安全、医疗康复、住房等方面的基本需要。

第九十二条　具有下列情形之一的，民政部门应当依法对未成年人进行临时监护：

（一）未成年人流浪乞讨或者身份不明，暂时查找不到父母或者其他监护人；

（二）监护人下落不明且无其他人可以担任监护人；

（三）监护人因自身客观原因或者因发生自然灾害、事故灾难、公共卫生事件等突发事件不能履行监护职责，导致未成年人监护缺失；

（四）监护人拒绝或者怠于履行监护职责，导致未成年人处于无人照料的状态；

（五）监护人教唆、利用未成年人实施违法犯罪行为，未成年人需要被带离安置；

（六）未成年人遭受监护人严重伤害或者面临人身安全威胁，需要被紧急安置；

（七）法律规定的其他情形。

第九十三条　对临时监护的未成年人，民政部门可以采取委托亲属抚养、家庭寄养等方式进行安置，也可以交由未成年人救助保护机构或者儿童福利机构进行收留、抚养。

临时监护期间，经民政部门评估，监护人重新具备履行监护职责条件的，民政部门可以将未成年人送回监护人抚养。

第九十四条 具有下列情形之一的，民政部门应当依法对未成年人进行长期监护：

（一）查找不到未成年人的父母或者其他监护人；

（二）监护人死亡或者被宣告死亡且无其他人可以担任监护人；

（三）监护人丧失监护能力且无其他人可以担任监护人；

（四）人民法院判决撤销监护人资格并指定由民政部门担任监护人；

（五）法律规定的其他情形。

第九十五条 民政部门进行收养评估后，可以依法将其长期监护的未成年人交由符合条件的申请人收养。收养关系成立后，民政部门与未成年人的监护关系终止。

第九十六条 民政部门承担临时监护或者长期监护职责的，财政、教育、卫生健康、公安等部门应当根据各自职责予以配合。

县级以上人民政府及其民政部门应当根据需要设立未成年人救助保护机构、儿童福利机构，负责收留、抚养由民政部门监护的未成年人。

第九十七条 县级以上人民政府应当开通全国统一的未成年人保护热线，及时受理、转介侵犯未成年人合法权益的投诉、举报；鼓励和支持人民团体、企业事业单位、社会组织参与建设未成年人保护服务平台、服务热线、服务站点，提供未成年人保护方面的咨询、帮助。

第九十八条　国家建立性侵害、虐待、拐卖、暴力伤害等违法犯罪人员信息查询系统，向密切接触未成年人的单位提供免费查询服务。

第九十九条　地方人民政府应当培育、引导和规范有关社会组织、社会工作者参与未成年人保护工作，开展家庭教育指导服务，为未成年人的心理辅导、康复救助、监护及收养评估等提供专业服务。

第七章　司法保护

第一百条　公安机关、人民检察院、人民法院和司法行政部门应当依法履行职责，保障未成年人合法权益。

第一百零一条　公安机关、人民检察院、人民法院和司法行政部门应当确定专门机构或者指定专门人员，负责办理涉及未成年人案件。办理涉及未成年人案件的人员应当经过专门培训，熟悉未成年人身心特点。专门机构或者专门人员中，应当有女性工作人员。

公安机关、人民检察院、人民法院和司法行政部门应当对上述机构和人员实行与未成年人保护工作相适应的评价考核标准。

第一百零二条　公安机关、人民检察院、人民法院和司法行政部门办理涉及未成年人案件，应当考虑未成年人身心特点和健康成长的需要，使用未成年人能够理解的语言和表达方式，听取未成年人的意见。

第一百零三条　公安机关、人民检察院、人民法院、司法行政部门以及其他组织和个人不得披露有关案件中未成年人的姓名、影像、住所、就读学校以及其他可能识别出其身份的信息，但查找失踪、被拐卖未成年人等情形除外。

第一百零四条 对需要法律援助或者司法救助的未成年人，法律援助机构或者公安机关、人民检察院、人民法院和司法行政部门应当给予帮助，依法为其提供法律援助或者司法救助。

法律援助机构应当指派熟悉未成年人身心特点的律师为未成年人提供法律援助服务。

法律援助机构和律师协会应当对办理未成年人法律援助案件的律师进行指导和培训。

第一百零五条 人民检察院通过行使检察权，对涉及未成年人的诉讼活动等依法进行监督。

第一百零六条 未成年人合法权益受到侵犯，相关组织和个人未代为提起诉讼的，人民检察院可以督促、支持其提起诉讼；涉及公共利益的，人民检察院有权提起公益诉讼。

第一百零七条 人民法院审理继承案件，应当依法保护未成年人的继承权和受遗赠权。

人民法院审理离婚案件，涉及未成年子女抚养问题的，应当尊重已满八周岁未成年子女的真实意愿，根据双方具体情况，按照最有利于未成年子女的原则依法处理。

第一百零八条 未成年人的父母或者其他监护人不依法履行监护职责或者严重侵犯被监护的未成年人合法权益的，人民法院可以根据有关人员或者单位的申请，依法作出人身安全保护令或者撤销监护人资格。

被撤销监护人资格的父母或者其他监护人应当依法继续负担抚养费用。

第一百零九条 人民法院审理离婚、抚养、收养、监护、探望等案件涉及未成年人的，可以自行或者委托社会组织对未成年人的相关情况进行社会调查。

第一百一十条　公安机关、人民检察院、人民法院讯问未成年犯罪嫌疑人、被告人，询问未成年被害人、证人，应当依法通知其法定代理人或者其成年亲属、所在学校的代表等合适成年人到场，并采取适当方式，在适当场所进行，保障未成年人的名誉权、隐私权和其他合法权益。

人民法院开庭审理涉及未成年人案件，未成年被害人、证人一般不出庭作证；必须出庭的，应当采取保护其隐私的技术手段和心理干预等保护措施。

第一百一十一条　公安机关、人民检察院、人民法院应当与其他有关政府部门、人民团体、社会组织互相配合，对遭受性侵害或者暴力伤害的未成年被害人及其家庭实施必要的心理干预、经济救助、法律援助、转学安置等保护措施。

第一百一十二条　公安机关、人民检察院、人民法院办理未成年人遭受性侵害或者暴力伤害案件，在询问未成年被害人、证人时，应当采取同步录音录像等措施，尽量一次完成；未成年被害人、证人是女性的，应当由女性工作人员进行。

第一百一十三条　对违法犯罪的未成年人，实行教育、感化、挽救的方针，坚持教育为主、惩罚为辅的原则。

对违法犯罪的未成年人依法处罚后，在升学、就业等方面不得歧视。

第一百一十四条　公安机关、人民检察院、人民法院和司法行政部门发现有关单位未尽到未成年人教育、管理、救助、看护等保护职责的，应当向该单位提出建议。被建议单位应当在一个月内作出书面回复。

第一百一十五条　公安机关、人民检察院、人民法院和司法行政部门应当结合实际，根据涉及未成年人案件的特点，开展未成年人法治宣传教育工作。

第一百一十六条 国家鼓励和支持社会组织、社会工作者参与涉及未成年人案件中未成年人的心理干预、法律援助、社会调查、社会观护、教育矫治、社区矫正等工作。

第八章 法律责任

第一百一十七条 违反本法第十一条第二款规定，未履行报告义务造成严重后果的，由上级主管部门或者所在单位对直接负责的主管人员和其他直接责任人员依法给予处分。

第一百一十八条 未成年人的父母或者其他监护人不依法履行监护职责或者侵犯未成年人合法权益的，由其居住地的居民委员会、村民委员会予以劝诫、制止；情节严重的，居民委员会、村民委员会应当及时向公安机关报告。

公安机关接到报告或者公安机关、人民检察院、人民法院在办理案件过程中发现未成年人的父母或者其他监护人存在上述情形的，应当予以训诫，并可以责令其接受家庭教育指导。

第一百一十九条 学校、幼儿园、婴幼儿照护服务等机构及其教职员工违反本法第二十七条、第二十八条、第三十九条规定的，由公安、教育、卫生健康、市场监督管理等部门按照职责分工责令改正；拒不改正或者情节严重的，对直接负责的主管人员和其他直接责任人员依法给予处分。

第一百二十条 违反本法第四十四条、第四十五条、第四十七条规定，未给予未成年人免费或者优惠待遇的，由市场监督管理、文化和旅游、交通运输等部门按照职责分工责令限期改正，给予警告；拒不改正的，处一万元以上十万元以下罚款。

第一百二十一条　违反本法第五十条、第五十一条规定的，由新闻出版、广播电视、电影、网信等部门按照职责分工责令限期改正，给予警告，没收违法所得，可以并处十万元以下罚款；拒不改正或者情节严重的，责令暂停相关业务、停产停业或者吊销营业执照、吊销相关许可证，违法所得一百万元以上的，并处违法所得一倍以上十倍以下的罚款，没有违法所得或者违法所得不足一百万元的，并处十万元以上一百万元以下罚款。

第一百二十二条　场所运营单位违反本法第五十六条第二款规定、住宿经营者违反本法第五十七条规定的，由市场监督管理、应急管理、公安等部门按照职责分工责令限期改正，给予警告；拒不改正或者造成严重后果的，责令停业整顿或者吊销营业执照、吊销相关许可证，并处一万元以上十万元以下罚款。

第一百二十三条　相关经营者违反本法第五十八条、第五十九条第一款、第六十条规定的，由文化和旅游、市场监督管理、烟草专卖、公安等部门按照职责分工责令限期改正，给予警告，没收违法所得，可以并处五万元以下罚款；拒不改正或者情节严重的，责令停业整顿或者吊销营业执照、吊销相关许可证，可以并处五万元以上五十万元以下罚款。

第一百二十四条　违反本法第五十九条第二款规定，在学校、幼儿园和其他未成年人集中活动的公共场所吸烟、饮酒的，由卫生健康、教育、市场监督管理等部门按照职责分工责令改正，给予警告，可以并处五百元以下罚款；场所管理者未及时制止的，由卫生健康、教育、市场监督管理等部门按照职责分工给予警告，并处一万元以下罚款。

第一百二十五条 违反本法第六十一条规定的，由文化和旅游、人力资源和社会保障、市场监督管理等部门按照职责分工责令限期改正，给予警告，没收违法所得，可以并处十万元以下罚款；拒不改正或者情节严重的，责令停产停业或者吊销营业执照、吊销相关许可证，并处十万元以上一百万元以下罚款。

第一百二十六条 密切接触未成年人的单位违反本法第六十二条规定，未履行查询义务，或者招用、继续聘用具有相关违法犯罪记录人员的，由教育、人力资源和社会保障、市场监督管理等部门按照职责分工责令限期改正，给予警告，并处五万元以下罚款；拒不改正或者造成严重后果的，责令停业整顿或者吊销营业执照、吊销相关许可证，并处五万元以上五十万元以下罚款，对直接负责的主管人员和其他直接责任人员依法给予处分。

第一百二十七条 信息处理者违反本法第七十二条规定，或者网络产品和服务提供者违反本法第七十三条、第七十四条、第七十五条、第七十六条、第七十七条、第八十条规定的，由公安、网信、电信、新闻出版、广播电视、文化和旅游等有关部门按照职责分工责令改正，给予警告，没收违法所得，违法所得一百万元以上的，并处违法所得一倍以上十倍以下罚款，没有违法所得或者违法所得不足一百万元的，并处十万元以上一百万元以下罚款，对直接负责的主管人员和其他责任人员处一万元以上十万元以下罚款；拒不改正或者情节严重的，并可以责令暂停相关业务、停业整顿、关闭网站、吊销营业执照或者吊销相关许可证。

第一百二十八条 国家机关工作人员玩忽职守、滥用职权、徇私舞弊，损害未成年人合法权益的，依法给予处分。

第一百二十九条 违反本法规定，侵犯未成年人合法权益，造成人身、财产或者其他损害的，依法承担民事责任。

违反本法规定，构成违反治安管理行为的，依法给予治安管理处罚；构成犯罪的，依法追究刑事责任。

第九章 附 则

第一百三十条 本法中下列用语的含义：

（一）密切接触未成年人的单位，是指学校、幼儿园等教育机构；校外培训机构；未成年人救助保护机构、儿童福利机构等未成年人安置、救助机构；婴幼儿照护服务机构、早期教育服务机构；校外托管、临时看护机构；家政服务机构；为未成年人提供医疗服务的医疗机构；其他对未成年人负有教育、培训、监护、救助、看护、医疗等职责的企业事业单位、社会组织等。

（二）学校，是指普通中小学、特殊教育学校、中等职业学校、专门学校。

（三）学生欺凌，是指发生在学生之间，一方蓄意或者恶意通过肢体、语言及网络等手段实施欺压、侮辱，造成另一方人身伤害、财产损失或者精神损害的行为。

第一百三十一条 对中国境内未满十八周岁的外国人、无国籍人，依照本法有关规定予以保护。

第一百三十二条 本法自 2021 年 6 月 1 日起施行。

关于《中华人民共和国未成年人保护法（修订草案）》的说明

——2019年10月21日在第十三届全国人民代表大会常务委员会第十四次会议上

全国人大社会建设委员会主任委员 何毅亭

全国人民代表大会常务委员会：

我受全国人大社会建设委员会委托，作关于《中华人民共和国未成年人保护法（修订草案）》的说明。

一、修改未成年人保护法的必要性

党中央历来高度重视未成年人保护工作。习近平总书记深刻指出："少年儿童是祖国的未来，是中华民族的希望。""全社会都要了解少年儿童、尊重少年儿童、关心少年儿童、服务少年儿童，为少年儿童提供良好社会环境。"党的十八大以来，以习近平同志为核心的党中央对未成年人保护工作多次作出重要指示批示和决策部署，对完善未成年人保护相关法律制度、改进未成年人保护工作，提出明确要求。许多人大代表和政协委员、党政有关部门、司法机关以及社会各界人士也强烈呼吁修改未成年人保护法，以更好适应未成年人保护工作的现实需要。2018年以来，全国人大代表提出修改完善未成年人保护相关法律的议案16件，建议11件，政协委员提出相关政协提案5件。

2018年，十三届全国人大常委会立法规划明确由全国人大社会建设委员会牵头修改未成年人保护法。同年9月，全国人大社会建设委员会牵头成立了未成年人保护法修改工作领导小组，成员单位包括中央宣传部、中央网信办、全国人大常委会法工委、教育部、公安部、民政部、司法部、文化旅游部、最高人民法院、最高人民检察院、共青团中央。在修法过程中，社会建设委员会进行了广泛深入的调查研究，多次与党中央和国务院的有关部门、最高人民法院、最高人民检察院、共青团中央、全国妇联等有关方面沟通协商、交换意见；书面征求了全国31个省、自治区、直辖市人大的意见；广泛听取各级人大代表，有关党政部门、司法机关、群团组织，部分专家学者、一线未成年人保护工作者、律师、学校教师、未成年人及其家长、互联网企业的意见和建议。在反复研究论证的基础上，形成了《中华人民共和国未成年人保护法（修订草案）》（以下简称修订草案）。

二、未成年人保护法修改的指导思想和总体思路

未成年人保护法修改的指导思想是：以习近平新时代中国特色社会主义思想为指导，深入贯彻习近平总书记关于未成年人保护的重要论述，以宪法为根据，坚持从国情实际出发，强化问题导向，着力完善相关制度，为更好保护未成年人健康成长提供坚强的法制保障。

未成年人保护法修改的总体思路是：

（一）在现行法律基本框架的基础上进行修改完善

未成年人保护法是1991年制定的，2006年进行了较大幅度的修订。总体看，该法确立的原则和制度仍然是适用的，因此，修订草案在保留基本框架和主要内容的前提下，根据党中央的精神和现实需要补充新的内容，对已不符合新情况的规定作出修改。

（二）着力解决现实存在的突出问题

当前，未成年人保护工作面临的问题复杂多样，其中比较突出的问题主要有：（1）监护人监护不力情况严重甚至存在监护侵害现象；（2）校园安全和学生欺凌问题频发；（3）密切接触未成年人行业的从业人员性侵害、虐待、暴力伤害未成年人问题时有发生；（4）未成年人沉迷网络特别是网络游戏问题触目惊心；（5）对刑事案件中未成年被害人缺乏应有保护等。这些问题引起全社会普遍关注。修订草案对这些问题均作出积极回应，着力制定和完善相关制度和措施，以推动未成年人保护法治化走向更高水平。

（三）及时把成熟的实践做法上升为法律

近三十年来，围绕实施未成年人保护法，党中央和国务院及其有关部门、最高人民法院、最高人民检察院针对未成年人保护工作中存在的突出问题，陆续出台了一系列文件或部门规章；各地也出台了许多配套的地方性法规，推动了未成年人保护工作的顺利开展，积累了许多成功经验。修订草案在认真研究论证的基础上，将部分被实践证明符合我国国情且行之有效的实践做法写入法律。

（四）注重做好相关法律的衔接配合

未成年人保护涉及面很广，我国民事、刑事、行政、社会等很多领域的法律都有涉及未成年人保护的内容。修订草案在坚持未成年人保护法作为未成年人保护领域综合性法律定位的同时，注意处理好本法与相关法律的关系：凡是其他法律有明确规定的，本法只作原则性、衔接性的规定；其他法律没有规定或者规定不够完善的，尽可能在本法中作出明确具体的规定。十三届全国人大常委会立法规划明确预防未成年人犯罪法修改与未成年人保护法修改一并考虑，所以，修订草案特别注意妥善处理好这两部涉未成年人法律之间的关系，使之既相互衔接又各有侧重。

三、未成年人保护法修改的主要内容

修订草案对现行法律的章目编排及条文顺序进行了调整，坚持增改删并举。新增“网络保护”“政府保护”两章，条文从72条增加到130条。修改的主要内容是：

（一）充实总则规定

未成年人保护法作为未成年人保护领域的综合性法律，对未成年人享有的权利、未成年人保护的基本原则和未成年人保护的责任主体等作出明确规定。修订草案新增最有利于未成年人原则；强化了父母或者其他监护人的第一责任；确立国家亲权责任，明确在未成年人的监护人不能履行监护职责时，由国家承担监护职责；增设了发现未成年人权益受侵害后的强制报告制度。

（二）加强家庭保护

父母或者其他监护人是保护未成年人的第一责任人，家庭是未成年人最先开始生活和学习的场所。修订草案细化了家庭监护职责，具体列举监护应当做的行为、禁止性行为和抚养注意事项；突出家庭教育；增加监护人的报告义务；针对农村留守儿童等群体的监护缺失问题，完善了委托照护制度。

（三）完善学校保护

学校是未成年人成长过程中至关重要的场所。修订草案从教书育人和安全保障两个角度规定学校、幼儿园的保护义务。“教书育人”方面主要是完善了学校、幼儿园的教育、保育职责；“安全保障”方面主要规定了校园安全的保障机制以及突发事件的处置措施，增加了学生欺凌及校园性侵的防控与处置措施。

（四）充实社会保护

社会环境是未成年人成长的大背景大环境，影响着未成年人的健康成长。修订草案增加了城乡基层群众性自治组织的保护责任；拓展了未成年人的福利范围；对净化社会环境提出更高要求；强调了公共场所的安全保障义务；为避免未成年人遭受性侵害、虐待、暴力伤害等侵害，创设了密切接触未成年人行业的从业查询及禁止制度。

（五）新增网络保护

随着信息技术的快速发展，网络空间作为家庭、学校、社会等现实世界的延展，已经成为未成年人成长的新环境。修订草案适应客观形势的需要，增设“网络保护”专章，对网络保护的理念、网络环境管理、相关企业责任、网络信息管理、个人网络信息保护、网络沉迷防治等作出全面规范，力图实现对未成年人的线上线下全方位保护。

（六）强化政府保护

政府在未成年人保护工作中承担着主体责任。修订草案将现行未成年人保护法中的相关内容加以整合，增设“政府保护”专章，明确各级政府应当建立未成年人保护工作协调机制，细化政府及其有关部门的职责，并对国家监护制度作出详细规定。

（七）完善司法保护

未成年人司法保护主要涉及四个方面：一是司法活动中对未成年人保护的共性要求；二是特定类型民事案件中对未成年人的保护；三是刑事案件中对未成年被害人的保护；四是对违法犯罪未成年人的保护。修订草案细化了现行未成年人保护法司法保护专章和刑事诉讼法未成年人刑事案件诉讼程序专章的有关内容，进一步强调司法机关专门化问题，同时补充完善相关规定，以实现司法环节的未成年人保护全覆盖。主要包括：设立检察机关代为行使诉讼权利制度，细化规定中止和撤销监护人资格制度，规定刑事案件中对未成年被害人的保护措施等。

此外，修订草案还细化了法律责任以增加法律刚性，并对本法提及的特定名词进行解释。

《中华人民共和国未成年人保护法（修订草案）》和以上说明是否妥当，请审议。

全国人民代表大会宪法和法律委员会关于《中华人民共和国未成年人保护法（修订草案）》修改情况的汇报[①]

全国人民代表大会常务委员会：

常委会第十四次会议对未成年人保护法修订草案进行了初次审议。会后，法制工作委员会将修订草案印发有关部门、地方和单位征求意见；在中国人大网全文公布修订草案征求社会公众意见；先后到辽宁、广东、上海调研，听取地方政府有关部门、法院、检察院、学校、企业和全国人大代表的意见；梳理全国人大代表在十三届全国人大三次会议上提出的有关议案、建议。宪法和法律委员会于6月12日召开会议，根据常委会组成人员的审议意见和各方面意见，对修订草案进行了审

① 载中国人大网，http：//www.npc.gov.cn/npc/c30834/202010/b74189a549ba43b099f1f8a7bb3cb433.shtml，最后访问时间：2020年12月1日。

议。社会建设委员会的负责同志列席了会议。6 月 23 日，宪法和法律委员会召开会议，再次进行审议。现将未成年人保护法修订草案主要问题的修改情况汇报如下：

一、有的常委委员、部门和地方提出，草案规定由民政部门承担未成年人保护工作协调机制的具体工作，有利于加强对未成年人的保护，考虑到有些地方还规定政府其他部门也承担相应的工作，建议予以体现。宪法和法律委员会经研究，建议规定为由同级人民政府民政部门或者省级人民政府确定的部门承担。

二、有的常委委员、部门和地方建议，在总则中增加司法机关保护未成年人职责的规定。宪法和法律委员会经研究，建议增加一条规定：人民法院、人民检察院应当通过审判权、检察权的行使，依法保护未成年人的合法权益。

三、针对留守儿童得不到适当照护、缺乏亲情关爱的问题，有的常委会组成人员、全国人大代表和地方建议，进一步压实监护人的责任，细化有关措施。宪法和法律委员会经研究，建议明确委托照护“应当委托具有照护能力的完全民事行为能力人代为照护”、“听取有表达意愿能力未成年人的意见”，并规定未成年人的父母或者其他监护人“与未成年人和被委托人至少每月联系和交流一次”。

四、有的全国人大代表和社会公众建议，应当减轻未成年人学习负担、不得超前超时教学。宪法和法律委员会经研究，建议增加两款规定：学校不得占用国家法定节假日、休息日及寒暑假期，组织未成年学生集体补课，加重其学习负担。幼儿园不得提前进行小学课程教育。

五、有的常委委员、部门、地方和社会公众建议，应当完善学校安全管理制度，增加校车安全管理的规定。宪法和法律委员会经研究，建议增加学校、幼儿园“对未成年人进行安全教育，完善安保设施、配备安保人员”的规定，并增加一条规定：使用校车的学校、幼儿园应当建立健全校车安全管理制度，配备安全管理人员，定期对校车进行安全检查，对校车驾驶人进行安全教育，并向未成年人讲解校车安全乘坐知识，培养未成年人校车安全事故应急处理技能。

六、有的常委委员、部门、地方和社会公众建议，应当采取措施加强对学生欺凌问题的治理。宪法和法律委员会经研究，建议完善学生欺凌行为的处理程序，并增加规定：对严重的欺凌行为，学校不得隐瞒，应当及时向公安机关和教育行政部门报告，并配合相关部门依法处理。

七、有的部门和地方建议，对新闻媒体采访报道涉及未成年人案件作出规范。宪法和法律委员会经研究，建议增加一条规定：新闻媒体应当加强未成年人保护方面的宣传，对侵犯未成年人合法权益的行为进行舆论监督。新闻媒体采访报道涉及未成年人案件应当客观、审慎、适度，不得侵犯未成年人的名誉、隐私和其他合法权益。

八、有的常委委员和部门提出，目前旅馆、宾馆、酒店等住宿经营者接待未成年人住宿方面缺乏规范。宪法和法律委员会经研究，建议增加一条规定：旅馆、宾馆、酒店等住宿经营者接待未成年人入住时，发现有异常情况或者违法犯罪嫌疑的，应当立即与其父母或者其他监护人取得联系，或者向公安机关报告。

九、有的常委委员、部门和社会公众提出，烟（包括电子烟）、酒对未成年人身心健康造成的损害很大，建议完善相关规定。宪法和法律委员会经研究，建议增加学校周边不得设置烟、酒等销售网点的规定，将禁止吸烟、饮酒的场所由“学校、幼儿园的教室、寝室、活动室”扩大为“学校、幼儿园”，并明确烟包括电子烟。

十、有的常委会组成人员、全国人大代表、部门、地方和社会公众提出，网络保护一章规定较为原则，保护力度不够，建议强化家庭、学校、网络产品和服务提供者的网络保护责任以及相关主管部门的监管职责。宪法和法律委员会经研究，建议对本章结构进行调整，增加以下规定：一是网信部门及其他有关部门应当加强对未成年人网络保护工作的监督检查，为未成年人提供安全、健康的网络环境；二是学校应当对未成年学生使用网络加强管理，预防学生沉迷网络；三是父母或者其他监护人应当采取措施避免未成年人接触违法信息，合理安排未成年人使用网络的时间；四是加强未成年人私密信息的保护；五是国家建立统一的未成年人网络游戏电子身份认证系统，明确向未成年人提供网络游戏服务的时间；六是要求网络服务提供者对用户和信息加强管理，发现违法信息或者侵害未成年人的违法犯罪行为，应及时采取相应的处置措施。

十一、有的常委委员、部门和地方建议，对尚未完成义务教育的辍学学生，应当压实政府责任，保障未成年人完成义务教育。宪法和法律委员会经研究，建议增加规定：对尚未完成义务教育的辍学未成年学生，教育行政部门应当责令父母或者其他监护人将其送入学校接受义务教育。

十二、有的全国人大代表、部门和地方提出，临时监护的规定不够严谨、准确，建议进一步完善。宪法和法律委员会经研究，结合近期疫情防控实践，建议在临时监护的情形中增加三项规定：监护人被宣告失踪且无其他人可以担任监护人；监护人因自身原因或者因发生自然灾害、事故灾难、公共卫生事件等突发事件不能履行监护职责，导致未成年人监护缺失；监护人教唆、利用未成年人实施严重违法犯罪行为，未成年人需要被带离安置。

十三、有的常委委员、部门和地方建议，应当增加司法机关对未成年人的保护措施，简化办案相关程序。宪法和法律委员会经研究，建议增加规定：未成年被害人、证人必须出庭的，要求采取保护其隐私的技术手段；询问未成年被害人、证人时，要求采取同步录音录像等措施，尽量一次完成；对违法犯罪的未成年人依法处罚后，在升学、就业等方面不得歧视。

十四、一些常委委员、全国人大代表、部门和地方建议，进一步完善法律责任，加大处罚力度。宪法和法律委员会经研究，建议对本章内容进行调整，增加以下规定：一是未成年人的父母或者其他监护人不依法履行监护职责，或者侵犯未成年人合法权益的，可以责令其缴纳保证金并接受家庭教育指导。二是对网络服务提供者不依法履行预防沉迷网络、制止网络欺凌等义务的，规定相应处罚。同时，对其他一些侵犯未成年人合法权益的行为，加大处罚力度。

十五、为贯彻落实中央文件关于全面加强新时代大中小学劳动教育的精神，并结合近期侵害未成年人权益出现的新情况，宪法和法律委员会经研究，建议增加规定：一是学校应当组织未成年学生参加与其年龄相适应的日常生活劳动、生产劳动和服务性劳动，帮助未成年学生掌握必要的劳动知识和技能，养成良好的劳动习惯；二是在相关条文中增加规定：禁止胁迫、诱骗、教唆未成年人参加黑社会性质组织，禁止非法送养、非法收养以及禁止对未成年人实施性骚扰。

此外，还对修订草案作了一些文字修改。

修订草案二次审议稿已按上述意见作了修改，宪法和法律委员会建议提请本次常委会会议继续审议。

修订草案二次审议稿和以上汇报是否妥当，请审议。

全国人民代表大会宪法和法律委员会

2020 年 6 月 28 日

全国人民代表大会宪法和法律委员会关于《中华人民共和国未成年人保护法（修订草案）》审议结果的报告[①]

全国人民代表大会常务委员会：

常委会第二十次会议对未成年人保护法修订草案进行了二次审议。会后，法制工作委员会在中国人大网全文公布修订草案二次审议稿征求社会公众意见；先后到重庆、贵州调研，听取地方政府有关部门、法院、检察院、学校和全国人大代表的意见；梳理全国人大代表在十三届全国人大三次会议上提出的有关议案、建议。宪法和法律委员会于9 月 17 日召开会议，根据常委会组成人员的审议意见和各方面意见，对修订草案二次审议稿进行了逐条审议。中央网信办、社会建设委员会、最高人民法院、最高人民检察院、教育部、民政部、司法部有关负责同志列席了会议。9 月 29 日，宪法和法律委员会召开会议，再次进行了审议。宪法和法律委员会认为，修订草案经过两次

① 载中国人大网，http：//www. npc. gov. cn/npc/c30834/202010/7b08f896116f449eb4a641c4e26dde78. shtml，最后访问时间：2020 年 12 月 1 日。

审议修改，已经比较成熟。同时，提出以下主要修改意见：

一、有的常委委员和社会公众提出，应当加强父母或者其他监护人在保障未成年人安全等方面的监护职责。宪法和法律委员会经研究，建议增加规定：未成年人的父母或者其他监护人应当为未成年人提供安全的家庭生活环境，及时排除引发触电、烫伤、跌落等伤害的安全隐患；采取配备儿童安全座椅、教育未成年人遵守交通规则等措施，防止未成年人受到交通事故的伤害；提高户外安全保护意识，避免未成年人发生溺水、动物伤害等事故。同时，将委托照护情形下父母或者其他监护人与未成年人、被委托人联系交流的频次由至少“每月”一次修改为至少“每周”一次。

二、为贯彻落实习近平总书记关于制止餐饮浪费行为的重要指示精神，宪法和法律委员会经研究，建议明确父母或者其他监护人应当教育引导未成年人勤俭节约，并增加规定：学校、幼儿园应当开展勤俭节约、珍惜粮食、反对浪费、文明饮食等宣传教育活动，帮助未成年人树立浪费可耻、节约为荣的意识，养成文明健康、绿色环保的生活习惯。

三、有的常委委员、部门和社会公众提出，应当进一步加强对未成年人个人信息的保护，强化网络产品和服务提供者的保护责任。宪法和法律委员会经研究，建议修改有关规定，明确处理不满十四周岁未成年人个人信息，应当征得其父母或者其他监护人同意；网络服务提供者应当采取断开链接等措施，制止网络欺凌行为以及危害未成年人身心健康信息的传播，并向有关部门报告。

四、有的常委会组成人员和单位提出，应当明确人民检察院的监督职责，强化司法机关开展法治宣传教育的职责。宪法和法律委员会经研究，建议增加规定：人民检察院通过行使检察权，对涉及未成年人的诉讼活动等依法进行监督；公安机关、人民检察院、人民法院和司法行政部门应当结合实际，根据涉及未成年人案件的特点，开展未成年人法治宣传教育工作。

五、修订草案二次审议稿第一百一十六条规定，父母或者其他监护人不依法履行监护职责的，应当予以训诫、责令其缴纳保证金并接受家庭教育指导。有的常委委员提出，采取“缴纳保证金”的方式追究监护人不依法履行监护职责的法律责任不太适宜，法律责任其他有关规定也需要进一步完善。宪法和法律委员会经研究，建议删去责令缴纳保证金等有关内容，并完善有关法律责任的规定。

10 月 9 日，法制工作委员会召开会议，邀请部分全国人大代表、专家学者和地方有关部门、检察院、互联网企业等方面的代表就修订草案中主要制度规范的可行性、出台时机、实施的社会效果和可能出现的问题等进行评估。与会人员普遍认为，修订草案经过多次审议修改，充分吸收了各方面意见，贯彻落实了习近平总书记有关重要论述精神，回应了社会关切，制度体系完备、问题导向鲜明、时代特征突出，具有针对性和可操作性，已经比较成熟，主要制度规范是可行的，现在出台是必要的、适时的。同时，有的与会人员还对修订草案提出了一些具体修改意见。

此外，还对修订草案二次审议稿作了一些文字修改。

修订草案三次审议稿已按上述意见作了修改，宪法和法律委员会建议提请本次常委会会议审议通过。

修订草案三次审议稿和以上报告是否妥当，请审议。

全国人民代表大会宪法和法律委员会

2020 年 10 月 13 日

全国人民代表大会宪法和法律委员会关于《中华人民共和国未成年人保护法(修订草案三次审议稿)》修改意见的报告[①]

全国人民代表大会常务委员会：

本次常委会会议于10月13日下午对未成年人保护法修订草案三次审议稿进行了分组审议。普遍认为，草案已经比较成熟，建议进一步修改后，提请本次常委会会议表决通过。同时，有些常委会组成人员和列席会议的同志还提出了一些修改意见。宪法和法律委员会于10月14日上午召开会议，逐条研究了常委会组成人员的审议意见，对草案进行了审议。社会建设委员会、最高人民法院、最高人民检察院、教育部、民政部、司法部的有关负责同志列席了会议。宪法和法律委员会认为，草案是可行的，同时，提出以下修改意见：

一、修订草案三次审议稿第二十二条对委托照护制度作出规定。有的常委委员提出，为了避免监护人利用委托照护不履行或者怠于履行监护职责，建议明确监护人无正当理由的，不得委托他人代为照护未成年人；曾实施过遗弃行为的，也不得作为被委托人。宪法和法律委员会经研究，建议采纳这一意见。

二、有的常委会组成人员建议，进一步强化学校、幼儿园在预防性侵害、性骚扰未成年人方面的职责。宪法和法律委员会

---

① 载中国人大网，http：//www.npc.gov.cn/npc/c30834/202010/cdb05d7e02de4bdebed92370f036af87.shtml，最后访问时间：2020年12月1日。

经研究，建议增加规定：学校、幼儿园应当建立预防性侵害、性骚扰未成年人工作制度。对性侵害、性骚扰未成年人等违法犯罪行为，学校、幼儿园不得隐瞒，应当及时向公安机关、教育行政部门报告，并配合相关部门依法处理。对遭受性侵害、性骚扰的未成年人，学校、幼儿园应当及时采取相关的保护措施。

三、修订草案三次审议稿第五十七条对住宿经营者接待未成年人入住作出规定。有的常委会组成人员建议，进一步强化住宿经营者保护未成年人的责任。宪法和法律委员会经研究，建议修改为：旅馆、宾馆、酒店等住宿经营者接待未成年人入住，或者接待未成年人和成年人共同入住时，应当询问父母或者其他监护人的联系方式、入住人员的身份关系等有关情况；发现有违法犯罪嫌疑的，应当立即向公安机关报告，并及时联系未成年人的父母或者其他监护人。

四、有的常委委员建议，对以未成年人为服务对象的在线教育网络产品和服务应当进一步加强监管。宪法和法律委员会经研究，建议增加规定：以未成年人为服务对象的在线教育网络产品和服务，不得插入网络游戏链接，不得推送广告等与教学无关的信息。

经与有关部门研究，建议将修订后的未成年人保护法的施行时间确定为2021年6月1日。

此外，根据常委会组成人员的审议意见，还对修订草案三次审议稿作了一些文字修改。

修订草案建议表决稿已按上述意见作了修改，宪法和法律委员会建议本次常委会会议审议通过。

修订草案建议表决稿和以上报告是否妥当，请审议。

全国人民代表大会宪法和法律委员会

2020年10月16日

致　谢

此次未成年人保护法的修订，为新时代未成年人保护工作的开展提供了坚实的良法基础。如何准确、科学地理解和适用未成年人保护法的规定，直接影响着这部法律贯彻落实的实效，这需要国家机关、群团组织、专家学者等各方面共同努力。

宋英辉教授研究团队以中国政法大学未成年人事务治理与法律研究基地、北京师范大学未成年人检察研究中心为平台，由多学科、多领域的专家组成，以新文科建设为导向，搭建理论与实践的沟通桥梁，为相关立法、执法和司法工作提供决策咨询。其中，2016年3月，受中央政法委委托，就“未成年人保护与犯罪预防问题”进行了课题研究。项目研究报告中提出了全面系统修订未成年人保护法的建议，并将这一建议提交给有关决策部门。2018年4月至7月，受全国人民代表大会社会建设委员会委托，起草和提交了《未成年人保护法（专家建议修订稿)》。随后，研究团队一直持续跟进并密切配合立法部门的工作，全程参与了这部法律的修订。基于此，笔者编写了《中华人民共和国未成年人保护法释义》，以期为贯彻落实好未成年人保护法贡献微薄力量。

本书的编写得到了全国人民代表大会社会建设委员会王幼丽、李春华、王阳、李瑞、董蕾以及全国人民代表大会常务委员会法制工作委员会社会法室陈佳林、刘斌、赵光、王涛等多位同志无私的帮助，得益于最高人民检察院第九检察厅和检察理论研究所、中国政法大学、北京师范大学提供的长期支持，在此一并表示感谢。中国法制出版社为本书的出版发行付出了诸多努力，对予以支持的领导和编辑表示感谢。

宋英辉　苑宁宁

2020 年 12 月 8 日

图书在版编目（CIP）数据

中华人民共和国未成年人保护法释义/宋英辉，苑宁宁著．—北京：中国法制出版社，2020.12

ISBN 978-7-5216-1478-7

Ⅰ.①中… Ⅱ.①宋…②苑… Ⅲ.①未成年人保护法-法律解释-中国 Ⅳ.①D922.75

中国版本图书馆 CIP 数据核字（2020）第 233746 号

策划编辑　王熹

责任编辑　王熹　赵律玮　白天园　孙静　　封面设计　李宁

中华人民共和国未成年人保护法释义

ZHONGHUA RENMIN GONGHEGUO WEICHENGNIANREN BAOHUFA SHIYI

著者/宋英辉，苑宁宁

经销/新华书店

印刷/三河市紫恒印装有限公司

开本/880 毫米×1230 毫米　32 开　　印张/13.5　字数/212 千

版次/2020 年 12 月第 1 版　　2020 年 12 月第 1 次印刷

中国法制出版社出版

书号 ISBN 978-7-5216-1478-7　　定价：54.00 元

北京西单横二条 2 号

邮政编码 100031　　传真：010-66031119

网址：http://www.zgfzs.com　　**编辑部电话：010-66010493**

市场营销部电话：010-66033393　　**邮购部电话：010-66033288**

（如有印装质量问题，请与本社印务部联系调换。电话：010-66032926）